哲学家奇葩说

贾辰阳——著

前苏格拉底篇

中信出版集团 | 北京

图书在版编目（CIP）数据

哲学家奇葩说．前苏格拉底篇 / 贾辰阳著．-- 北京：中信出版社，2020.2

ISBN 978-7-5217-0970-4

Ⅰ．①哲… Ⅱ．①贾… Ⅲ．①哲学家－生平事迹－古希腊－通俗读物②哲学家－哲学思想－古希腊－通俗读物
Ⅳ．①B502-49

中国版本图书馆 CIP 数据核字（2019）第 232284 号

哲学家奇葩说·前苏格拉底篇

著　　者：贾辰阳
出版发行：中信出版集团股份有限公司
（北京市朝阳区惠新东街甲 4 号富盛大厦 2 座　邮编　100029）
承 印 者：北京诚信伟业印刷有限公司

开　　本：880mm×1230mm　1/32　　印　　张：5.5　　字　　数：77 千字
版　　次：2020 年 2 月第 1 版　　印　　次：2020 年 2 月第 1 次印刷
广告经营许可证：京朝工商广字第 8087 号
书　　号：ISBN 978-7-5217-0970-4
定　　价：98.00 元（全 3 册）

特约策划：知道青尘　　特约策划人：杨肖
图书策划：见识城邦　　策划编辑：肖雪
责任编辑：曲沛然　　营销编辑：杨璞
装帧设计：象上设计

前言

追求智慧的哲学起源于人的好奇心，这是亚里士多德在《形而上学》中明确提出的观点。他接着解释道："一个有所迷惑与惊异的人，每自愧愚蠢；他探索哲学只是为了摆脱愚蠢，显然，他为求知而从事学术，并无任何实用的目的。"强烈的好奇心能够使人的求知欲跳出功利主义的牢笼，所谓"非关因果方为善，不计科名始读书"，说的也是这层意思。

好奇的意义还不止于此，好奇心能够促进人们跳出因循守旧的常规之窠臼，不断开拓创新、盛德日新。尼采在《科学的知识》中说："习惯使我们双手机巧，头脑笨拙。"爱默生在《论自立》中则说："模仿就是自杀。"在我看来，将人从常识的束缚中解放出来，超越想当然的生活态度，这既是哲学的功能，也是哲学的使命。

学习哲学的首要品质，不是高智商，而是真诚！卢梭在《爱弥儿》中说，作为"自然人"的小孩子宁愿要一块蛋糕，而不会要一枚钱币，因为小孩子不知道“钱”是什么。为什么给别人一张纸，别人就得被你的这张纸奴役，去做你要求他做的事情呢？文明人似乎都知道“钱”是什么，但小孩子不知道，哲学家也不知道。哲学家“自知自己无知”，所以，会思考何谓“货币”“财产权”。所有的名副其实的哲学家都是真诚的孩子，与其说他们的思想深奥难懂，不如说他们的灵魂光明澄澈。

伏尔泰说：“除了无聊，什么样的风格都是好风格。”《哲学家奇葩说》中的每一页乃至每一段话都给人惊喜和启发。本书参阅了大量哲学原典和研究文献，所有内容皆有根有据，并不因其内容的趣味性而损害其资料的可靠性。为了达成这一目的，作者行文方式采用剪影和素描的手法，所谓剪影，就是剪取各位哲学家生命中最闪光的片段，组合成篇，有如珠玉在盘，颗颗晶莹剔透；所谓素描，就是客观记述哲学家的言行，杜绝三纸无驴的冗长铺陈和不着边际的个人发挥。

哲学家如果言行不一，那么，其理论的可信度就大打折扣。本书讲述的这 32 位古希腊哲学家都是表里如一的风流人物，敢于将内在的思想体现在现实生活之中。犬儒第欧根尼为了坚持自然的生活，胆敢在市场上手淫；苏格拉底为了“宁肯天下人负我”的道德坚守，在饮下鸩酒之后还侃侃而谈，论证“灵魂不朽”；皮浪漠不动心地给猪洗澡；德奥多罗论证“好人不殉国”；诡辩的智者嘲讽“你这话是什么意思”这样的问题；高尔吉亚则惊世骇俗地论证“无物存在”……这些哲学家的故事，或幽默，或荒诞，或让人扼腕叹息，或让人愀然警醒，皆是他们的情感和思想的真实表露。静静地阅读本书，想见他们的一颦一笑和一言一行，思想的光芒就会悄然照射到现实之中。

贾辰阳

2019 年 12 月 11 日

贾辰阳博士的大作亮点很多，择其要有三。第一，以风趣幽默的笔调塑造了千姿百态的哲人形象，非常适合引导非哲学专业的年轻人步入哲学殿堂。第二，以中西汇通的方式阐释深刻的哲学智慧，即使哲学专业的青年朋友阅读也有助于打破专业壁垒。第三，文中不时闪烁着作者富有独创性的思想火花，不少地方还能结合实际展开评论，从而更富于时代性、更切合青年朋友的喜好。但是，哲学是批判的智慧，批判的前提当有独立之思想，希望青年朋友能以批判的眼光鉴赏这部作品，方为真正领略了贾博士刻画的哲人智慧，便可得意忘言矣。

——**员俊雅**（中国社会科学院哲学研究所副研究员）

每个哲学家都是一朵奇葩，这本书就是那奇葩盛开的地方。

——**大铭**（中央人民广播电台主持人）

这是一套非常好看的哲学书，书架上必备的书籍之一。作者用形象、生动、幽默的语言，深入浅出地介绍了古希腊早、中、晚期的哲学智慧。资料运用非常丰富，出人意料的细节层出不穷，让人惊叹。

——**王宏涛**（哲学博士 河南科技大学教师）

目录

梭伦

阿那卡西斯

色诺芬尼

赫拉克利特

巴门尼德

埃利亚的芝诺

恩培多克勒

普罗塔哥拉

高尔吉亚

泰勒斯

爱孩子的新方法

泰勒斯（Thales）终身未婚，却收养了自己姊妹的孩子。别人问他为何没有生养自己的孩子，他回答说：“因为我爱孩子。”

作为古希腊的著名哲学家，泰勒斯肯定听过这样一则希腊神话：弥达斯国王在树林里久久地寻找酒神的伴护精灵，即聪明的西勒诺斯，但却没有寻到。后来，精灵终于落入国王手中，国王便问道，对人来说，什么是最好最妙的东西？这精灵木然呆立，一声不吭。直到最后，在国王强逼下，他突然发出刺耳的笑声，说道：“可怜的浮生啊，无常与苦难之子，你为什么逼我说出这些话呢？要知道这些话你最好不要听到啊。那最好的东西是你根本得不到的，就是不要降生，不

要存在，成为虚无。不过对于你还有次好的东西——立刻就死。”（尼采《悲剧的诞生·三》）

巧拒父母催婚

父母试图逼迫泰勒斯结婚，泰勒斯回答说：“母亲，现在为时太早！”时光荏苒，泰勒斯眼看老大不小了，父母继续催逼他结婚。泰勒斯回答说：“母亲，现在为时已晚！”

孔子说：“不得中行而与之，必也狂狷乎。狂者进取，狷者，有所不为也。”人生在世，精神被肉身奴役，肉身被欲求摆布，欲求被时势操纵。想要有所为，就必须有所不为；不会对世界说“不”的人，很容易在尘世的喧嚣中迷失自我。

未雨绸缪 VS 因噎废食

梭伦见到泰勒斯没有结婚，也没有儿女，却活得怡然自得，禁不住问泰勒斯这是怎么回事。泰勒斯并没有回答，转身离开了。事后，泰勒斯让人散布谎言，说梭伦的儿子客死外邦之地。梭伦听到消息后，捶胸顿足，悲痛万分，还用手撕扯自己的头发。这时候，泰勒斯出来了，他拉住梭伦的手说："朋友，这就是我不愿意结婚生子的原因，像您这样坚强的人，竟然也不能忍受亲人离散的打击。"

普鲁塔克在《希腊罗马名人传》中论及此事，颇有感慨。他说，因为害怕失败或失去而放弃行动和尝试，这不是"见微知著"的理性，只能叫极度的怯懦。那些没有生养儿女的人,哪怕是自家养的一条狗死了，同样也会悲痛欲绝、如丧考妣。我们不能因为害怕失去财富而甘愿贫穷，不能因为害怕失去友谊而拒绝交友，更不能因为害怕失去子女而拒绝结婚生子。

真实的人生有时就像是命运编排好的剧本。普鲁塔克有一个最心爱的女儿，但这个女儿却夭折了。加

缪在《西西弗神话》的开篇就说：“真正的哲学问题只有一个——自杀！思考人生是否值得过。”如果没有结束生命的勇气，至少要有面对生命的审慎——要不要生养儿女？这是一个问题！

生死齐一

泰勒斯经常念叨说：“死了跟活着没啥区别！”一次，别人反问他说：“那你为什么不去死呢？”泰勒斯回答：“因为死了跟活着没啥区别！”

人生三乐

泰勒斯对命运女神充满感激，理由如下：“第一，我生而为人，而不是畜生；其次，我生而为男人，而不是女人；第三，我生而为希腊人，而不是蛮族人。”

孔子游于泰山，见荣启期行乎郕之野，鹿裘带索，

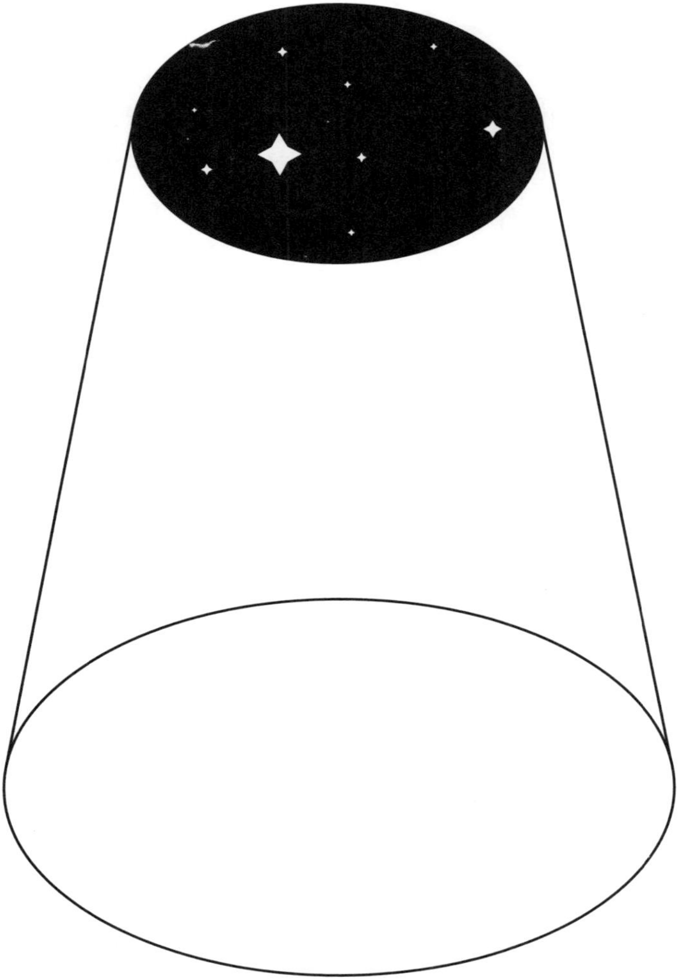

鼓琴而歌。孔子问曰："先生所以乐，何也？"对曰："吾乐甚多。天生万物，唯人为贵，而吾得为人，是一乐也。男女之别，男尊女卑，故以男为贵，吾既得为男矣，是二乐也。人生有不见日月、不免襁褓者，吾既已行年九十矣，是三乐也。贫者士之常也，死者人之终也，处常得终，当何忧哉？"孔子曰："善乎！能自宽者也。"（《列子 · 天瑞》）

仰望星空 VS 洞穴生活

泰勒斯一边走路，一边仰望天空的星斗，结果不小心掉进了洞穴。一个色雷斯女人嘲笑他说："你能看见天上的事物，却不看到脚下的东西，所以才会掉进洞穴里。"我们不知道泰勒斯当时是如何回答的，约 2000 年后，德国哲学家黑格尔在其《哲学史演讲录》中回答这个色雷斯女人说："你永远不会掉进洞穴，因为你就生活在洞穴之中。"

哲学家也能挣钱

世人轻侮泰勒斯以哲学见称却贫困得几乎难以自给，讥笑哲学并非救贫的学问。泰勒斯凭借星象学预测（次年夏）油橄榄树将获丰收，于是把自己所有的资金，全部交给启沃岛和米利都城的各油坊作为定金，租得了各油坊的榨油设备。这时谁都不去同他竞争，预订的租金很低。收获季节来临时，需要榨油的人纷纷到各油坊，谁都愿意照他所要求的高价支付榨油设备的租金。他由此获得大量金钱，向世人证明哲学家致富并不难，只是他的志趣不在金钱。这个故事的本意在于显示泰勒斯的智慧，恰好也说明了造成垄断的方法——这种原理可以普遍应用于致富的各个门径。

（亚里士多德《政治学》第一卷第 11 章）

不用桥梁如何到达彼岸

两军对垒之时，泰勒斯对克罗伊斯说：“不用架桥，不用渡船，也无须游泳，我们就能够到达河对岸。”克罗伊斯问道：“你到底用什么方法？”泰勒斯回答说：“在身后挖一个半圆形的渠道，让河流改道从身后穿过。”

怎样测量金字塔的高度

泰勒斯天资聪颖，自学成才，没有拜任何人为老师。他曾经去过埃及，跟那里的祭司混过一段日子。这些祭司虽然天天生活在金字塔附近，但却不知道金字塔的具体高度。泰勒斯发现在白天的某一时刻，人的身高和影子的长度是呈固定比例的，因此，只要测量出金字塔影子的长度，就能够换算出金字塔的准确高度。

世间最困难的事情

有人问世间最难的事情是什么？泰勒斯回答说：

“认识你自己！”

正如格洛巨斯石像，由于时间、海洋和暴风雨的侵蚀，现在已经变得不像一位天神，而像一只凶残的野兽。人类在社会环境中，由于继续发生的千百种原因，由于获得了无数的知识和谬见，由于身体组织上所发生的变化，由于情欲的不断激荡等等，灵魂已经变了质，甚至可以说灵魂的样子，早已改变到几乎不可认识的程度。（卢梭《论人类不平等的起源和基础》）

世上最奇怪的事情

有人问这世界上最奇怪的事情是什么？泰勒斯回答说：“专制暴君居然活了一大把年纪，还能够寿终正寝。”泰勒斯还说：“世上最凶恶的野兽就是独裁暴君，那些追随暴君的马屁精都是些受到豢养的牲畜，不过已经被驯服而已。”

泰勒斯认为，获得名誉和光荣要比获得生存保障更为重要。他说：“如果一个国君宁愿统治奴隶而不是自由民，那么，他就像是一个愚蠢的农夫，把大麦、小麦撒到了街道上，让谷仓中充满蝗虫和飞鸟。政府虽有弊端万千，却有一点可以弥补这些弊端，即名誉和光荣，前提是统治者要比治下的良民更为良善，而民众能够活出名誉和光荣。如果国君既登大位，却只关心自家的舒适和利益，而忽视了民众的呼吁和担忧，那么，他最好不要统治有理性的人民，他更适合统治牛马或者羊群。”

水是始基

泰勒斯断言水是最初的元素， 他得出这一结论可能是因为他观察到生命所必需的食物和种子都包含着水分。在选择将水作为他的基本实体时，泰勒斯可能是受到了海神俄刻阿诺斯和蒂锡斯神话的影响。考虑到希腊哲学产生于希腊神话和希腊宗教，这一观点有其合理之处。水能够呈现为固体、液体和气体形式，因此在人们看来似乎是处在变化之中；水在高温下蒸

发，这很容易就被泰勒斯解释为由水到火的转化；水以雨的形式降落，并被大地吸收，这可以被泰勒斯解释为由水到土的转化；最后，水是生命所必需的。

万物有灵

泰勒斯看到磁石能够吸引铁，琥珀经过摩擦能够吸引纸片，据此推测“万物充满了灵魂”。泰勒斯所谓的灵魂是不是基督教意义上的上帝，自古就有学者进行争论。事实上，泰勒斯对灵魂的理解更有可能接近古希腊人的传统信仰。从《荷马史诗》中可以看得出来，在古希腊人那里，灵魂就是生命，它是生命的源泉。一个人只要还在呼吸，血液还在流动，他就活着，就能够移动身体并做各种运动。泰勒斯所谓的灵魂，应该是指生命和运动的能力。

梭伦

智取萨拉米

萨拉米是雅典西部海洋中的一座山势突兀的小岛，也是梭伦的出生地。此岛为麦加拉人占有，是以武力夺取的；雅典人为夺回小岛，同麦加拉人进行了多次战斗，均告失败。后来，雅典人疲于征战，就颁布法令说，谁若号召大家重开萨拉米战争，就对其处以死刑。

梭伦就佯狂装疯，跳到了广场的宣令石之上，还戴着一顶帽子！依照习俗，只有病人才戴帽子，梭伦的怪异装束使得人们轻易相信他真的疯了。他吟诵了一首自己写好的诗，以此激发起了雅典人的斗志，市民推举他为元帅去光复萨拉米。

梭伦使用了诡计：他让一群年轻人穿上宽松的长

袍来假扮妇女，并传消息给岛上的麦加拉士兵，说他们有机会虏获雅典的贵妇！麦加拉人不知道这是梭伦设置的陷阱，就匆匆上船，并在雅典海岸登陆。他们看到一群妇女在表演节日舞蹈，一声呼啸，便冲上前去，让他们始料未及的是，这些所谓的贵妇抽出宝剑进行英勇抵抗。最终麦加拉人无一生还，梭伦随即占领了萨拉米。

衣食足而知荣辱

在希腊七贤聚会的午宴上，梭伦说："大部分民众的灵魂都囚禁在肉体的黑暗之中，考虑的是对食物的需要，在磨坊中无穷无尽地兜着圈子……《荷马史诗》中的那些不朽的神祇，无论生死存亡，都与食物毫无关系，大概荷马知道，食物不仅是维持生命的重要因素，同样也是所有疾病的根源，我们发现吃饱喝足比斋戒禁食的坏处更大，消化食物比获取食物需要的时间更长。"

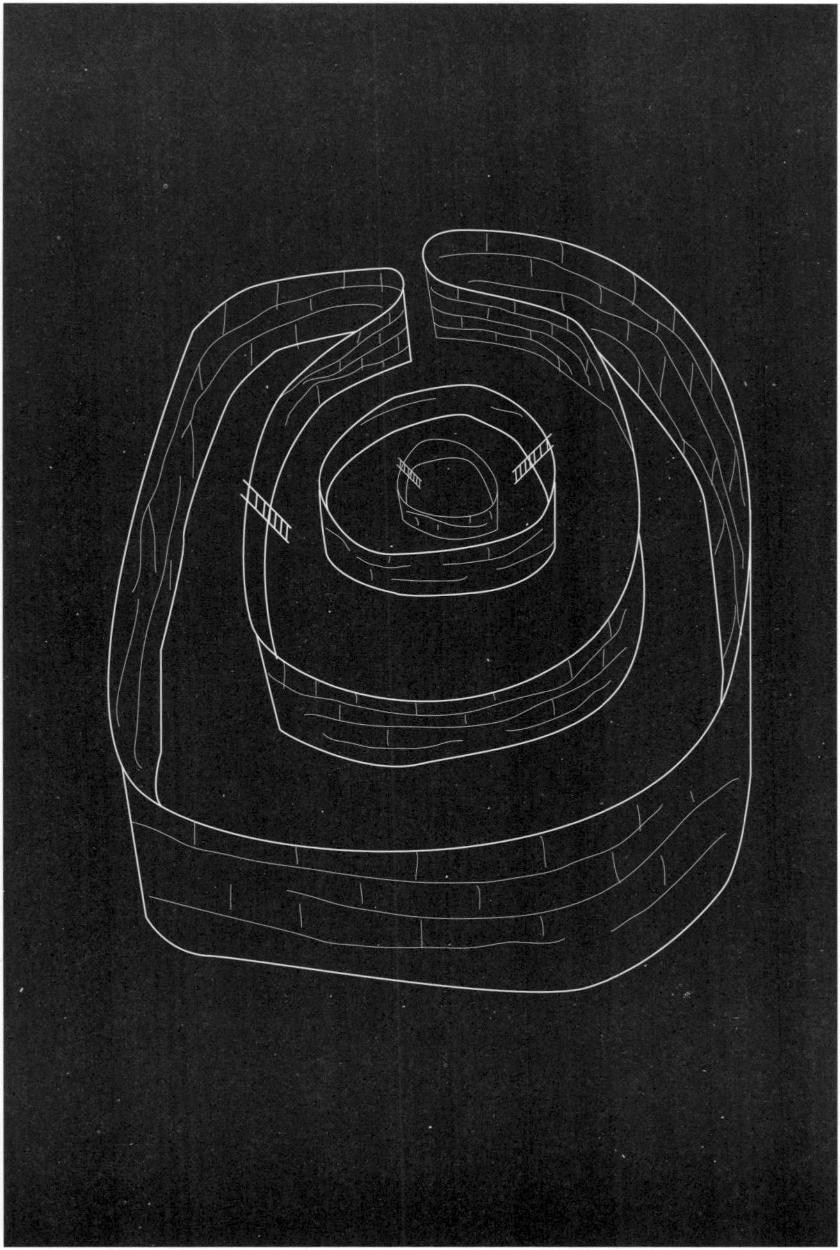

梭伦接着说："就像达那俄斯的女儿，被惩罚去受无尽的劳役，汲水去装满底部有洞的大瓮。一旦她获得赦免，就会感到茫然、无所适从，不知道该过哪种生活，或从事哪种工作……之所以如此，是因为人们缺乏对于高贵事物的认识，而获取这些认识需要人们的基本生存条件得到保障。习惯了伺候主人的奴隶，一旦被释放，就会用曾经伺候主人的精力来伺候自己。同样，人一旦从为生存而劳碌的苦役中解放出来，心灵所考虑的对象就将是真理和心灵自身。"

发布解负令

梭伦发现雅典人处于分裂状态。首先是山区的农民，辛苦而又贫穷，总是欠着放债者的钱；其次是沿海居民，不穷也不富；第三是平原地区的显贵，他们拥有丰饶的土地和果园，也大权在握。贫民希望从梭伦那里得到帮助，他们希望梭伦消除他们的债务，并夺走显贵的大部分土地，以便在贫民中间普遍分配，就像在斯巴达那样。梭伦的确取消了他们的债务，他声称所有的债务都应作废，这样贫民才可以开始全新的生活。

不仅如此，他禁止任何人抓捕负债人并将其投入监狱。当时已经形成风气，人们对待欠债人，俨然是在对待坏人。梭伦听说一些雅典人害怕因债务问题被投入监狱,就逃到了异国他乡,他便派人接这些人回国;所有被监押的负债人也都被释放。可以肯定，那些贫穷无计的人无不欢欣鼓舞，他们期待着梭伦进一步分配土地。但梭伦并没有这么做，他认为这会使整个国家陷入混乱。

拒绝王冠

很多市民希望梭伦戴上王冠。他们认为梭伦是个信守公正且富有智慧的人，做国王也会公允圣明。但梭伦对皇位毫不动心；他竭尽所能治理雅典，却从未贪求王冠的荣耀或宫殿的辉煌。梭伦热衷于民主政治，反对任何形式的专制。他在写给吕底亚国王克罗伊斯的信中说道："以雅典娜的名义起誓，与其他任何生活境况相比，我更渴望生活在民主制度中……那是所有人都享有平等权利的地方。"

梭伦经常说，那些与专制君主过往密切的人，都是些任人摆布的玩意儿，他们虽然一时青云直上，但可能转瞬就一败涂地。因为国王摆置他们，就像是在摆放用来计数的鹅卵石，此时一块石头代表万位、千位数，彼时就可能代表微不足道的个位数。

法律犹如蜘蛛网

梭伦说："法律犹如蜘蛛网，小飞虫被它捉住，大动物却将它撞破。"这颇有"窃钩者诛，窃国者侯"的意味。

法律要管小事情

有人被骗4000多块钱，报警之后得到回复：“被骗5000元以上才立案。”受害人只好听天由命，自认倒霉了。但梭伦为雅典人制定的法律却不是这样的，梭伦的法律管小事。他立法规定，禁止人们在距离邻居花园5步之内的地方种树，免得树根延展，以至于把邻家土地的养分给吸走了。他立法规定，不得在邻居蜂房的300步之内收养蜜蜂。他还规定，谁家的狗如果咬人，就得在狗身上绑一根四尺半长的木棍，伸出来的木棍使得狗嘴没法咬到人。

人与人之间的冲突，大都是生活琐事的冲突，如果法律任由这些小的冲突上升为流血杀人事件后才开始处理，那就等于是在“为民设陷”，一步步诱惑人们走向大奸大恶，然后捕杀他们。另外，如果法律出于执法成本的考虑，而对尚未触犯刑法的违法行为（比如在公共场所抽烟、公路上随意鸣笛等）不闻不问，那么，这个处于执法空白状态的日常生活领域，就会被黑社会和不法分子占领。他们为平民百姓伸张正义的地方，恰好是法律失职和疏忽的地方。侠客不过是黑帮分子的美化版，一个民族痴迷于武侠，说明法治建设有待加强。

僭主掌权的三部曲

在写给厄庇美尼德的书信中，梭伦描述了僭主庇西特拉图攫取专制权力的“三部曲”：第一，迎合大众；第二，掌控武力；第三，摇身一变，成为僭主。据普鲁塔克的《希腊罗马名人传》记载，庇西特拉图是希腊山区穷人的代言人，他说话温文有节制，喜怒不形于色，擅长模仿和掩饰，天生一身的好演技。大家公认他是个谨言慎行、遵纪守法的人，故此赢得了公众的信赖。

有一次，庇西特拉图故意把自己弄伤，然后用战车把自己运到市民广场，嫁祸给观点不同的政敌，说是他们痛下毒手，以此煽动民众的情绪。借着这件事情，庇西特拉图要求召开市民大会，提议允许他随身携带一支护卫队，这支护卫队由50位手执棍棒的青年人组成。（第欧根尼的《名哲言行录》中记载，护卫队由400人组成。）

梭伦在信中说：“从此之后，他摧毁了民主制度。而我试图把雅典的穷人从奴隶境况中解放出来的努力也都付诸东流，现在，所有的雅典人都成了一个主人——庇西特拉图——的奴隶。”

与专制抗争到底

虽然庇西特拉图是梭伦的同族，但梭伦并不徇私情。当他察觉了庇西特拉图意欲攫取大权并实施专制统治的野心之时，就竭尽全力进行阻止。此时梭伦年事已高，但他毅然拿起长矛和盾牌冲进了聚会的广场，对民众发表演说。他告诫大家不能因怯懦退缩而丧失自由，在暴政刚刚萌芽且尚未羽翼丰满的时候，就应该将其彻底摧毁，毫不姑息。但人民不敢对抗庇西特拉图，于是，梭伦说：“雅典人啊，我比你们中的一些人更聪明，比另一些人更勇敢；比那些觉察不到庇西特拉图的阴谋的人更聪明，也比那些虽然看穿了阴谋，但却装糊涂保持沉默的人更勇敢。”无奈之下，梭伦说：“为了保卫自己的国家，我既使用唇枪舌剑，也动用了真刀真枪，我已经尽了自己的本分。”此后，梭伦应国王克罗伊斯之邀，逃亡到了吕底亚。

庇西特拉图给梭伦写了一份颇含敬意的书信，信中说道：“我并不是唯一自立为主的希腊人，自立为主于我亦无不当，因为我系出哥德鲁贵族。雅典人曾有过盟誓，承认永葆哥德鲁与其子孙的地位，但他们却背弃了这种盟誓，剥夺了这一项特权，因此，我只不过是取回盟誓所许给我的权力罢了。我没有做过什么对不起神明、对不起人民的不义之事，你给雅典人立了法，我就努力使你所立的法在公民生活里实行。这个情况比民主制度还更好些，因为我不许任何人做坏事。作为僭主，我并不因此向人民多取一分权威、荣誉和固定的贡赋。每一个雅典人所纳之赋税，并不是给我，而是供公共祭典使用，此外供公共事务和战争使用。我并不怨你揭发了我的企图，因为你这样做

的动机出于爱民，并非恨我；同时你尚且不知我会如何治理国家。如果你那时已经知道了这点，你就会满意这个政府，就不会逃走了。”

梭伦回信给庇西特拉图说：“我确信，我不会从你那里遭受任何伤害，因为在你成为僭主之前，我就已经是你的朋友了，现在我更不会跟你产生分歧。对于他们来说，究竟是被一个人统治好，还是生活在民主制度下好，每个人都必须根据自己的判断来决定。我承认，在所有的僭主中，你是最好的一个。但是我明白，返回雅典对我并不美妙。我曾经给予雅典人以平等权利，在早先时，我自己也曾拒绝做僭主，如果我现在回来，对你所做的一切曲意逢迎，怎么可能不遭到人们的指责呢？”

与克罗伊斯的对话

梭伦居住的房屋十分简陋，穿着也很简朴。当他到了克罗伊斯的宫殿时，看到国王端坐在堂皇的王座之上，上面装点着光耀夺目的珠宝。克罗伊斯问梭伦是否看到过什么比他更光彩的。梭伦回答说：“当然见过了，公鸡、雉鸡和孔雀，它们闪耀着自然的色彩，要比你的衣服美上一万倍。”为了令梭伦屈服，国王带他去看藏宝室，那里搜集了世界上最珍贵的物件。

“你见过比我还要幸福的人吗？”国王问道。

“见过。”

“他是谁？”

“雅典一位名叫提拉斯的普通人。他与爱着他的妻子和儿女住在一个贫穷的小村庄里。虽然贫穷，但他并不乏所需。他为国家而战死，至今邻居中间还流传着他的传说。”

“还有其他人比我幸福吗？”

“有。”

“还有？他是谁，求你告诉我。”

“是一对亲兄弟，在表现了对老母亲的深爱之后，同时去世。母亲决意要参加村庄庙会的宴席，准备出发时发现，给她拉车的耕牛正在很远的地方耕作，无法及时带回来。她的两个儿子，为了不让母亲失望，就把自己当作耕牛套在了车上，拉着母亲，在村民的欢呼声中来到了庙门前。他们吃了宴席，气氛友好而又欢快，当晚兄弟二人就去世了。所有的人都纪念他们。你知道的，国王，一个人只要活着，就仍旧有陷身危险的可能。我们到处以‘幸福’的名义向他人致敬，岂不像一个角力手仍在场中奋战，我们就为他的‘胜利’欢呼？这是极不合适的。”

据希罗多德的《历史》记载，克罗伊斯完全不把梭伦放在眼里，国王认为，像这样一个无视当下的幸福，却总是把目光投向人生的结局的人，是个不折不扣的傻瓜。

后来，波斯大军入侵吕底亚。克罗伊斯成为阶下囚，波斯国王居鲁士下令将他放在柴堆上烧死。

当这个不幸的国王躺在柴堆上时，他高喊：“梭伦！梭伦！哦！梭伦！”

国王命人暂停点燃柴堆，他让克罗伊斯解释因何呼喊“梭伦”；克罗伊斯就讲述了这个故事。居鲁士沉吟片刻，命人释放了克罗伊斯，目的是让他过一种更值得敬重的生活，他将不再是国王，因为那并不能使他幸福。

国家开办妓院

梭伦立法规定，任何人杀死一个正在通奸的奸夫，都是无罪的。但是，对拥有公民身份的妇女施以强暴的恶徒，要处以100德拉克马的罚款；如果是诱奸的话，罚款20德拉克马；至于卖淫和嫖娼，则不受任何惩罚。普鲁塔克对于梭伦的这项立法大惑不解，认为这种法律毫无理性可言，同样的罪行，或者严惩不贷，或者等闲视之，简直是开玩笑。末了还说："除非是雅典的财源不足。"其实这项立法有其合理之处，其目的在于引导人们的行为远离偷情和通奸。因为登徒子那样的偷情通奸，要处以死刑，卖淫嫖娼却不受任何惩罚。

这与现今世界的做法完全颠倒，偷情通奸无罪，卖淫嫖娼犯法。而梭伦的法律，明显是要给人的情欲一个释放的渠道。就像城市的下水道，虽然污秽，但不可或缺。与其让它无孔不入地蔓延渗透，还不如提供渠道进行疏导。雅典当时的妓院有等级之分，都受政府的管理。国家专门指派一种叫作“波罗特鲁尼”（porrotelones）的官员来定期征收“青楼税”。

阿那卡西斯

会见梭伦

阿那卡西斯（Anacharsis）是司奇提亚人，并非雅典人。大概在古代第47届奥林匹克运动会期间（约前591—前588年），他到雅典去拜会梭伦，但梭伦的仆人传话给他说，梭伦只同“自己国家的人”交朋友。阿那卡西斯就对仆人说：“我现在就在雅典，所以就是梭伦‘自己国家的人’呀！”梭伦听到这个敏捷睿智的回答，感到非常满意，就会见了阿那卡西斯，两人成了好友。

爱国主义之痛

阿那卡西斯在雅典游历一番之后，回到了祖国司奇提亚。他对雅典的风俗和政治赞不绝口，几乎是言必称雅典，以至于国人认为他有颠覆国家习俗和制度的企图。有一次，当他与自己的兄弟一起出猎时，兄弟被人用暗箭射死。他扶着兄弟的身体大声喊道："在国外，我的名声给我带来了安全；在自己的祖国，却招来了嫉恨和毁灭！"据希罗多德的记载，阿那卡西斯本人也是被同胞杀死的。

耶稣说过："我如实告诉你们，没有先知在自己家乡是被人悦纳的。"撒母耳·约翰逊则说："爱国主义是恶棍最后的庇护所。"鲁迅在《随感录第三十八》中写道："'个人的自大'，就是独异，是对庸众宣战。除精神病学上的夸大狂外，这种自大的人，大抵有几分天才——照 Nordau（诺尔道）等说，也可说就是几分狂气。他们必定自己觉得思想见识高出庸众之上，又为庸众所不懂，所以愤世疾俗，渐渐变成厌世家，或'国民之敌'。但一切新思想，多从他们出来，政治上宗教上道德上的改革，也从他们发端。所以多有这‘个人的自大’的国民，真是多福气！多幸运！‘合群的自大’，‘爱国的自大’，是党同伐异，是对少数的天才宣战——至于对别国文明宣战，却尚在其次。他们自己毫无特别才能，可以夸示于人，所以把这国拿来做个影子；他们把国里的习惯制度抬得很高，赞美得了不得；他们的国粹，既然这样有荣光，他们自然也有荣光了！倘若遇见攻击，他们也不必自去应战，因为这种蹲在影子里张目摇舌的人，数目极多，只需用mob（暴徒）的长技，一阵乱噪，便可制胜。胜了，我是一群中的人，自然也胜了；若败了时，一群中有许多人，未必是我受亏：大凡聚众滋事时，多具这种心理，也就是他们的心理。”

点评奥运会

就希腊人的运动会，他有下述言论：“雅典人禁止斗殴，却给那些在运动会上相互殴打的人颁发奖励。”“橄榄油是发疯药，因为把它往运动员身上一抹，他们就会疯狂地互相殴打。”“内行人在运动场上搏击，却由外行人给他们颁奖。”

黑格尔说，劳动是正经事，是为了用物质的力量改变物质的自然状态，来满足人类自身的生存。而奥林匹克运动会就是不正经的事，虽然也耗费体力和热量，但却不是生产行为，只是为了娱乐。但是，正是通过人类的这些不正经的事，人类才超越于动物的生存状态。在马克思所设想的共产主义社会中，没有一个人是我们所谓的“正经人”，工作不是为了生存，而是为了个人的兴趣和爱好，甚至可以上午打鱼，下午狩猎，晚上搞哲学批判。（《德意志意识形态》）

席勒在《美育书简》中有一句名言，与黑格尔和马克思不谋而合，他说：“只有当人在完全充分是人的时候，他才会游戏；只有当人在游戏的时候，他才是真正纯粹的人。”那些为生存而奋斗的正经事，全都是在动物性存在的层次上挣扎，唯有人在游戏娱乐时，才找回了做人的感觉。所谓的不正经的人，就是彻底摆脱了异化劳动的人。一本正经的人，无趣，我不想跟他们玩；完全不正经的人，危险，我不敢跟他们玩。再看“人”字，也是这样，在左倾右斜的局势中，艰难地维持平衡。

点评商品社会

他看到雅典街市上的人们兜售商品，相互讨价还价，不禁感慨说：“希腊人禁止撒谎，但做买卖时却丝毫不加掩饰。”阿那卡西斯这样定义集市：一个与众不同的地方，在那里人们相互欺骗，使用奸诈的手段与对方博弈。

亚当·斯密在《国富论》中发表的看法却不是这样，他说：“我从未见过两条狗会相互交换骨头。”只有人类会互通有无，进行商品交易。这种交易行为，不仅仅给生活带来了方便，也促进了人类智识的发展。他指出，哲学家与挑夫的天赋的区别，并没有猎狗与看门狗之间的区别更大，这后来的智识上的巨大差异，来源于社会分工。

孟子有一段著名的话，与亚当·斯密的论述如出一辙："且一人之身，而百工之所为备。如必自为而后用之，是率天下而路也。故曰：或劳心，或劳力。劳心者治人，劳力者治于人。治于人者食人，治人者食于人。天下之通义也。"

阿那克西曼德

童心未泯

阿那克西曼德（Anaximander）是泰勒斯的学生。有一次，一群小孩嘲笑他唱歌不好听，他回答说："为了让孩子开心，我必须提高歌唱水平。"

李贽在《童心说》一文中说道："夫童心者，绝假纯真，最初一念之本心也。若失却童心，便失却真心；失却真心，便失却真人……童心既障，于是发而为言语，则言语不由衷；见而为政事，则政事无根柢；著而为文辞，则文辞不能达。非内含于章美也，非笃实生辉光也，欲求一句有德之言，卒不可得，所以者何？以童心既障，而以从外入者闻见道理为之心也。"

宇宙论

古希腊哲学处于哲学的童年阶段，前苏格拉底哲学家的思想也有一种童真的意味。阿那克西曼德认为，地球在宇宙的中心；大地是球形的；太阳有地球的28倍大，是一个没有轴承，却不停转动的火球；月亮的光辉是从太阳借来的；世间万物生灭变化，但总量恒定不变。

进化论

几乎所有的孩子都问过这个问题：“人是从哪里来的？”有些母亲告诉孩子，人是从外婆家的山冈上捡来的石头变成的。后来一个叫达尔文的人告诉我们，人是从猿进化而来的。我不知道哪种说法更有道理，但两种说法都坚持了唯物主义的世界观，反对了“神创论”。

阿那克西曼德思考同样的问题，他认为，人类是从其他动物进化来的。与其他动物相比，人类的婴幼儿时期和哺乳期太长，根本没办法在短期内独立生存。据此，阿那克西曼德认为，人类如果一开始就是现在的样子，肯定是要灭绝的。既然人类没有灭绝，那就说明人类之成为人类，乃是渐变发展而来的。

阿那克西曼德认为，生物的最早起源乃是在潮湿之地，类似于鱼类。人类原来都是鱼，在人类的胚胎生长过程中，还再现了人类进化的过程，胚胎起初还保持有鱼类的形态。最后，鱼类的形态破碎了，男人女人能够独立维持生命，并且直立行走。

看啊，这大概是最早的进化论观点，与达尔文的思想若合符节。

“无定”论

阿那克西曼德认为，事物的本质或者原则不是泰勒斯所假设的水——因为水的存在也必须被解释——而是无穷或者无限，一个永恒不朽的实体，万物由这一实体产生，又归于它。他可能用其指向一种无穷的、充满空间的有生命的质料。对于这一无穷或者无限的本质他并没有进行具体界定，因为他将所有的性质归于这一无穷或无限。

阿那克西米尼

言必称“泰勒斯”

在写给毕达哥拉斯的书信中，阿那克西米尼（Anaximenes）提到晚年的泰勒斯依然习惯于仰望星空，一次带着女仆看星星的时候，忘记了自己所站的地方，跌入悬崖而死。阿那克西米尼慨叹说，米利都人失去了他们的天文学家。“让我们这些学生珍重他的回忆……今后的交谈都要以泰勒斯开始。”

阿那克西米尼的提议，让我们想起《论语》一书，记载孔子的话都用“子曰”起头，意思是：老师这么说过！而以大迦叶为首的佛陀弟子所编辑的佛教典籍，大都以“如是我闻”开头，意思是：我从老师那里听到的就是这样。

我们在尊重传统的时候，必须明白：所谓的传统，都是开创出来的，传统得以存在的奠基石恰好是革新，而不是守旧。尼采说：“败坏一种理论的最好方式就是用歪理邪说为之论证。”同理，败坏传统的最好方式就是以全盘接受的态度大肆鼓吹。如果严格遵守传统是最高的美德，那么，人类就应该向老鼠学习了，因为，自开天辟地以来，它们从来就没有改变过自己的生活方式。

灵魂与气

阿那克西米尼认为气（pneuna），或者音译为“普纽玛”，是世界的本原，一切从气中生成，一切复归于气。气围绕着世界，贯通于世界之中，人的灵魂也是由气维系着的。

《四十二章经》中记载，佛陀否定了生命在“饭食间”的说法，认为生命存在于“呼吸间”。呼吸断绝，一命呜呼。庄子妻死，鼓盆而歌，也认为生命是气化而成。他说：“气变而有形，形变而有生，今又

变而之死。”宋代的理学家朱熹说：“人头圆象天，足方象地，平正端直，以其受天地之正气，所以识道理、有知识。物受天地之偏气，所以禽兽（头）横生，草木头向下，尾反在上。”

《圣经 · 创世记》开篇说：“上帝的灵运行在水面上。”这里“上帝的灵”又可以译为“来自上帝的风”，可见，“灵”就是“风”。上帝用泥土造人时，向泥人的鼻孔中吹了一口“气”，于是人便拥有了“灵”。在《约翰福音》第 20 章中，耶稣也对门徒吹了口气，还说：“你们接受圣灵！”

毕达哥拉斯

好学青年

毕达哥拉斯于公元前582年至公元前570年生于萨摩斯岛，有人说他父亲是个珠宝匠，雕刻指环。毕达哥拉斯年轻时极为好学，离开过自己的国家，学习一切能够学到的学问，从自然科学到神秘主义，乃至鸡鸣狗盗之术，无不精通。赫拉克利特认为毕达哥拉斯拥有丰富的知识，他精深的研究超过了所有的人。

他曾经去过埃及，学会了埃及语，进过埃及人的神庙，学习了有关神灵的秘密。据说他还被波斯王掳往巴比伦等地，和当地的僧侣有过交往，了解了他们的神秘仪式，接受了灵魂不灭和转世轮回等思想。

在他返回萨摩斯的时候，发现祖国处于僭主的统治之下，作为自由人，他无法忍受强权和暴政的统治，于是乘船去了意大利的克罗顿。

闭关修炼

应该是在克罗顿，他给自己挖了一个很深的地洞，躲避其中很长的时间，有人说是 4 年之久。在这期间，他叮嘱自己的母亲把外面发生的一切事情都记录下来，及时呈递给他阅读。他的母亲就照做了。

4 年的闭关时间结束了，毕达哥拉斯从地洞中走出来，身形枯槁，犹如一具尸体。然而，当他走进人群中时，能够清楚地述说所见到的人这些年的经历。众人无不惊骇，备受感动，有人甚至号啕恸哭，纷纷把毕达哥拉斯视为圣人。

下过地狱

毕达哥拉斯自认为是神话中众神的信使赫耳墨斯

的儿子，但不少人认为他是医药之神阿波罗，也有人认为他是极北之地的阿波罗。毕达哥拉斯声称自己去过地狱，“在那里度过了 207 年后，才返回了人间。”

据说，毕达哥拉斯下地狱时，看到赫西俄德的灵魂飞速地撞向了铜柱，还叽里咕噜地说着什么，而荷马的灵魂则吊在树上被大蟒蛇缠着。这是他们遭受的惩罚，因为他们在自己的诗篇中传说了诸神的坏话。他还说自己看到那些对妻子不忠的人正在遭受毒打。

开宗立派

在毕达哥拉斯的协助下，克罗顿被治理得井然有序。他通过演讲，给元老院进忠言；在政府训谕中，给青年们提出恰到好处的告诫；把学生从各自的学校召集起来，给他们讲话；而且还召集过一次妇女集会，对妇女发表演讲。

他几乎被人们视为奥林匹斯山的神祇下凡，来到世间给人们带来幸福和哲学的火花。在这种声誉之下，在妻子儿女的帮助下，他开创了第一个真正的哲学派别，或者说是社团。据说人数达到600多人。

入会并非易事，志愿加入的人，要通过文化方面的测试，并且要服从训练。对志愿加入者的行为和喜好，都要调查。在这个盟会里，大家过着一种完全合乎规律的生活，衣食住行和作息，都要按照钟点进行，有严格的规定。此外，如果要入会，就必须把自己的财产交给盟会，因为毕达哥拉斯认为“朋友之间要分享一切”。当然，退出盟会的时候，会把这些财产发还。

正式会员又被分为外围分子和核心分子，外围分子需要经过5年的修炼，被称为听众，属于低级学员。核心分子被称为学生或数学家，更高级的会员则被称为物理学家或哲学家。

教规禁忌

毕达哥拉斯的盟会具有神秘主义的倾向，有一系列的奇奇怪怪的禁忌和相应的戒律，比如：

不要穿着鞋子献祭和礼拜；不要用铁器拨火；可以帮人加负，切莫帮人减负；穿鞋先穿右脚，洗脚先洗左脚；不要横跨栏杆；切勿戴指环；切勿在灯旁照镜子；切勿食心脏；切勿在被剪下的头发、指甲上吐唾沫；不要对着太阳小便；不要养有钩爪的鸟；不要让燕子停留在屋檐下。

还有，千万不要吃豆子。

豆子惹的祸

毕达哥拉斯名声越来越大，也愈发被人神化。有人说他走到河边，河水就向他欢呼；有人说见到过他咬死一条毒蛇；有人说他在奥林匹克运动会上看比赛，无意间露出了大腿，别人看到他的腿金光闪闪。

克罗顿有一个叫库隆的人，出身显贵，声望卓著，富甲一方，但此人专横跋扈、暴戾恣睢。他非常想加入毕达哥拉斯的盟会，但却被拒绝。库隆恼羞成怒，决定惩罚毕达哥拉斯。

在毕达哥拉斯跟学生集会的时候，库隆派人放了一把火，把房子给烧了。这一把大火让很多人丧生，只有少数人逃离出去。毕达哥拉斯带领弟子逃跑，碰见一块豆子地横亘在面前，于是就停了下来。还记得“千万不要吃豆子”的禁忌吗？豆子是神圣的,碰不得！毕达哥拉斯宁愿被抓，也不愿意穿越豆子地。结果，库隆的人马追上来，割断了毕达哥拉斯的喉管，同时被杀的还有40多个弟子。

妻子的智慧

毕达哥拉斯的妻子叫赛亚诺,他们育有一儿一女。毕达哥拉斯相当尊重女性，因为他说，男人的配偶有着神圣的名字:首先叫贞女,然后叫新娘,再后叫母亲。

在谈到色欲的时候，毕达哥拉斯说：“在冬季寻求性的快乐，夏季则应予以戒绝，虽然春秋季节害处少一点，但始终有害，不利健康。”有人问他到底什么时候可以交合，他答道：“在你想失去你拥有的力量之时。”

曾经有人问赛亚诺，女人与男人交合需要多少天才会变得洁净，她回答说：“若跟自己的丈夫则立刻就会洁净，若跟其他男人则永远不会。”她建议说，一个女人在跟丈夫交合时应该把衣服连同羞耻一同脱下来，而在离开丈夫时，则应该将衣服和羞耻一同穿上。有人继续问：“穿上什么？”她回答说：“那种使我们称作女人的东西。”

铁匠铺的音乐

毕达哥拉斯有一次走进一个铁匠铺，从铁匠打铁时发出的和谐声音中得到了启发。他比较不同重量的铁锤打铁时发出的不同声音，从而测定了不同音调之间的数量关系。之后，他又在琴弦上做进一步的试验，找出了不同音程之间存在的比率关系。

毕达哥拉斯一反早期自然哲学家从具体的物质形态中寻找世界本原的方法，而是最大限度地摆脱感性，

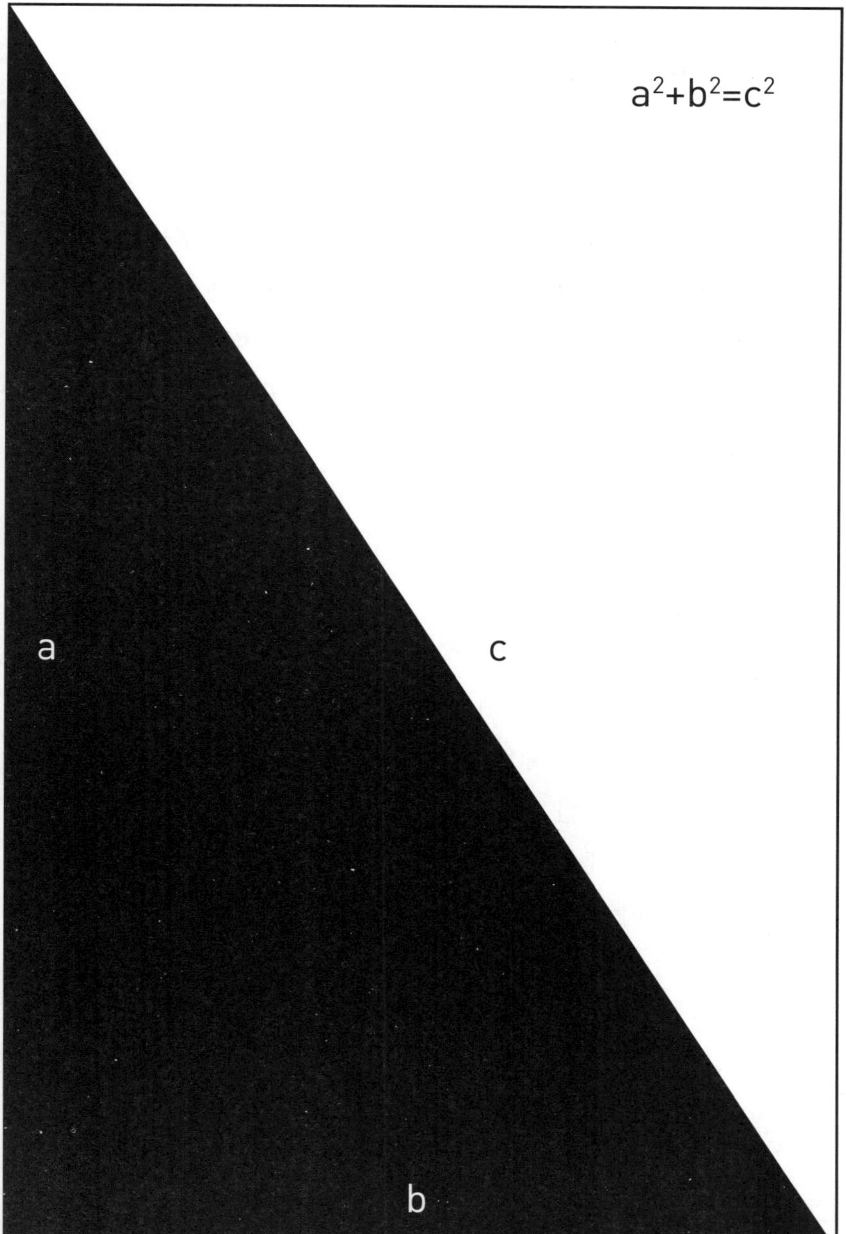
$a^2+b^2=c^2$
a
c
b

将理性思辨作为寻找真理和真相的途径。因此，毕达哥拉斯非常注重数学，认为数是世界的本原。据说，当他发现直角三角形的斜边的平方是两条直角边的平方之和的时候，非常激动，宰杀了一百头牛向诸神献祭。

世人三分法

马克思的墓志铭中刻写着《关于费尔巴哈的提纲》中的一句话："哲学家们只是用不同的方式解释世界，而问题在于改造世界。"简言之，马克思认为以前的哲学的毛病就是不结果实，能够改造世界的哲学才是真正有用的学问。

但毕达哥拉斯认为，灵魂有三种高下不等的追求，即沉思、荣誉和利益。如果将人世比作奥林匹克运动会场，则有人是来做生意的，有人是来比赛争夺荣誉的，只有少数人是旁观沉思的。如果以功名利禄为标准来衡量哲学有用无用，那就如同用商人的标准来评价战士，用耳朵的功能来衡量眼睛。只有当哲学的研究对象转向现实世界，哲学才获得新生。

灵魂与轮回

毕达哥拉斯认为，宇宙是神的自我实现，同理，身体是灵魂的自我实现。整个宇宙中都充满着精灵或者英雄的灵魂，是它们送给人梦幻和有关未来的预兆。其实不仅仅送给人，也送给羊和牛。人的生命中最重要的事情就是获得驾驭灵魂的技艺。

生命诞生时，灵魂进入身体；生命消逝时，灵魂复归于虚空。蜡块可以接受不同的印记，但蜡块还是原来的蜡块；灵魂可以进入不同的身体，但灵魂还是原来的灵魂。因此，灵魂是可以轮回的。

毕达哥拉斯相信："同一个具体事物将会再现，那么，你们将来还会像现在一样坐着，而我将再次对你们讲话，手里拿着这根教鞭，其他事物也都会和现在一样再现，当然，相信那时的时间也和现在一样。"

从一到十

毕达哥拉斯学派认为，“1”是形式或雄性的本原，是理性和善；“2”是质料或雌性的本原。“1”的变化导致过或者不及，从而生成了“1”的对立面，因此，“2”是恶和黑暗的来源。“3”代表开始、中间和结束，是一个完整的过程，象征着全体。“3”可以构成三角形，成为一个封闭的整体。因此，毕达哥拉斯学派将“3”运用到了巫术和咒语中，具有神秘的意义。

“4”的重要性仅次于“1”，它有很多象征意义，比如，象征点、线、面、体；象征春、夏、秋、冬；象征人、村、城、国；象征理性、知识、意见、感觉；象征幼年、青年、中年、老年。

“5”象征婚姻，因为它是奇数 3 和偶数 2 的结合，象征着男女阴阳的结合。

“6”是“5”和“1”相加的结果，因为 5 和 6 自乘之后，最后的个位数依然是 5 和 6。因此，毕达哥拉斯学派认为，“6”象征着转世轮回。

“7”是非常独特的数字。因为“2”这个数产生

“4”，“3”产生“9”和“6”，“4”产生“8”，“5”产生“10”，而“4”、“6”、“8”、“9”和“10”自身都是被产生的，只有“7”既不产生任何数，也不被任何数所产生，就像女神雅典娜一样，她没有母亲，并且永远是处女。

“8”是2的三次方，象征着和谐与友谊。“9”是3的平方，是数字序列的转折点，强大到可以制约10的作用，象征着正义。当然，最后的“10”象征着完善。

色诺芬尼

游吟诗人

“游吟诗人”，这名字好浪漫，但其实就是穷困无依，靠卖唱维持生计的人。色诺芬尼（Xenophanes，亦译克塞诺芬尼）在富人和贵族的宴会上吟唱赫西俄德和荷马的诗篇，以此获得食物和报酬。

根据他自己的诗歌得知，他25岁之后离开了家乡，据说是被母邦放逐。色诺芬尼此后在希腊漂泊了67年，如此计算，他至少活了92岁。大概是生于公元前565年，死于公元前473年，甚至更晚。据第欧根尼的记载，他亲手埋葬了自己的儿子。这是寿命太长的坏处：死在了儿子的后边。

自断财路

色诺芬尼吃的是荷马与赫西俄德的饭，却专门批评这两位先贤作品的思想内涵。或许，吃谁的饭，才有资格砸谁的锅。正是因为端了这个饭碗，所以才深知其中的冷暖和滋味。

色诺芬尼说，《荷马史诗》中描绘的英雄和诸神，不但会醉酒、淫乱，还彼此欺诈，纷争不断。“我不相信神欣赏不正当的爱情，也不相信神灵们真会犯罪，也不认为一个神要去统治另一个神。因为倘若真的是神，他就不欠缺任何东西。那些都是歌咏者的无稽之谈。”

色诺芬尼还不无讽刺地指出：“埃塞俄比亚人说他们的神的皮肤是黑的，鼻子是扁的；色雷斯人说他们的神是蓝眼睛、红头发的。”并且，“假如牛、马和狮子都有手，而且像人一样能用手画画和塑像，它们就会各自照着自己的模样，马画出或塑成马形的神像，狮子画出或塑成狮子模样的神像。”这种对“神人同形同性”的宗教的批评，直指古希腊人传统的多神论信仰。

神是一

色诺芬尼心目中的神，无论在形体还是在性质方面，都与凡人完全不同。这个神不会穿衣吃饭，也不会到处跑，一会儿在这儿，一会儿又在那儿，他永远存在，不生不灭、不增不减。这个神无所不知，全视、全思、全听，他不用花费力气就能够管理和协调世界，他以心灵和思想使万物活动。神是永恒的——没有开端，没有结束。就拿没有什么事物能与之相比来说，神是无限的；就神是一个球体，是一个具有完善形式而非没有形式的无限而言，他又是有限的。作为一个整体，神是不动的，因为运动与神作为存在的统一体是不一致的——但是在神的各部分又存在着运动或变化。

这种将神视为整体的"一"的观点，毫无疑问影响了后来的巴门尼德。

沧海桑田的推测

色诺芬尼没有提出总的本体论或宇宙论假设，但是他确实提出了某些自然科学理论。从石头中的贝壳和海洋产物的印迹这类证据中，他推断出包括人在内的所有生物，都是从水和土中形成、成长的。以前，大地和海洋混合在一起，但是随着时间的推移，大地从潮湿中摆脱，某一天大地还会沉入海中，变成泥浆，而物种又将重新开始形成。他将太阳和星星视为燃烧的云，每天熄灭、燃烧。

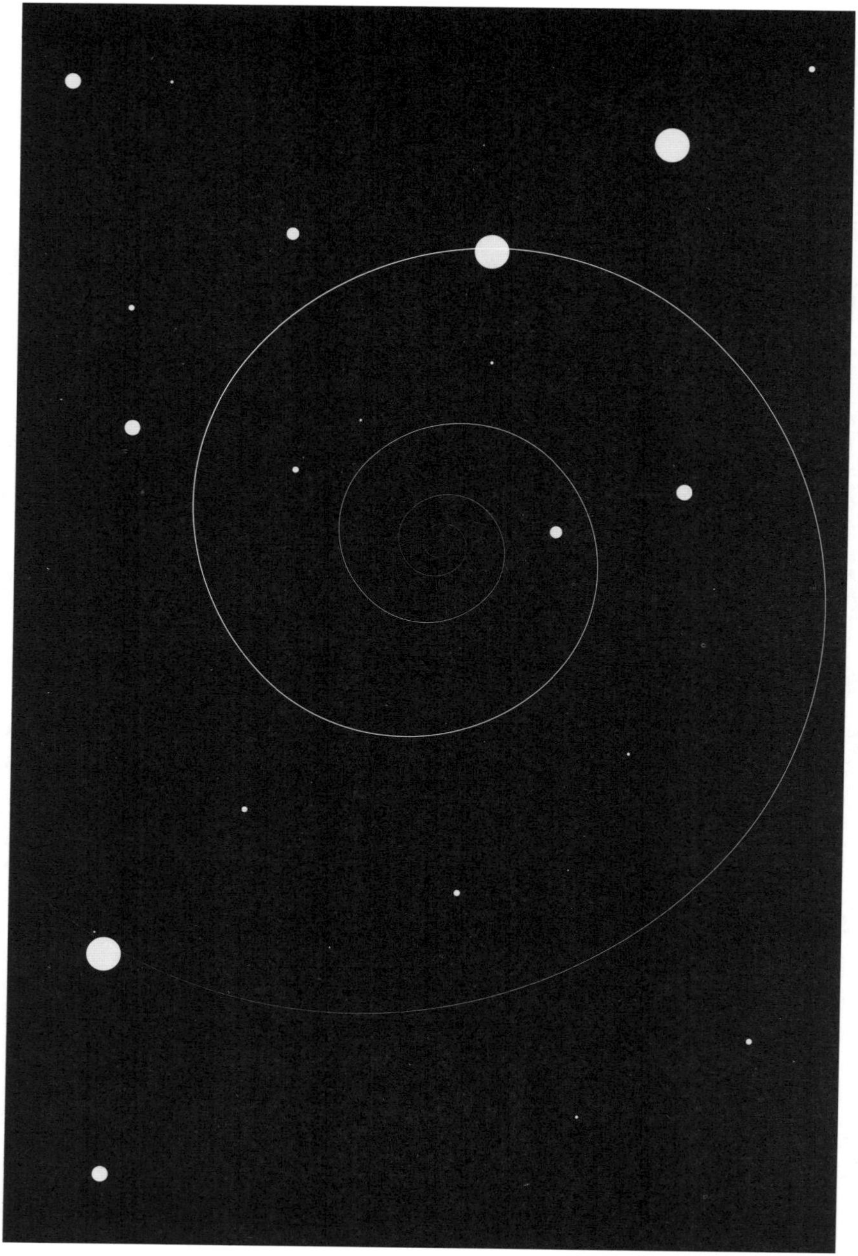

赫拉克利特

孤标自傲

赫拉克利特约生于公元前540年，其鼎盛年在古代第69届奥运会期间，即公元前504年至公元前500年。他是以弗所人，据说他原本可以继承王位，但他将王位让给了自己的兄弟。

赫拉克利特相当自负，他在自己的书中说："博学并不能让人智慧，否则它早已让赫西俄德、毕达哥拉斯，或者色诺芬尼和赫卡泰乌智慧了。"因为以弗所人放逐了他的好友，所以他痛恨家乡以弗所的人，甚至说道："所有以弗所的成年人都该去死。"

有一次，他在神庙中陪一群小孩子玩石子，有以弗所人站在旁边看，他说："混蛋，有什么好奇怪的。这难道不比参加你们的公民生活更好吗？"

后来赫拉克利特名气很大，以至于波斯王大流士亲自写信给他，盛赞了他的学问，并邀请他到波斯宫廷去讲学。但赫拉克利特在回信中写道："我惧怕显赫，不能去波斯了；我满足于渺小，只要这种渺小适宜于我的心灵。"

被狗吃了

赫拉克利特愤世嫉俗，越来越厌恶自己的同胞，他不愿意待在人群之中，后来索性到山间流浪，可谓"侣鱼虾而友麋鹿"。但这明显不是孔子的选择，孔子明确表示"鸟兽不可与同群，吾非斯人之徒与而谁与？"总不能跟鸟兽一起生活吧，不跟人类一起，又能跟谁在一起呢？还是流露出了满满的无可奈何之情。

由于长期吃草根树皮，过着"伯夷叔齐"一般的生活，赫拉克利特得了浮肿病。他私下询问医生，大雨过后，如何让大地快点干旱起来？医生感到莫名其妙，没给出什么法子。但赫拉克利特心想，牛粪能够发热，可以将体内的水气给祛除，于是就躺在牛棚里，用牛粪把自己给埋了进去。

第二天，赫拉克利特死在了牛粪之中。有人想把牛粪给扯下来，但牛粪与他的皮肤黏得很紧，分不开。人们把他埋在了集市的附近，后来，他的尸体被野狗吞食了。

格言选录

○世界是一团永恒的活火，按一定的分寸燃烧，按一定的分寸熄灭。

○太阳不能超出它的尺度。

○万物转换为火，火又转换为万物，犹如货物兑换成黄金，黄金又兑换成货物一样。

○战争是万物之父，亦是万物之王。它证明这一些是神，另一些是人；它让这一些成为自由人，另一些成为奴隶。

○向上的路和向下的路是同一条路。

○如果没有高音和低音的存在，就不会有和声；如果没有雄性和雌性的对立，就不会有生物。

○善与恶是同一的。用切割、烧灼、穿刺和撕扯等方式来折磨病人的医生还要索取酬金，其实，他们无理由得到这种报酬。

○最聪明的人与神相比只是一只猴子，犹如最漂亮的猴子与人相比也是丑陋的一样。

○生与死、醒与睡、少与老是同一的。因为变化了前者就是后者，而变化了后者又成了前者。

○在圆周上，起点与终点是共同的。

○人们不知道如何听，也不懂得怎样说。

○那些觅金者掘土甚多，但获金甚微。

○当一人酒醉之时，就由一位孩童引领，踉跄蹒跚，不知去往何处，因为他有着潮湿的灵魂。

○驴要草料，不要黄金。

○猪在污泥浊水中寻欢作乐。

○最高贵的人们只选取其一而舍弃其他的一切，即有死者永存的荣耀；但是，多数人却只是在狼吞虎咽地吃饱肚子，如同牲畜。

〇铲除暴君比扑灭火灾更必要。

〇人民必须保卫法律，正如保卫城垣一样。

〇在我看来，一个优秀的人抵得上一万个人。

〇我寻求自己。

对立与统一

赫拉克利特认为，原始的统一体自身处于不断的运动变化之中；它的创造是毁灭，它的毁灭是创造。当原始的统一体变成其他事物，例如从火变成水，火就消失在一种新的存在形式中。每一事物都变成其对立面，因此每一事物都是对立性质的统一体。不存在持久的性质，因此没有事物能够凭借其性质而保持不变。每一事物既存在，又不存在；普遍的过程就是一种条件到它的对立面的转化，在这层意义上，每一事物都在其自身内与其对立面结合。只有这样的对立才使世界成为可能。例如，音乐上的和谐是由于高音和低音的结合形成的，也就是说，是从对立面的统一中形成的。

世界被冲突支配：“战争是万物之父，万物之王。”如果不是因为冲突或者对立，世界就会停滞、毁灭。“一剂药如果不搅动就会分解为它的成分。”对立和冲突统一起来就成了和谐。实际上，没有包含内在对立和冲突的运动变化，就不可能存在这样的秩序。最终，对立面将会在这一普遍原则中和解，世界将会回到火的最初状态，而火也就是理性，这一过程又重新开始。在此意义上，好和坏是一样的。“生和死，清醒和睡梦，年轻和年老都是一样的；因为后者会变成前者，而前者又会变成后者。”对上帝来说，所有事物都是公平、善和公正的，因为上帝按照事物应当具备的样子来安排事物，使所有事物在整体的和谐中达到完善；但是人类错误地认为有些事物是不正义的，而其他事物是公正的。和谐是对立面的统一，这一法则也统治着变化过程。这个法则不应当被解释为过程之外的东西，因为过程和其法则是相同的。

和谐与理性

在赫拉克利特看来，宇宙的法则不是偶然和任意的，而是依据“确定的准则”，或者像我们今天说的，是由准则支配的。“事物的这一秩序既不是上帝制定的，也不是人制定的，它过去、现在和未来一直是永远运动的火，这火根据这一确定的准则而燃烧和熄灭。”赫拉克利特有时候把事物的秩序说成是命运或者正义的作为，因此将必然性的观念引入他的变化哲学中。在所有的变化和冲突中，一直能够持续保持其自身的就是这个不可阻止的法则，所有的运动、变化和对立都以它为基础；它存在于事物中的理性，是逻各斯（logos）。因此始基是理性的基质，它是有生命的，并被赋予理性。“只有这一原始基质才是有智慧的，它能够理解那贯穿于一切事物之中并指导万物的理智。”我们并不能完全确定他究竟是将其设想为有意识的理智，还是非个人的合理性；逻各斯学说被认为在这两种方式上都对后来的哲学产生了影响，但是可能后一种解释更为常见。

心理学和伦理学

赫拉克利特将他的心理学和伦理学建立在他的宇宙理论上。人的灵魂是宇宙之火的一部分，由它滋养。我们呼吸火并通过感官来接受它。最干燥和最温暖的灵魂是最好的灵魂，很像宇宙之火的灵魂。感觉知识比理性知识低级；眼睛和耳朵是最坏的见证者。没有反思的感知并不能向我们显示隐藏的真理，只有理性才能发现真理。

人身上的支配性元素是与神圣理性相似的灵魂。在道德行为中，人必须使自己服从普遍理性，即充满事物的法则。“那些言谈明智的人必须牢牢坚持所有事物中的这一普遍要素，就如一个城市要坚守法律一样，而且必须更加有力地坚持。因为所有的人类法律都是由一个神圣的法则滋养的。”合乎伦理规范就是过一种有理性的生活，遵守理性的命令，而理性对于我们所有人乃至整个世界来说都是一样的。“虽然理性是共同的，但是大多数人在生活中好像认为他们对理性有着自己独特的理解。”合乎道德就意味着尊重法则、自律、控制情感；合乎道德就是要让理性原则来约束自己。赫拉克利特著作中的一些话显示了其伦理学背后高尚的理想主义，如“人民必须保卫法律，正如保卫城垣一样”“品格是一个人的守护神”“同情欲抗争是很困难的，因为对于情欲所要得到的任何东西，它都会以灵魂为代价来换取”“在我看来，一个最优秀的人抵得上一万个人”。

赫拉克利特蔑视大众，认为“他们相信街头卖唱的人，以庸众为师，而不知道多数人是坏的，只有少数人是好的”。人生至多是一场悲惨的游戏：“人生像是一个小孩在玩跳棋；王国是属于儿童的。”“人像黑夜中的灯，被点燃后又被熄灭。”他还对流行的宗教表示了蔑视：“他们用血来净化自己，就像一个人陷入泥潭中却希望用泥浆来洗净自己。如果有人看到他这样做，会认为他发疯了。他们向这些偶像祈祷，就像一个人在同自己的房子说话一样，因为他们并不知道神或者英雄是什么。”

万物流变与人格同一性问题

克拉底鲁（Kratylos）是赫拉克利特的学生。柏拉图在其《克拉底鲁篇》中记载："据说赫拉克利特说过'万物都在运动中，没有静止的东西'，他将它们比作河流，说你不可能两次踏入同一条河流。"万物流变的提法，将直接导致包括人自身在内的事物的同一性（identity）问题。如果说一个事物每出现一丝一毫的改变，就不再是原来的它，而是变成了另一个东西，那么这会让整个世界陷入混沌之中，人类将无法把握任何事物，无法获得任何知识。

假设有一艘船，以古希腊神话英雄忒修斯之名来命名。此船年久失修，原来的木甲板被一块一块拆卸下来，并被换成了铁甲板，一直到整个船都变成了铁甲船。但船上的船员仍习惯称之为"忒修斯之船"，即使这艘船与原来的木船没有一丝一毫的相同之处。此时，有好事者将原来拆卸下来但却没有丢弃的木甲板重新组合，并且结构也与最初的"忒修斯之船"一模一样。现在的问题是，铁甲船是"忒修斯之船"呢，还是这艘重新组合的木船才是真正的“忒修斯之船”？或者说，这个木制的“忒修斯之船”与铁甲“忒修斯之船”还是同一艘船吗？如果它们已经不是同一艘船，那么，是从什么时候开始，“忒修斯之船”不再是原来的那艘船了？我们将木船逐渐转变为铁船的过程形象化地表示如下：

ABCD → BCDE → CDEF → DEFG → EFGH

有人认为当木制的“忒修斯之船”换下第一块甲板时，它就不再是原来的船。但是，这种界定方式就会产生极其严重的后果。请假想这样一个荒谬的情景：上个月你借同学2000元钱，买了一部手机。今天晚上他去你宿舍要你还钱，但是，你慢悠悠地拿着指甲钳，把手指甲剪完之后，跳起来说：“我已经卸下了十块‘甲板’，我已经不再是原来向你借钱的那个人。谁问你借了钱，你就问谁要。现在的我没有借你一分钱，当然也不需要还你一分钱！”王夫之就曾经提出人性“日生日成”的观点，并在《思问录 · 外篇》中引用张载的话说，人的爪发、肌肉，日长日消，但人不自觉而已。

有人可能会改口说，那就把换下最后一块甲板的拔掉人的一根头发会成为秃子吗?

时刻看作“忒修斯之船”发生质变的时刻。然而，将发生改变的时刻界定在更换最后一块甲板时，与界定在更换第一块甲板的时刻相比，并没有本质的差别。它会导致同样的结果：一个事物只需要发生一点点微小的变化，就不再是原来的事物了。古希腊哲学的麦加拉学派有一个“秃头”诡辩，是说“拔一根头发就能造成一个秃头”。拔下一个人的第一根头发的时候，他当然还不是秃头，但是，可以持续拔，直到只剩下两根头发的时候，还可以梳一个中分的发型。再拔一根，就剩下最后一根；把这最后一根头发也拔了，那么，秃头顷刻之间就出现了。我们知道，人每迈出一步，膝盖都要承受身体的重量，有很多细胞要因此牺牲。那么，我迈出这一步之后，自己就变成了一个完全不同的全新的人了吗？

巴门尼德

高不可攀的哲人

据柏拉图的《巴门尼德篇》记载，当苏格拉底尚且是个20来岁的年轻人的时候，巴门尼德已经65岁了，是个苍然白发的老者。苏格拉底死于公元前399年，据此推算，巴门尼德生于公元前515年至公元前510年。

巴门尼德是埃利亚人，他出身豪门，据说曾经为自己的祖国立法，使得母邦井然有序，以至于埃利亚的执政官每年都要遵循巴门尼德所立的法律向公民宣誓。

在柏拉图的《泰阿泰德篇》中，苏格拉底说："巴门尼德年老时我见过他，那时我还年轻，觉着他的话深奥难懂，高不可攀。"事实上，柏拉图的思想也受到了巴门尼德的深刻影响。黑格尔在《哲学史讲演录》

中高度评价巴门尼德，说“真正的哲学思想从巴门尼德开始了，在这里面可以看见哲学被提高到思想的领域。一个人使他自己从一切表象和意见里解放出来。”

真理之路与意见之路

事实上，巴门尼德在本体界和现象界之间做了区分，人的眼耳鼻舌身所获得的感性材料，都属于现象界，而人的理性思维所把握的世界，则是本体界。现象界的一切，因人而异、因事而异、因时而异、因地而异，万物莫不处于流变之中，就其可以用感官把握而言，是存在的；就其无时无刻不在变化而言，又是不存在的。以感官为标准去判断这个世界，就会陷入相对主义的纷争之中。

巴门尼德坚持“思维与存在同一”的原则，或者说，就是逻辑的原则，这条原则明显是用来批评“意见之路”的。因为，逻辑推理的方式，抛弃了感性的材料，也就避免了感觉的不确定性。比如 A>B，B>C，从中可以推导出 A>C，只要是心智正常的人，都不会产生异议。然而，臭豆腐是否好吃这样的问题，就会有不同的回答。

巴门尼德说："不要让积习迫使你走上这条小路，不要为盲目的眼睛、轰鸣的耳朵和舌头所控制，要凭借理解力来决断那些争吵不休的问题。"

存在没有生灭变化

巴门尼德是埃利亚学派的形而上学家。他向赫拉克利特的学说提出了挑战，赫拉克利特认为万物都在变化，火变成水，水变成土，而土又变成火，事物开始存在，然后又不存在。巴门尼德问，这怎么可能？一个事物怎么能既存在又不存在。一个人怎么能思考这样一个矛盾？一个事物怎么能改变其性质？一种性质怎么能够变成另外一种性质？说存在这样的变化，就是在说某物既存在又不存在，某物能够产生于无，某物能够变成无。

或者使用另外一种证明思路：如果存在是生成，

它必定或者产生于非存在，或者产生于存在。如果产生于非存在，那么它产生于无，这是不可能的；如果产生于存在，那么它就是产生于自身的，这就等于说它同其自身是同一的，因此一直是这样。

存在没有间断虚空

按照巴门尼德的逻辑，从存在中只能产生存在，没有事物能够变成其他事物，无论什么事物都总是已经存在，并将一直存在，任何事物都总是其所是。因此，只可能存在着一个永恒的、非起源于他物的、不变的存在者。

既然这个存在者总是一样的，除了存在之外没有其他东西，它必定是连续的和不可分的。这个存在者里没有间断，因为如果间断是真的，那么这个间断自身就是存在者，而存在者是连续的；如果间断不是真的，这个间断就不存在，那么存在者还是连续的。

而且，存在者还必定是不动的，因为没有非存在

（没有存在者的空间）让存在者在其中运动。而且，存在和思维是一回事，因为不可能被思考的就不可能存在；不可能存在的，例如非存在，就不可能被思考。也就是说，思维和存在是同一的；任何能够被思考的东西都是存在的。这样，巴门尼德可以被认为是一位理性的或者辩证的唯心主义者。

存在是一

走上“意见之路”，用感官来认识世界，人们得到的是生灭变化的无常世界，是经验世界或现象界。走上“真理之路”，用理性来把握世界，人们得到的是不生不灭的本体界，是永恒的“一”。

存在是一，不是多，不生不灭，没有变化，永恒存在。

“一”不像经验中的事物，不存在于“时间”之中。因为，时间在流逝，如果“一”流逝到将来，它就比自身年长。“一”是自身与自身的等同，它怎么会比自己“年长”呢？

“一”不像经验中的事物，不存在于“空间”之中。因为，具体事物要被空间包含，也包含一定的空间，存在是“一”，如果它被包含，它就比自身小了；如果它包含自身，它就比自身大了——这都是自相矛盾的。

甚至不能说“存在是完满的一”，因为，如果“存在”加上“完满”才是“一”，这就已经是“二”了；如果“存在”加上“一”才“完满”，那么，“存在”本身就不“完满”了。

我们看到巴门尼德的以上论述，大概会有一种感慨：“这人脑袋有问题呀！”要知道，巴门尼德坚持了一个原则：存在与思想同一。违反逻辑的事物，是没办法思想的；违反逻辑的事物是自相矛盾的；凡是自相矛盾的事物，都不是“真理”，不是真正的“存在”。

存在是个球

巴门尼德存在的哲学，标志着古希腊理论思辨的性质。但是，他也并未因此而完全摆脱感性因素和直观表象。他依然认为，这个“存在”是一个具有形体的东西。

巴门尼德说：“有一条最后的边界，它在所有方面都封闭着，有如一个滚圆的球体，从中心到每一边都距离相等，它不应当在任何地方多一些或少一些。既没有什么非存在妨害存在的东西相联结，也不会这里大一些、那里小一些，它完全没有任何差别，从所有方面到中心的距离都相等,在这个界限内保持一致。”

错误和幻觉

一方面，逻辑思维驱使我们将世界设想为一个不变、不动的统一体。另一方面，感官知觉则向我们显示了一个杂多变化的世界：这就是表象和意见的世界。至于这样一个世界是怎么存在的，或者如何才能感知这个世界，巴门尼德并没有告诉我们。思维和幻觉之间的差异在赫拉克利特的哲学中具有相当的合理性，他通过保持在变化过程中每一时期的恒定的比例来解释永恒的幻觉。这种差异在巴门尼德的框架中是不一致的。在一个同质、连续的存在者中，错误和幻觉具有什么样的位置？

巴门尼德还提出了一个基于感官知觉的关于“幻觉”的学说，根据这一学说，存在者和非存在者都存在，因此会有运动和变化。世界就是温暖、光明的元素和寒冷、黑暗的元素两种基质混合的结果。人的思想取决于他体内元素的混合，温暖元素感知世界上的温暖和光明，其他元素则感知其对立面。思想由于冷或热占有优势而发生变化，来自热的更善良、更纯洁，它并不需要某种均衡。冷与热的混合产生记忆或遗忘，但是，赫拉克利特并没有说明，冷与热处于均衡状态时，思维是一种什么样的状态。

埃利亚的芝诺

血溅僭主

芝诺大约生于公元前 490 年，是巴门尼德的弟子和养子。芝诺性格耿直，不能容忍别人的辱骂。当有人指出他的缺点的时候，芝诺回答说："若是被骂了还不许生气，被人夸赞就不应该高兴。"

芝诺曾经密谋推翻僭主，但因消息走漏而被捕入狱。暴君问他谁是同党，他就招呼暴君走近前来，然后死死咬住僭主的耳朵不放，直到民众被芝诺的义气所激，群起而上，将暴君殴打致死。也有人说，芝诺咬断了自己的舌头,含血喷向了僭主。暴君在盛怒之下，把芝诺放到石臼中给锤死了。

芝诺为了维护自己的师父巴门尼德的哲学观点，提出了四个著名的悖论，用归谬反证法来证明"存在是一”。这四个悖论就是接下来的四点。

从 A 点永远无法走到 B 点

如果存在是“多”而不是“一”，如果空间和时间可以分割，那么，我们甚至无法从 A 点走到 B 点，比如，从开封走到郑州。因为，A 与 B 之间还有一个中点 C，而 A 与 C 之间还有一个中点 D，如此下去，以至无穷。如果你还没有完成一半的路程，如何可能走完全部的路程呢？这种观点，就如同中国人说的“一尺之棰，日取其半，万世不竭”（《庄子·天下》）。有人想拥有花不完的钱，这个很简单，只要遵循“每次只花一半”的原则就行啦。

犬儒学派的标志性人物第欧根尼（约公元前 404—前 323 年）在同芝诺辩论时，一言不发，走来走去，以此来反驳芝诺的论题。此后，第欧根尼的一个学生称赞老师的做法高明，但第欧根尼并不满意，他斥责这个学生说，我们用理性来立论，也应该用理性来反驳，而不应该诉诸感官。摆事实的人，未必就是在讲道理。

阿喀琉斯追不上乌龟

如果先让乌龟爬出 1 米远，然后让阿喀琉斯从乌龟的起点处追赶。当阿喀琉斯走出 1 米远的时候，乌龟又往前爬了 1 尺；当阿喀琉斯走出 1 尺的时候，乌龟又往前爬了 1 寸；当阿喀琉斯走出 1 寸的时候，乌龟又往前爬了 1 厘米，如此下去，以至无穷，则阿喀琉斯永远追不上乌龟。

微积分的假定是无穷接近就是等于，0.9 的无穷循环等于 1。但是，“无穷”是没法被具体化的，你能够写出一个无穷接近从而就等于 1 的 0.9 的循环吗?你不能！只要你依然在对时间和空间进行具体的分割，那么，阿喀琉斯就走在无穷接近乌龟的路上。记住，是“无穷”接近，但永远无法到达。

飞矢不动

中国也有类似的论题，即《庄子·天下》中的话："飞鸟之景（影），未尝动也；镞矢之疾，而有不行不止之时。"只要时空可以分割，那么，在每一个时间点上，箭头都停留在固定的空间点上。就如同被我移到右手中拿着的粉笔，它是静止的。无数个零加在一起，还是零；无数个静止连缀在一起，还是静止。所以，感官把握到的"飞矢"，其实始终处于静止的状态。

这些论证令人瞠目结舌，当然不会被常识采信。这正是芝诺所要达到的目的，好吧，如果你们也感到结论太荒谬，那就把前提也一并舍弃吧。这个前提就是"存在是多"，时空可以分割。如此一来，人们就只好接受其老师巴门尼德的观点，即"存在是一"。

一半等于一倍

“一半等于一倍”，这个论证揭示出运动的相对性。

A 是静止序列，而 B 序列和 C 序列的端点都在 A 序列的中点，也就是说，B 序列和 C 序列都同 A 序列有一半长度的重叠。现在，B 序列和 C 序列开始沿着相反的方向运动，当它们与 A 序列完全重叠时，就呈现出如图所示的状态。

对于 B 序列而言，如果它以 A 序列为参照系的话，它只走了自身一半的路程；然而，如果以 C 序列为参照系，它则走了自身一倍的路程。这就是芝诺所谓“一半等于一倍”的意思。

A_1 A_2 A_3 A_4

B_1 B_2 B_3 B_4 →

← C_1 C_2 C_3 C_4

恩培多克勒

政治生涯的开启

恩培多克勒生活在约公元前 495 年到公元前 435 年，他出身显贵，家庭富有，身怀异能，聪颖果敢。罗素称他是“哲学家、预言家、科学家和江湖术士的混合体”。他曾经学习过色诺芬尼的诗作，同毕达哥拉斯的信徒有过交往。有人说，他剽窃过毕达哥拉斯的思想。很有可能是，他接受了毕达哥拉斯的一些信仰，比如，他像毕达哥拉斯一样反复告诫人们“千万不要吃豆子”。此外，恩培多克勒跟芝诺是同学，曾经师从巴门尼德。

有一次，恩培多克勒应邀参加宴席，大家围坐在桌子旁，结果主人迟迟不上酒、不开饭。恩培多克勒就发怒了，要求立即上酒。这时主人解释说，因为元老院的长官尚未到来。等那人来了之后，看到酒已经上桌，就发威了："你们要么把酒全部喝了，要么就把酒浇到自己头上。"恩培多克勒沉默不语，第二天就弹劾了这个官员和宴会主人，他们分别被判处死刑和遭受谴责。

就这样，恩培多克勒开启了自己的政治生涯。

拥护民主和自由

恩培多克勒崇尚奴隶主民主制，他出生在阿克拉加斯。有一次，国家发生了政变，为了粉碎贵族派势力，恩培多克勒就解散了已经成立3年之久的"千人议会"，以证明自己不仅是富人，同样拥护群众的事业。

据说他还为阿克拉加斯制定了一部自由宪法，使得所有的公民皆有同等的权利。当国人对他的尊敬达到了要求他做国王的高度时，他拒绝了他们的请求，甘心继续做一个受人敬重的老百姓。

反对奢华

恩培多克勒看到家乡阿克拉加斯的人们生活得非常奢侈，就讽刺他们说：“阿克拉加斯人过得奢侈无度，就像他们明天就要死去一样；但他们又把房子建得非常牢固，就像他们永远不会死去一样。”

有一个颇有名气的医生去世了，儿子想为他树立一座纪念碑。但恩培多克勒发表演讲制止了这件事情，他说：“难道伟大的城邦也要被他的纪念碑踩在脚下？”恩培多克勒仗义疏财，周济贫寒，给那些没有嫁妆的少女置办嫁妆，赢得了广泛的赞誉。

以神自居

有人说恩培多克勒靠着雄厚的财力打造声誉。他出行的时候，身披紫袍，腰束金带，头戴月桂花环，脚穿青铜拖鞋。他头发浓密，一群男童侍立在左右两侧。他表情严肃，举止庄重。当他以这种方式出现在公共场合时，公民一眼就能识别出他的领袖气度。

蒂迈欧说他自私，而且好吹嘘，他在诗作中说道："所有人都在欢呼！我走在你们中间，像是一个不朽的神，我已经不再是凡人。"

跳入火山口

据赫拉克里德讲述，曾经有一个妇女昏迷过去，没有呼吸，也没有心跳，但恩培多克勒保留了她的身体 30 多天，后来终于把她救活。大概是为了庆祝这个重要的事件，恩培多克勒举行了一场盛大的献祭活动，邀请了 80 多位朋友参加。

盛宴之后，宾客四处游荡、纳凉休憩，不少人都在树下躺着，而恩培多克勒则倚着桌子休息。破晓时分，大家醒来发现恩培多克勒不见了，派人四处搜寻也没有发现任何踪迹。这时有人出来说，午夜时分听到一声巨响，有声音呼唤恩培多克勒，天空中还射出一束亮光。据此，大家纷纷议论说，恩培多克勒成了神仙，直接飞升了。

但也有人对此表示怀疑，说恩培多克勒为了让大家相信他成了神仙,就跳入了埃特纳火山口中自杀了。因为埃特纳火山口留有一双他惯常穿着的铜制拖鞋。赫拉克里德对此表示怀疑，既然要自杀，还怕损坏一双鞋子吗？衣服岂不比鞋子更贵重，为什么没留下来呢？

蒂迈欧说："赫拉克里德就是一个谬误的搜集者，他曾经告诉人们，有人从月亮上掉了下来。"

四根说

对于恩培多克勒来说，在严格的意义上，既不存在起源也不存在衰亡，而只存在着混合和分离。"因为任何事物都不可能从绝不存在的东西中产生，存在将会毁灭，这既不可能，也从未听说过；因为存在总是将会存在，不论人们将其放于何处。"有四种元素，或者称"事物的根源"：土、气、火和水。每一种元素都具有其特殊性质，它们是非派生的、不变的和不灭的。物体由这些元素汇聚而形成，并通过它们的分解而毁灭。一个物体对另外一个物体的影响被解释为一个物体的流出物进入和它们相适合的另一物体的细孔中。

爱与恨

是什么使得元素统一和分开？恩培多克勒通过假定两种虚构力量来解释变化。除了四种元素外，爱和恨控制着它们的统一或者分开。恩培多克勒并不否认这两种力量——我们可以称其为吸引和排斥——可以共存，前者让物体形成，而后者则导致了物体的毁灭。

最初，这些元素混合在一个球体中，在这个球体中爱处于至高无上的位置，而恨被排除在外。但是渐渐地，恨占据上风，进入球体并分散了元素。在这个过渡时期，当元素部分分离时，事物仍然存在；但是随着恨取得最终胜利，元素彼此间完全分离，也就不

存在任何种类的个体事物。

在某一时刻，这一过程又反过来，爱又进入球体，并逐渐重建了原始的同质混合体；到那时候，分解的过程又重新开始，在周期性的变化中一直如此。在这两种极端状态中——完全的统一和完全的分离——不存在个体；由世界的现在状态所例示的个体阶段是部分混合与部分分离之间的过渡状态。

人是由爱和恨组装起来的碎片

恩培多克勒认为，世间万物，都是依照爱与恨之间的配比而结合起来的。当恨占据了绝对的统治地位，事物就分裂，当爱取得了优势，事物就合为一体。不论是植物还是动物，山林中的野兽，大海中的游鱼，或是天空中的飞鸟，无不受到爱与恨的控制，或者相互和谐，或者彼此分开。

曾经，地上有许多作为碎片的肢体器官，“许多脸面并不生在脖子上，还有许多没有肩膀的胳膊，凌空独立的眼球，四处飘荡的额头”。由于精神的作用，在爱与恨的原则下，这些肢体出于偶然而结合在一起。于是，“生出了许多动物，有些两面都有脸和胸，还有些是牛头马面。更有雌雄同体人、半男半女的人，和长着不能生育的生殖器的人”。

我曾是一条哑口的鱼

恩培多克勒在哲学上以“四根说”而闻名，即这世界的本原可以归约为水、土、火、气四种。但灵魂却不是从这些元素中来的，灵魂只是寄居在肉体中而已。“实际上，灵魂是被神的命令和法律所放逐的完全的流浪汉。”

他相信灵魂不灭，只是在不同的生命形式中轮转而已。恩培多克勒说：“我确实变成过童男或少女，灌木、小鸟和哑口的海鱼。”他反对血祭杀生，当然也反对吃肉。他讽刺说：“啊！在无情的末日毁灭我之前，我已经在策划食肉的无耻行为，用我的双唇。”

既然灵魂在不同生命中轮转，那么，吃肉就有可能吃到自己的亲人。恩培多克勒的确是这样认为的，他大声疾呼：“父亲举起他自己的已经变换形态的儿子，口中念着祷词屠杀了他。这个昏庸透顶的傻瓜！人们在牺牲旁边向神祈求恩幸，那个父亲，是听不到牺牲呼号的聋子，在殿堂里屠杀它们，准备了罪恶的祭宴。而儿子呢，他们也以同样的方式攫住他的父亲，或者儿童攫住他们的母亲，撕毁双亲的生命，吃着亲属们的肉。”

同类相知

根据“四根说”，人是由四种元素构成的，通过相似者认识相似者；通过土我们看见了土；通过水我们看见了水；通过气我们看见了壮丽的气。感官的感知通过物体作用于感官而得到解释。例如，视觉就是在外在微粒的吸引的影响下，火和水的微粒从所见对象投射到眼睛里的，在那里它们遇到经

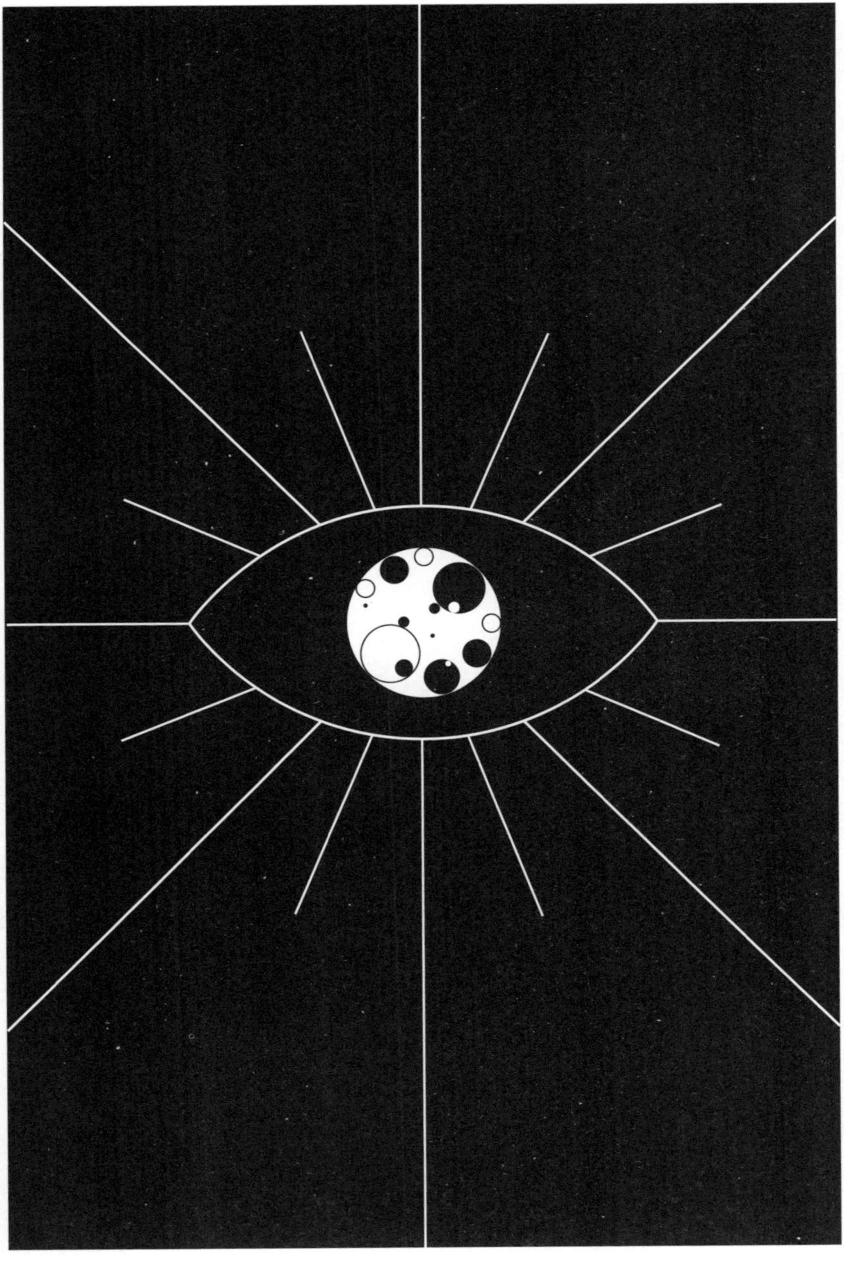

过眼睛小孔的同样的微粒。这些物体在接近眼睛表面的地方接触，就产生了影像。但是只有同眼睛细孔相适合的微粒才能影响眼睛。在听觉方面，空气进入耳朵就产生了声音；在味觉和嗅觉方面，是因为微粒进入到鼻子和嘴。而心脏则是理智的所在地。

阿那克萨哥拉

不做守财奴

阿那克萨哥拉出身高贵，家财万贯，但他太过慷慨了，因为他抛弃了祖上留下的财富，全部送给了亲戚。有人指责他："为什么不去照顾祖宗的产业？"他回答说："你想照顾的话，你去照顾啊！"也有人说，他经过一番游历后回到家乡，看到宅邸败坏不堪，因此说道："如果这些不败坏的话，败坏的就将是我自己！"

这些言论貌似不近情理，却又不无道理。卢梭在《爱弥儿》一书中说："孩子宁愿要一块蛋糕，也不会要一枚钱币。"因为他们还没有学会使用作为"中介"的"替代品"来为自己提供便利和服务。父母为孩子提供便利和服务，孩子就得听从父母的管教和约束。接受中介服务的程度，与一个人放弃自由和自主的程度是成正比的。人若要骑驴子，就要先伺候驴子，这就是黑格尔所谓的“主奴关系辩证法”，主人成了奴隶的奴隶——被同一根绳索牵着，一头是人，一头是驴。为了做钱财的主人，首先要做钱财的奴隶，这种本末倒置的事情，阿那克萨哥拉不干。

“知命”的“君子”

阿那克萨哥拉四处游历，有人问他：“你难道不关心自己的祖国吗？”他用手指了指天空说：“我非常关心我的祖国。”别人问他生下来是为了什么，他回答说：“为了研究太阳、月亮和天空。”

《论语》的最后一句话说：“不知命，无以为君子也。”许慎解释“命”为“口＋令”，因此，“命”就是天职、使命的意思。普通人没有“命”，因为普通人为衣食饱暖而挣扎，万般皆为稻粱谋，这只能算是活出了动物的本能，根本没有履行“天职”和“使命”

的自觉意识。

孔子反复强调："士而怀居，不足以为士矣。"天天想着买房子，那就算不上"士人"了。孟子则说："民之为道也，有恒产者有恒心，无恒产者无恒心，苟无恒心，放辟邪侈，无不为已。"普通老百姓，一旦生计没了着落，什么坏事都干得出来。这同样符合孔子的思想，孔子说："君子固穷，小人穷斯滥矣。"君子在穷苦中能够固守道义，小人穷困，将如洪水泛滥，一发而不可收。孟子还说："鸡鸣而起，孳孳为善者，舜之徒也；鸡鸣而起，孳孳为利者，跖之徒也。欲知舜与跖之分，无他，利与善之间也。"意思是说，每天醒来，眼睛一睁，为道义而忧心，还是为生存而操劳，这是君子与小人的区别。

提倡人要做"君子"，并不是要求人放弃自己平凡的生活和生存的权利，而是因为，为生存而挣扎是动物本能，不需要强调，更没必要学习。孔子说："君子怀刑，小人怀惠。"这里的"刑"即"型"，是榜样的意思。君子不会"走自己的路，让别人去说吧"，也不会"走别人的路，让别人无路可走"。君子走自己的路，让别人跟着自己走。《中庸》中说：“君子动而世为天下道，行而世为天下法，言而世为天下则。”君子是可以为天下人做表率的人。

阿那克萨哥拉知道自己活着的使命是什么，因此，他是“知命”的“君子”。

思想冲撞习俗偏见的后果

阿那克萨哥拉宣称，太阳是烧得火热的金属，比伯罗奔尼撒半岛还要大许多。因此受到了一个叫克莱翁的人的控诉，说他不敬神。伯里克利是阿那克萨哥拉的学生，他出面为老师辩护。但阿那克萨哥拉还是被罚款 5 塔伦特，然后被逐出雅典。阿那克萨哥拉不堪羞辱，愤而自杀。据说苏格拉底也是阿那克萨哥拉的学生，这对师生前仆后继，都在用生命捍卫自由思想的权利。

什么是偏见，英语 prejudice 是由 pre 和 judice 组成的，意思是“提前的判断”，也就是没有事实依据或理论分析的判断。传统习俗是僵化了的真理，就像树皮，曾经为树的茁壮成长提供养分，但如果不愿意适时脱落，就会成为妨碍生命发展的禁锢。人们接受传统习俗是自然而然的，缺乏理性反思的精神。哲学的本质就是批判，即分析和反思，因此，哲学家必然会触动传统习俗的禁忌。如果碰巧出生在一个不够宽容的国度，就会受到乌合之众的一通鼓噪，并被社会放逐。罗素说：“人们对思想的恐惧甚于对于其他一切的恐惧，甚于破产，甚至超过对死亡的恐惧。思想具有颠覆性、革命性、破坏性，会引起可怕的后果，思想对权势、对既定的制度和令人安逸的旧习惯毫不留情。思想审视着地狱的深渊却毫不畏惧，思想伟大、敏捷、不受束缚，它给世界带来光明，它是人类无上的荣光。”

依照现代法治精神，思想不能成为法律惩罚的对象，法律的约束对象是人的行为。判断一个社会的文明程度的标准之一，就是看这个社会对不同思想的包容程度。马克思认为，因为一个人的思想见解与众不同，就要用法律对他进行惩罚，这就说明，法律成了一部分人手中用来发泄私愤、谋取私利的工具。即便这一部分人是多数派，也不过是穆勒所说的“多数人的暴政”而已。

种子说

阿那克萨哥拉的问题同恩培多克勒的一样，要解释变化问题。他接受了埃利亚学派的观点，认为绝对的变化是不可能的，没有一种性质能够变成另外一种性质。在日常饮食中，食物不是头发或肉，而吃后却能生长出头发和肉来，所以他提出问题：“头发是怎样从非头发产生的，肉是怎样从非肉产生的？”

他的回答是：“我们摄取的营养物如面包和水，是单纯的、同质的，可是从这些食物中却能长出头发、血管、肌肉、筋脏、神经、骨头和其他肢体来。根据这种情况，我们应当承认，在我们所摄取的营养物中，包含有一切东西；还应当承认，每一事物都是从已经存在的事物中生长出来的。在营养物中必定已经有产生血、肌肉、骨头等东西的部分。这些部分是只有理性才能认知的。”就是说，只有理性才能把握：营养物中本来就有组成人身体中各种东西的极为细微的粒子。由此他推想，自然界的“任何事物都不能从虚无中产生，每一事物只能靠同类事物来养育”，“同类事物由同类事物增聚”。

据此，阿那克萨哥拉提出了别具一格的物质结构说——种子说。种子才是真正的实在，种子不生不灭，在其本质的意义上必定是持久不变的：“没有事物形成或者消失。”但是他并不否认变化的事实。事物存在着相对的变化，具体事物的生灭变化只是种子的混合和分离。

努斯说

“努斯”（nous）本来是希腊语中的常用词，相当于中文的“心”“心灵”，泛指感觉、思想、理智、意志等精神活动以及这些活动的主体。在阿那克萨哥拉以前，努斯只有认识论和心理学、生物学上的意义，从他开始，努斯具有本体论意义，种子和努斯就构成他的二元论倾向哲学的两根平行的支柱，物质和精神两大哲学范畴的分化认识才明朗起来。

阿那克萨哥拉说："别的事物都分有每个事物的部分，只有努斯是无限的，它不是和别的事物相混，而是自己独立存在的。因为如果它不是这样，而是和别的事物相贴合，它就要分有一切事物；正如我以前说过的，每一事物都含有一切事物的部分；和它相混的东西就会妨碍它，使它不能像在独立存在的情况下那样支配事物。因为它是万物中最精最纯的，它有关于一切事物的所有知识，具有最大的能力。努斯能支配一切有灵魂的事物，不论大的或小的。努斯也支配整个旋涡运动，使它在最初开始旋转。它从一个小范围内开始旋转，现在已经扩展到较大的范围，还要越转越大。一切混合的东西，分离开和相区别的东西，都被努斯认知。所有一切过去存在的东西，一切过去存在而现在已不存在的东西，以及一切现在存在和将来要存在的东西，都由努斯安排有序，包括旋涡运动以及由此分离开的星辰、太阳、月亮、气和以太。正是旋涡运动造成了分离，将稀的和浓的、热的和冷的、明的和暗的、干的和湿的分离开来。在众多事物中都包含有众多的成分，但是，除了努斯以外，没有任何事物能同其他事物完全分离、区别开。”

异类相知

阿那克萨哥拉和恩培多克勒都认为，感觉是客观物体对人的感官发生作用。但恩培多克勒强调这种作用的前提条件必须是元素粒子的流射同感官的孔道结构相吻合，因而主张同类相知；而阿那克萨哥拉根据种子论强调异质成分互相包含，强调客观物体同感官所含的成分必须相异，才能发生物理作用。

他将感觉器官看作赋有一定成分和性质的物体，认为只有当客观对象的性质（或性质的程度）同感官的性质不相同时，才能对感官引起刺激，产生相应的感觉。据记述，他主张“异类相知，因为相同的是不会被相同的作用的……如果一个事物和我们一样热或冷，和它接触时我们是不会感到热或冷的，我们也不能用相同的去认知甜或苦。我们只能用热认知冷，用咸认知淡，用苦认知甜，按照各自相反的程度去感知它们”。

德谟克里特

少年勤学

德谟克里特约生活于公元前460年至公元前370年。他是一个富商的儿子。据说波斯王薛西斯曾经受到德谟克里特父亲的盛情款待，波斯王便留下了一些有学问的人，这些东方的高级知识分子就成了德谟克里特的启蒙老师。

德谟克里特少年好学，专心致志，有一次，他在花园旁的小房间内闭门读书，父亲牵来一头牛拴在那里，他居然完全没有发觉。直到父亲叫他一起去参加祭祀，并告诉他关于牛的事情，他才反应过来。

他在家中排行老三，当兄弟之间分割财产的时候，他主动选择了较少的那一份。他不满足于书本的知识，准备到更广阔的世界去游历和学习。这份较少的财富可以随身携带，作为游学的盘缠。

游历归来，他已经身无分文，不得不过一种卑微的生活。当地的法律规定，凡是挥霍祖业者将不得埋骨桑梓。德谟克里特心知肚明，为了防止有人告发自己，就向乡亲们高声诵读了自己最优秀的著作，并获得了 500 塔伦特的奖励。不仅如此，他还获得了一尊铜像；在他去世后，也受到了国葬的礼遇。

料事如神

德谟克里特游学归来，一贫如洗，需要靠兄弟的接济生活。但他料事如神，很快就有了名气。有一次盛夏割麦的时候，他忽然命令大家暂停，先把已经收割的麦子遮盖起来。果然，不久就开始下暴雨，不听信他的人遭受了巨大损失。这些使他的同胞十分惊异，称赞他为“贤人”。

希波克拉底曾经去探望他，他吩咐仆人端上鲜奶，仔细观察后，德谟克里特说，这是一只刚产下第一胎的黑色母山羊的奶，这让希波克拉底十分吃惊。此外，陪同希波克拉底来访的还有一个女仆，在第一天，德谟克里特向她打招呼说“早上好，小姐”，第二天则说“早上好，妇人”。事实上，这个姑娘在夜间已经被诱失身了。

柏拉图的仇敌

柏拉图视原子论者德谟克里特为自己的“对手”，以至于他把德谟克里特所有的书都搜集起来，并试图把它们付之一炬。柏拉图为什么如此厌恶和恐惧德谟克里特？用流行的话语来解释，因为三观差别太大。

第一，世界观不同。柏拉图认为存在是“一”，而德谟克里特认为存在是“多”。柏拉图用他的理念型相（form）说来论证“一”是实在和世界的本原；而德谟克里特则通过原子说来论证“多”是世界的本原和实在。

第二，人生观不同。柏拉图认为人的本质在于精神，而德谟克里特认为人的本质在于物质。柏拉图认为，感性的物质世界是理念世界的影像，连续三辈子都学习哲学，灵魂就能够长出翅膀，飞向诸神生活的圣洁世界。而德谟克里特认为，所谓的灵魂不过是一种精致的原子，如果身体内这种精致的原子不能得到及时的补充，人就断气死掉了。

第三，伦理价值观不同。柏拉图敌视个性和激情，而德谟克里特则提倡尊重个性和激情。表现在生活上，柏拉图提倡禁欲主义，德谟克里特却并不否定欲望，他最多只讲节制欲望。表现在政治上，柏拉图提倡集体生活和专制统治，德谟克里特则维护民主制度和个体的权利。

种子说 VS 原子论

阿那克萨哥拉的种子说和德谟克里特的原子论存在着重要区别，这些区别使得原子论取代了种子说：

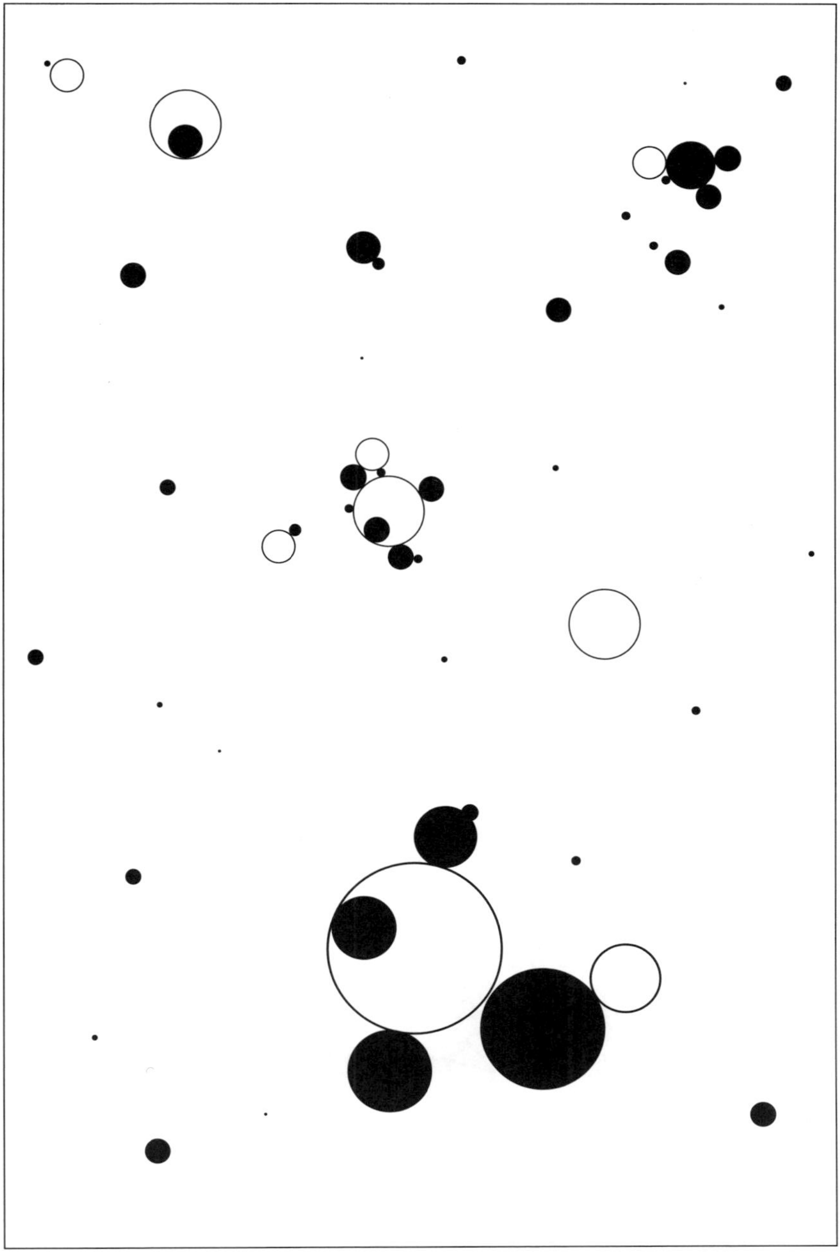

○阿那克萨哥拉假定存在无数具有不同性质的种子；而德谟克里特则认为无数的原子只是在形状、大小等量的方面彼此不同。

○阿那克萨哥拉承认种子可以被无限分割成越来越小的微粒；而德谟克里特的原子则是简单的，并且在物理意义上是不可见的，因为用来解释其他所有事物的原子必须是最终的，不能被反复分割成部分的。

○阿那克萨哥拉并没有谈论真空，他可能认为实在意味着质无处不在；而德谟克里特则坚持将真空的实在性作为原子运动的一个条件。

○阿那克萨哥拉通过努斯来解释运动——努斯是与运动元素分开的本原；而德谟克里特则将运动视为原子的内在属性。

○最后，阿那克萨哥拉的努斯是一个有目的的或者目的论的本原；而德谟克里特的原子则服从机械法则。

原子

德谟克里特心目中的原子，并不像许多近代人所设想的那样，是数学中的点，或者力的中心，原子是有广延的。既然原子有广延，它就不是数学上不可分的点，而是物理上不可分的微粒，也就是说，它不可能在物理上被分割成部分。

所有的原子在质上是相同的；它们既不是土、气、火，也不是水，也不是具体类别的根源。它们是非常小而紧密的物理单元，在形状、大小、重量排列和位置上不同。它们是非派生性的，不灭而且不变。它们现在是这样，过去和将来也是这样。换句话说，原子是一个由巴门尼德的存在分成的不可被进一步分割的细小部分，是不可分的存在，每一个原子都具有永恒、不变和不可分的特性，而巴门尼德将这些特性归于他的单一存在。

虚空

原子论者赞同埃利亚学派，认为绝对的变化是不可能的；实在在其本质意义上是永恒、不灭、不变的。同时不可否认的是，变化在进行，事物在持续运动。运动和变化没有虚空（或者巴门尼德所说的非存在的虚空）是不可思议的。因此，原子论者坚持认为非存在或者虚空是存在的。他们大胆地断言，巴门尼德的非存在实际上存在——它是原子在其中活动的虚空。

这并不是说虚空在有形体的意义上是真实的，而是说它具有自己的实在类别。物体并不比虚空更真实；一个事物可以没有形体但却是真实的。对原子论者来说，原子和原子在其中活动的虚空都是实在：事物或者是充实的或者是虚空的。存在或者充实，非存在或者虚空都是同样真实的。也就是说，真实的事物并不像埃利亚学派所认为的，是一个连续、不可分和不动的存在，而是通过虚空彼此分开。

机械的必然性

德谟克里特所说的必然性，是指事物的产生都有一定的因果关系。第欧根尼·拉尔修阐释了他的见解说："一切事物都是根据必然性发生的，旋涡运动是产生一切事物的原因，他称之为必然性。"认识这种自然的作用，可"使灵魂继续处于安静和强有力的状态，不受恐惧、迷信以及其他情绪的困扰"。这鲜明地表现了他对自然的科学理性态度。他有一句名言："宁愿找到一个因果的说明，而不愿获得波斯的王位。"这表现了他蔑视富贵、献身科学的崇高品德。

原子论者说没有什么事情是偶然发生的，我们说的偶然或自动发生的事情，都是有一定原因的。比如有人到市场上去，偶然遇到了某个正要去找的人，遇到这个人是偶然的，在他们看来也有其必然原因，那就是他到市场上去买东西。德谟克里特自己举例说：某些看起来是偶然的事件，像种橄榄时挖地发现了宝藏，像秃鹰从高空猛扑乌龟而碰破了脑袋等，都有必然的原因。像这样否定自然事件中有偶然性，表明他对因果必然联系的理解是机械的，有片面性。但是，他排除任何神学意义的目的论，启发人们去认识物质世界本身固有的客观原因和科学规律，又富有科学精神。

灵魂是火

德谟克里特将灵魂“说成是火，因为火是诸元素中最精致的，也是最接近于非实体的东西，再说，就其最基本的意义而言，火既是被推动的，又是产生一切别的事物的运动的”。他认为，身体和灵魂的本原是同一的，都是原子，不过灵魂是一种精致的、圆形的原子。他指出：“太阳和月亮是由光滑、圆形的原子聚合成的，灵魂也是这样，它就是努斯。”他还认为，“灵魂和努斯是同一个东西”，就是精致、圆形的原子，因为在所有的原子形状中，“圆形是最能动的，而这正是火和努斯两者的粒子的形状”。他将阿那克萨哥拉的精神性实体努斯还原为物质性的原子，克服了其二元论倾向的内在矛盾，在原子论的高度上回复到唯物论的一元论。

他认为灵魂原子到处存在，“一切事物都分有灵魂”，甚至“在石头中也有一种灵魂”。人体生命就是身体原子和灵魂原子的组合体。“身体和心灵的原初物体是一个对一个地彼此叠置着，互相交错而编成了我们肢体的组织”，在身体中灵魂的原子形状小，数目也较少，稀疏地散布全身。这种细小而能动的原子给身体以活力，是身体运动的原因。

灵魂即生命。通过呼吸，生命体不断对灵魂原子吐故纳新。当它们被周围的空气压在一起并被排出时，吸进空气中的许多灵魂原子就抵消了这种压力，这样就防止了动物体内的灵魂被逐出；而“一旦周围空气的压力占了上风，动物不再能呼吸”，死亡就发生了。死亡不过是灵魂原子同身体分离，人们不应害怕死亡，不必因宗教迷信所渲染的死后的惩罚而感到恐惧。生命和死亡之间没有截然分开的绝对界限。他认为，人死后，“身体的大部分灵魂原子虽已溢出了，但保留了一些热和感受性”。死后的身体还会有感觉，他甚至“研究过坟墓中的尸体”，发现“在一段时间内指甲和头发还在生长”。

流射影像说

感官知觉被解释为与被感知物体相似的流射物、影像或者幻象在灵魂中所产生的变化。所有的物体都投射出影像，这些影像通过中介性的空气最终作用于感官。由物体投射出的影像改变了物体附近的微粒排列；它又立刻改变了与之相毗邻的物体，依次类推，直到流射物触及感官和（由原子构成的）灵魂。

他曾设想，“要是眼睛和对象之间只有虚空，我们就能清晰地看到天穹里的一只蚂蚁”。他进而论述其他各种感觉也是双向原子流相互作用所产生的印象，如密集的空气流动中，大量粒子进入耳朵的孔道，以很强的力量扩散到全身，形成听觉。味觉和触觉是各种不同形状的原子刺激舌头和身体的结果。他将各种感官得到的印象，都叫作“影像”，认为它们是全部认知的来源。

如果在传送过程中，来自物体的影像或者流射物相互干扰，就会产生幻觉。如果它们的传送没有受到干扰，而是直接影响感官，最终影响灵魂，那么真的知识就形成了。相似者感知相似者，也就是说，只有从一个物体中散发出的影像和由感官流射出的影像相似，知觉才有可能。通过这样遍布各地的物体发散出的影像，德谟克里特解释了梦、先知的幻象和对神祇的信仰。

漠视人类事物的诸神

神也存在并且由原子构成；神像人一样也是会死的——虽然神祇活的时间更长一些。神比人类更为有力并且占据了高一级的理性。人们通过梦或者其他可能的方式知道神，但神并不干涉人的事务，因此人类并不需要对神感到害怕或者取悦神。像其他事物一样，神也服从于原子运动的客观法则。

他反对凡事祈求于神，认为人应当靠认识自然来为自己造福，掌握自己的命运。他说："人们在祈祷中恳求神赐给他们健康，而不知道这种力量还在于他们自己；如果他们无节制地去做相反的事情，他们就离开了自己希望拥有的健康。"他指出，人们之所以会造神、拜神，其根源是对自然现象的无知和恐惧："古代的人们看到天空中发生的事情，像雷电、霹雳、天体会合、日食、月食等等，就畏惧诸神了，相信他们是这些事情的源头。"他用影像说解释所谓神显示的某些"奇迹"和"神兆"，认为它们不过是一些难以说明的自然现象，其实都是原子流射造成的自然现象，就是特殊的"影像"。

固有性质与派生性质

我们归于不同物体的可感性质（颜色、声音、味道和气味等）并不在事物自身之中，而是由于原子的结合对我们的感官所产生的影响。这样的原子除了我们已经提及的性质，如不可入性、形状和大小，再没有别的性质。因此，感官知觉并不产生关于事物的真正知识；它只是指出了事物如何影响我们。希腊的原子论者预料到了这个我们将在近代哲学中遇到的第一性质（不可入性、广延等）和第二性质（颜色、声音、气味等）。我们不可能看见原子的本来面目，但我们能够思考它。感官知觉是模糊的知识；思想是唯一真正的知识，它超越了我们的感官知觉和表象并到达原子。

德谟克里特指出，颜色的感觉取决于对象的表面原子的形状、位置以及它们相距的空间，其中白、黑、红、绿是四种基本色，其他颜色是它们的混合。比如，光滑的原子产生白色，这些原子周围有较多的虚空，较为稀松，不产生阴影，容易渗透，产生明亮而透明的色感；而粗糙、多角的原子能投下阴影，不易穿透，便产生黑色；较大的、球形的、生热的原子则产生红色。他论述原子与虚空固有的第一性质和它们派生的第二性质的联系，从现代物理学来看也是合理的。一定的颜色是一定波长的光线作用于感官而呈现出来的，声波频率同音量的关系、分子运动同冷热的关系也是相似的，其中感官正常与否也会影响对第二性质的感知。

近代的伽利略、笛卡儿和玻意耳在这方面都发扬光大了德谟克里特的观点，直到洛克才比较系统地建立了关于第一性质和第二性质的学说。

人类创造自己的历史

德谟克里特是无神论者，否定神创社会或神主宰社会生活，认为人是自然的产物，人自己逐渐创造出社会文明。他描述道，远古人类像动物那样过着衣食匮乏的群居生活，是双手和智慧引导他们从蒙昧走向文明。

技艺和文化不是神赐予的，而是人类经验的结晶。他说："在许多重要的事情上，我们是动物的学生：从蜘蛛那里学会纺织和缝纫,从燕子那里学会造房子，从天鹅和夜莺等鸣鸟那里学会唱歌，这些都是模仿它们习得的。"他察觉到文化艺术是随着人类物质生活条件的改善而发展起来的，并指出："音乐是相当年轻的艺术，原因就在于它不是由需要产生的，而是生活已经富裕后的产物。"

语言是约定俗成的产物

柏拉图在《克拉底鲁篇》中记述，当时有两种对立的观点：一种认为，词语和它们所代表的事物有某种天然的关系；另一种见解认为，词语是人们从俗约定并进化的，是由于人们之间需要交流思想感情而产生的，词语同它们所表示的事物只通过声音发生人为的互相对应的联系。

德谟克里特赞成语言是从俗约定并进化的，还进行了分析论证：

（1）不同的事物有时用同一个名词称呼；

（2）不同的名词有时可用来称呼同一事物；

（3）关于一件事物或一个人的名词有时可以随便改变；

（4）两个平行的观念，一个可以用词表达，另一个却没有词表达，如动词“思想”有相应的名词“思想”，而名词“正义”却没有相应的动词。

痛斥贫富两极分化

他深刻地观察到，贫富两极分化这种不公平是造成当时社会与思想动荡的重要原因。他说：“赤贫和豪富动辄变换位置，是造成灵魂巨大困扰的原因。灵魂被大的分歧震动，是不稳定也不愉快的。”他的《道德思想》残篇中有多处反对财产兼并和贫富分化的文字。他指责，有些人“为孩子们聚敛太多的财富只是一种借口，用以掩饰自己的贪欲”。他斥责守财奴“贪得无厌会使自己失其所有，就像《伊索寓言》中（贪婪）的狗”。这种贪婪地聚敛财富是不公正的恶。他指出，侵占别人的财产是最坏的占有，“正像毒瘤是最坏的疾病一样”。他从道德上告诫说这种作恶不得善果：“守财奴的没有教养的子女，就像在刀尖上跳来跳去的人。如果他们落下来时没有把脚落在该落的地方，就完蛋了。”

如果我们想到马克思的博士论文题为“德谟克里特的自然哲学和伊壁鸠鲁的自然哲学的差别”，再联想到《共产党宣言》开篇——“至今一切社会的历史都是阶级斗争的历史”——那句话，就会禁不住得出结论：德谟克里特的哲学肯定对青年马克思产生了极大的影响。

在理性指导下生活

在德谟克里特的认识论中理性具有对感觉的优越性，这一优越性也延伸到了伦理学领域：所有行为的目的都是好生活，好生活在他那里不是单指感官的快乐，更是指伴随理性禀赋的运用所得到的满足。在归于德谟克里特的残篇中，我们可以找到精致的享乐主义伦理学的概括。他说：“一生没有宴饮，就像长途跋涉而没有旅店一样。”“对人来说，最好的方式是使他的生活尽可能地快乐，尽可能地减少痛苦。如果人是在要毁灭的事物（名利）中寻求幸福，是不可能寻到的。”唯物主义和享乐主义的联系首次在这里出现，这无疑反映了这两种学说之间的密切关系。快乐具有质的和可感知的特性，这一特性同唯物主义和享乐主义哲学协调一致。

德谟克里特认为人生的真正目的就是幸福， 他将幸福描述为满足或者快乐的内在状态， 取决于灵魂的安静、和谐和无畏。这种内在幸福并不依赖于财富或者物质上的善，也不依赖于身体的快乐，因为这些东西是短暂的，能产生痛苦，还需要不断重复。内在幸福靠的是适度的快乐和人生的和谐。他说：“人们重视灵魂胜过肉体是对的，因为灵魂的完善可以纠正肉体的劣势，而强壮的身体如果缺乏理智，是不能改善灵魂的。”

他还告诫人们不要贪得无厌，应该常去想想比自己更不幸的人。只有这种精神上的宁静和谐，才能将人引向正义和善。“人们只有通过有节制的享受和生活上的宁静和谐，才能得到快乐。”

智者的诡辩

你揍了你爸

甲：你今天不再揍你爸了，是吗？

乙：啊……不！不！不……

甲：那么，你不但昨天揍了你爸，今天还要继续揍他呀！

（如果乙做肯定回答的话，那么，甲就会说：“哦，原来你昨天揍了你爸一顿啊！”）

你妈是条狗

甲：你家养有一条狗，是吗？

乙：是的。

甲：狗是公的，还是母的？

乙：是条母狗。

甲：这条母狗产过小狗吗？

乙：生过几条小狗。

甲：那就是说这条母狗做了“妈妈”啦？

乙：当然。

甲：这个“妈妈”是条狗啊？

乙：没错。

甲：那么，你就有一个妈妈，她是一条狗啊！

衣服也能“看”

甲：无论什么人，都只能看到能看的东西，不能看到不能看的东西，是吗？

乙：当然了。

甲：你看到我的衣服了吗？

乙：看到了！

甲：那么，你就承认了：衣服也能看！

（可是衣服并没有眼睛啊！）

你知道一切

甲：你是否要凭着某种东西，才能知道些东西？

乙：是呀，凭灵魂。

甲：你所凭借的东西始终是同一的吗？还是时而凭借这个东西，时而凭借其他东西？

乙：始终凭同一个东西。

甲：你是始终凭借这种方式知道一些东西，而用另一些方式知道另一些东西，还是始终用这种方式知道所有的东西？

乙：始终凭借这种方式知道所有的东西。

甲：你已经承认：你知道一切！

神是可以出售的动物

甲：没有生命就不能叫动物，有生命才能叫动物，对吗？

乙：对呀。

甲：能够自由对待的动物，才是自己的动物，是吗？

乙：当然了。

甲：你家供有神吗？

乙：有。

甲：神有生命还是没有生命？

乙：当然有。

甲：那么，神就是动物了。

乙：也可以这样说吧。

甲：你可以自由对待自家的神吧，比如，何时上贡品，上多少贡品？

乙：当然了。

甲：既然神是动物，而且你可以自由对待它，那么，你也可以将神自由出售了，就像出售自家的动物一样。

别问我“你这话是什么意思？”

甲：你这话是什么意思？

乙：没有生命的事物，会有思想吗？

甲：没有生命，当然没有思想了！

乙：词语有生命吗？

甲：词语当然没有生命。

乙：那么，你为什么问我：“你这话是什么意思？”（“话”是词语，词语怎么会“思想”呢？不会思想，何来的“意思”呢？）

普罗塔哥拉

收费的智者

普罗塔哥拉约生活于公元前481年至公元前411年，他与德谟克里特是同乡，都是阿布德拉人。据说他是第一个收取学费的智者。

智者一词最初意指一个有智慧、具有熟练技巧的人，但是在我们所描述的时代，这个词开始被用到职业教师身上，他们游历四方，通过在思考和说话的艺术方面提供指导而赚钱，为年轻人从事政治做准备。但是智者这个名称逐渐变成一个谴责用语，部分是因为智者收费，部分是因为某些晚期智者的激进主义，玷污了智者的传统意义。

有一次，普罗塔哥拉向他的门徒要学费，但门徒说："我还没赢过一场辩论呢！"普罗塔哥拉说："如果我赢了，我就应该得到报酬，因为我赢了（这意味着你的老师水平合格）；如果你赢了，那我还是应该得到报酬，因为你赢了（这意味着我教的学生水平合格）。”

根据柏拉图的记述，普罗塔哥拉对一个年轻人说：“如果你跟我学习，你回去的那一天将比你来时变得更好。”当苏格拉底问他将如何做到这一点时，普罗塔哥拉回答道：“如果他到我这里来，他将学到他想要的东西。这就是在私人和公共事务中保持谨慎；他将学到以最好的方式处理家务，他将能够在参与国家事务时使自己的言行符合国家的最大利益。”为了使自己适合某一职业，年轻人有必要在论辩、语法、修辞和演说方面完善自己。智者们出于严格的实用目的来研究这样的问题，但是他们不经意间开辟了理论研究的新领域。他们还将注意力转向道德和政治问题，因此极大地推动了对伦理学和国家学说的系统、全面的讨论。

时代的道德热情日渐衰退，并被不惜代价追求成功的欲望取代，某些晚期的智者急于使他们的学生有所成就，往往会走极端。他们施教的目标就变成教育他们的学生如何通过正当或者卑鄙的手段战胜他们的对手，使较坏的看上去成为较好的，用各种逻辑谬误使对手感到困惑，并显得荒唐可笑。

溺海而亡

普罗塔哥拉在一部著作中说："关于诸神，我们无法知道他们存在或不存在。因为有许多障碍阻碍我们的认知，既包括问题的晦涩，也包括人生的短促。"其实，这是提出了认知范围和认知对象的问题，但对于虔诚的古希腊人而言，这无异于渎神的言论。雅典人驱逐了他，到处搜集他的著作，并且在集市上将之付之一炬。

也有人说，他被雅典人驱赶，在从大陆逃亡海岛的途中，雅典人驾驶三列桨船追逐，普罗塔哥拉乘快艇逃跑，中途翻船，溺海而亡。

人是万物的尺度

智者将目光转向认知的主体，并断定知识依赖于具体的认知者。在一个人看来是真的东西，对他而言就是真的，不存在客观真理，而只存在主观的意见。普罗塔哥拉说："人是万物的尺度，是存在物之所以存在的尺度，也是非存在物不存在的尺度。"普罗塔哥拉的相对主义学说是对哲学家们——特别是巴门尼德和芝诺——自相矛盾的结论的否定，他赞同关于个人的常识判断。

在普罗塔哥拉的准则中，"人"并不是一般意义上的人，而是指个人。个人在知识问题上是他自己的法则。个人观点经常彼此反对，按照这一准则，所有的个人观点都是真的："没有什么东西是一个而不是另外一个。"两个相反的陈述可以都是真的——每一个都与做出这一陈述的个人的性格相关。因此，智者的工作并不是要证明真理，而是要说服人们接受两个相互反对的陈述中的一个，而不是另外一个。即使普罗塔哥拉坚持认为两个相互矛盾的陈述都可以是真的，

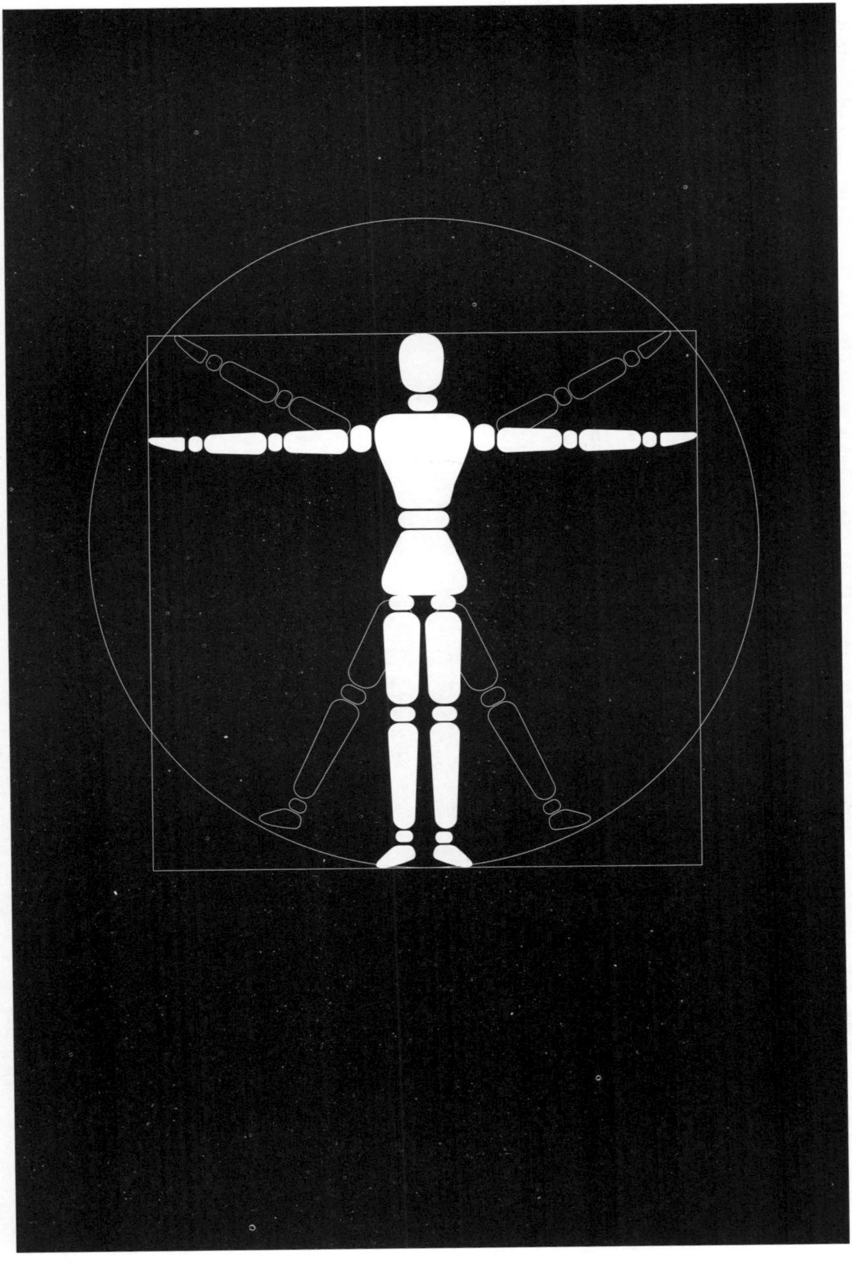

他也承认一个可能比另外一个“更好”——他可能是指一个比另外一个更加正常或者自然：正常眼睛的视觉比生黄疸病的眼睛更为可信。通过诉诸正常事物，普罗塔哥拉在否定了所有的标准之后，又恢复了一个关于真理的标准。

道德催眠师

就像一股风吹来，有人感到冷，有人感到凉爽，甚至有人感到热，因为“人是万物的尺度”，所以，这三种感觉，并没有优劣对错之分；同理，有的城邦男尊女卑，有的城邦男女相对平等，而有些城邦女性地位更高，作为不同群体的文化，也丝毫没有优劣对错之分；再则，有的国家实施专制，有的国家实施民主，有的国家是选举制，有的国家是世袭制，这也没有任何的优劣对错可言，因为“人是万物的尺度”。

在柏拉图的《普罗塔哥拉篇》中，普罗塔哥拉声称可以让向他学习的青年人变得“更好”，普罗塔哥拉所谓的“更好”，就是更能在既定的社会习俗、道德观念和政治制度中游刃有余、攫取名利。普罗塔哥拉不是要培养青年独立思考的自由精神和批判能力，而是要教青年人如何成为顺服父母、谨守习俗的“好孩子”，或者“成功人士”。

从表面看，《普罗塔哥拉篇》是在讨论“美德是否可教”的问题，而分歧的关键点在于：理性地反思习俗还是盲目地遵守习俗？苏格拉底选择前者，而普罗塔哥拉则选择后者。这恰好是苏格拉底和普罗塔哥拉针锋相对、自始至终无法达成一致的地方。普罗塔哥拉认为，遵守习俗就是美德，教一个青年人更好地遵守习俗，就是让这个人变得“更好”。而苏格拉底认为，不同民族、不同国家的风俗千差万别，这只能是历史传承的事实，而不能是真正的“知识”，因为知识必须具有一致性、普遍性。不具有普遍性和一致性的习俗，绝对不是知识，当然，遵守习俗也不可能是道德。因此，普罗塔哥拉所谓的“美德”，褒义讲是人情练达，贬义说就是庸俗市侩。

从苏格拉底与人争辩的表象上看，苏格拉底总是倾向于为论题寻求定义，偏执到让读者都心生厌烦的地步。为什么要这样？因为定义可以达成知识的一致性和普遍性，从而对社会和历史中既定习俗制度进行批判，要知道，这些习俗制度恰好与苏格拉底要追求的“知识”完全相反，是千差万别的，是“存在即合理”的。

苏格拉底自始至终强调“美德即知识”，这等于是在宣称：“盲目地遵守既定的习俗制度，毫无道德可言。”更直白一点的话，可以这样翻译：“雅典的普通大众，大都毫无道德。”因此，苏格拉底是雅典城邦的牛虻，他刺痛了雅典人的神经。苏格拉底的哲学才真正具有革命性和颠覆性，具有反传统的意味。而普罗塔哥拉恰好是苏格拉底的反面，“人是万物的尺度”的说法，并没有任何革命性，只能够起到让人的精神陷入睡眠的作用。用尼采《查拉图斯特拉如是说》一书中的话说，普罗塔哥拉只能算是一位“睡眠的说教者”。苏格拉底将人们从甜美的睡梦中唤醒，所以遭到了雅典人的报复；相反，普罗塔哥拉在雅典备受欢迎。

当人们听说普罗塔哥拉到了雅典，很多人都跑去听讲。天还没亮，就有人在普罗塔哥拉下榻的地方等待了。苏格拉底也是被朋友在半夜叫醒，嚷嚷着说去见鼎鼎大名的普罗塔哥拉。苏格拉底的朋友并不知道普罗塔哥拉要教授什么，却乐意花大价钱听讲，这说明，当时的人们确信普罗塔哥拉这样的智者能够给自己带来好处。用流行的话语说，普罗塔哥拉是一个讲授“成功学”的“大牛”。

普罗塔哥拉嗅到了苏格拉底“美德即知识”的命题的危险性，如果传统习俗和制度不是知识，那么，声称要教雅典青年人“美德”的普罗塔哥拉就只能是个讲授“成功学”的骗子。为了论证传统习俗的合理性，普罗塔哥拉展开了长篇大论，以迂回的方法回答苏格拉底，并讲述了人类文化演进的历史。苏格拉底在听过下面两个神话故事后，非常委婉幽默地批评普罗塔哥拉，说自己记忆力不好。

人类的起源

柏拉图在《普罗塔哥拉篇》的对话录中讲到了人类诞生的故事。

起初，诸神创造了各种生物，并让普罗米修斯和埃庇米修斯两兄弟负责装备它们，给它们分配合宜的能力。埃庇米修斯说服哥哥让自己来负责分配，由普罗米修斯来负责检查。出于让各种动物免遭毁灭的目的，埃庇米修斯给它们分配了相应的自保能力，并且相互平衡，比如，有力量的动物速度慢，而速度快的动物力量弱。

普罗米修斯的意思是“前思”，擅长提前谋划；而埃庇米修斯的意思是“后想”，总是事后追悔。眼见到了人类出世的时刻，普罗米修斯要前来检查，但是埃庇米修斯却忘记了给人类分配任何能力，而现有的能力已经全部分给了各种动物。情急之下，普罗米修斯就从赫淮斯托斯和雅典娜那里盗取了技艺和火种送给人类。

埃庇米修斯的过失首先表现在人类有机体的生理

特征上。动物一出生就处于完成状态，将一个出生半小时的牛犊放在草原上，它就能够独立生存；而刚出生的婴儿，如果无人照看，则会在装满面包的房屋中活活饿死。所有人都是“早产儿”，依照生物学家的研究，人类的大脑容量，要求的怀胎时间是21个月，而非9个月。

人类要生存下去，就必须通过建造一个世界来弥补生理上的缺陷和不足，也就是说，为了弥补埃庇米修斯所犯下的遗忘的错误，普罗米修斯不得不又犯下了偷盗的错误，用原本属于神的技术和火种来武装人类。可以说，人类是双重过失——遗忘和盗窃的产物。

城邦的起源

拥有了技艺和火种，人类也分有了一部分神圣的本性。首先，由于人与神有亲戚关系，所以成为唯一崇拜神的动物，并且建立了祭坛和神像。其次，人通过他的技艺很快就发明了有音节的语言和词汇，建造了房屋、衣服、鞋、床，从土地中获得了食物。人们一开始是分散居住的，城市还不存在，因而常遭到野兽的伤害，因为野兽在各方面都比他们强大。他们的技艺虽然可以充分保证生存，但在与野兽的斗争中不免相形见绌。

因而人们联合起来，建立了城市来保护自己的生命。可是由于缺少政治技艺，所以他们聚在一起后，便相互为敌，不得不再次逐渐陷入分散和毁灭。宙斯担心人类完全绝灭，便派赫耳墨斯把尊敬和正义带到人间，以建立起有秩序的城邦以及把人们连接在一起的友好纽带。赫耳墨斯问宙斯，他怎样在人群中分配尊敬和正义，是应该将之分配给所有人，还是像其他技艺一样，分配给一部分人，比如医术——一些人懂医术，给其他所有人治病就行。

宙斯回答说："让所有人都有一份！如果它们像其他技艺一样，只为少数人拥有，那么城邦便不可能存在。因而按照我的命令制定一条法律：不分有尊敬和正义的人应该被处死，因为他是城邦的祸害。"

高尔吉亚

不辱使命

据说高尔吉亚活了 109 岁，生活于约公元前 483 年至公元前 375 年。他是西西里东部的莱昂蒂尼人。

公元前 427 年，莱昂蒂尼和叙拉古之间发生了冲突，叙拉古派舰队封锁莱昂蒂尼的海陆交通线。为了获得雅典海军的支持，莱昂蒂尼派遣使团前往雅典寻求结盟，首席代表就是高尔吉亚。但叙拉古也派遣能言善辩的修辞学家前往雅典，叙拉古的使者与莱昂蒂尼的使者在雅典展开了激烈的辩论，结果高尔吉亚大获全胜，雅典随即派出舰队支援莱昂蒂尼。

《海伦颂》

海伦原是斯巴达国王墨涅拉俄斯的妻子，由于被特洛伊王子帕里斯诱惑，私奔去了特洛伊。由此引发的特洛伊与希腊城邦之间十数年的战争，最终以惨烈的“木马屠城”之战结束。海伦就像中国历史上的“褒姒”，虽然美丽，却是让一个王国毁灭的女人，因此，身上背负着沉重的骂名。

高尔吉亚力排众议，写了一篇《海伦颂》，专门为这个女人辩护。高尔吉亚认为，海伦被诱惑的原因可能有四种：诸神、暴力、语言、爱情。但无论是哪一种情况，都不应该让海伦承担罪名。高尔吉亚说：

○城邦的光荣在于勇敢，身体的光荣在于美丽，灵魂的光荣在于智慧，行动的光荣在于品德，言谈的光荣在于真理。在任何情况下赞扬那值得赞扬的东西和谴责那应受谴责的事情，才是正确的。

○如果海伦被劫持乃是出于神意，那么应该受到谴责的正是那些责难她的人，因为没有任何人能够抵抗神意：强者不会被弱者阻挡，神在哪些方面都比人强。既然是由于命运，海伦就不应受到指责。

○如果她是被暴力劫持的，显然是劫持者加害于她，而她是不幸的。是帕里斯这个野蛮的特洛伊人犯了罪，应该受到谴责和惩罚。她是被劫持者，只应得到国人和友人的同情，而不是诽谤。

○如果是语言说服了她，打动了她的灵魂，为此辩护也是容易的。因为语言是一种强大的力量，它以微小到不可见的方式达到最神奇的效果。它能驱散恐惧，消除悲伤，创造快乐，增进怜悯。语言对灵魂产生的力量可以和药物对身体的作用相比。正如药物作用于身体内不同的体液既可以治病也可以致死一样，语言也是如此，不同的话能使人悲伤、快乐或者恐惧，有害的胡说还能迷惑和麻醉灵魂。

○如果说海伦是被爱情驱使，也是容易辩护的。情欲是人的本性，海伦看到迷人的对象，灵魂为之骚动，因而发生跟从帕里斯的行动。这是physis（物理），而不是海伦的选择，所以无可指责。高尔吉亚的意思是说，爱情既然出于本性，就是出于自然，但自然界中没有道德现象。

因此，无论是上述哪一种情形，海伦都是无辜的。

为帕拉墨得斯辩护

特洛伊战争爆发后，希腊军团的统帅阿伽门农邀请奥德修斯参战。但奥德修斯刚刚做了父亲，不愿意远赴他邦去冒生命危险，就装疯卖傻，耕种土地时往田里撒盐。帕拉墨得斯就把奥德修斯刚出生的儿子放在犁头前，当奥德修斯靠近儿子的时候，就绕开行走。这样一来，他装疯的诡计就败露了。奥德修斯不得不参战，但他从此恨上了帕拉墨得斯。他后来指控帕拉墨得斯背叛希腊，私通特洛伊人，帕拉墨得斯被判处死刑。

高尔吉亚专门发表演讲，为帕拉墨得斯进行辩护。他认为奥德修斯对帕拉墨得斯的指控是不成立的，理由如下：

○帕拉墨得斯如果通敌，就要与敌方有盟约，要么以交换人质的形式，要么以交纳定金的形式。如果是一小笔可以随身携带的金银，那就不值当冒这样的生命危险；如果是一大笔金银，那就需要多个助手帮忙转运。

○转运这样大批量的金银要么在夜间进行，要么在白天进行。夜间转运会受到门卫的盘查，白天转运就会曝光于天下。

○即便可以按照上面的设想进行安排，也没法付诸实践。如果找有自由身份的公民帮忙，显然不可靠，因为他们可以随时揭发帕拉墨得斯。如果找奴隶帮忙，这些奴隶也可能会揭发此事，因为这样做可以获得公民权和自由身。

高尔吉亚继续罗列了更多的理由，并一一反驳，认为帕拉墨得斯不可能通敌卖国。

无物存在

高尔吉亚有三个影响深远的诡辩，第一是“无物存在”；第二是即便有物存在，我们也无法认知；第三，即便是认知了，也无法将自己的认知传达给别人。我们暂且只看“无物存在”这个论证。

曾经有人问马克思，世界是物质的，可物质是从哪里来的？马克思回答说，你不能这么问，因为你的问题预设了一个前提，即世界上原本没有物质；但世界原本就是物质，物质不生不灭、不增不减、永恒存在，所以，不需要从哪里来。我们会觉得这种回答几乎是回避问题的诡辩，而老子的那句“天下万物生于有，有生于无”似乎更为畅快。但马克思的回答是有西方哲学的理论背景的。如果给“物质”找一个“妈”，就得继续给这个“妈”寻找“外婆”；如果承认上帝创造了世界，人们会追问谁创造了上帝，这样就会出现哲学上所谓的“无穷倒退”（infinite regression/recurrence）。

通过上面的简单论述，我们现在得出了第一个结论：如果有物存在，那么，它必定不是生成的，而是永恒存在的。那么，什么是永恒？永恒就是在时间上没有起点和终点。如果一个事物在时间上有起点，它在此前就不存在；如果有终点，它在此后就不存在。人生就有起点和终点，所以人不是不朽的存在者。人类生生灭灭，而物质永恒存在。

接下来，如果有物存在，而且它在时间上没有起点和终点，这就意味着它不会被任何时间段包含。如果一个存在物不被任何时间段包含，这就意味着它不存在于任何时间之中——在任何具体的时间段中都不可能找到它。既然在任何具体的时间段中都找不到它，那就说明它根本不存在。

因此，如果有物存在，就无物存在。

认识不可能

高尔吉亚的第二个诡辩的实质在于论证认识是不可能的。

高尔吉亚说："如果被思想的东西是不存在的，那么存在就不能被思想。"他从人们能思想有些不存在的东西，比如"一个飞人或一辆在海上行驶的四轮马车"，推出结论："所以被思想的东西是不存在的。"从形式逻辑的三段论来看，这无疑是从特称命题的前提推出全称命题的结论，是不成立的。但高尔吉亚的论证用意在于反对埃利亚学派的"存在和思维同一"的观点，即能被思维的才是存在。

在他看来，一切可知的东西，都是相对感觉的现象，而不是埃利亚学派所主张的以能"被思想"作为唯一判定标准的"存在"。所以他进而论述道："正如被看见的东西被称为真正可见的东西，那仅仅是对视觉而言；被听见的东西被称为真正可听的东西，也仅仅是对听觉而言"；而"不同的对象应由自身特殊的感官来判断，不能由别的感官来判定"，视觉对象不能因不能被听见就判定它不存在，听觉对象也不能因不能被看见而被抹杀。而如果将思想当作一个特殊器官，就不能因为思想无法把握从而将其判定为不存在，换言之，存在是无法被思想把握的。

交流不可能

第三个命题：即使存在被把握了，人们也无法加以表述，告诉别人。高尔吉亚证明说："存在即使被人们认识了也无法告诉别人。因为，如果存在的东西是人以外的存在物，即视听或其他感官的对象，可见的东西由视觉来把握，可听的东西由听觉来把握，而不是相反，那么怎样才能把所视所听的东西告诉别人呢？我们用来传达的手段是语言，但语言并不是真实存在的东西，因此我们告诉别人的仅仅是语言，而不是真实的存在。正如可见的东西不会变成可听的东西，可听的东西不会变成可见的东西一样，外在于人的存在也不会变成我们的语言。既然语言不是真实存在的东西，它就不可能明白无误地传递给别人。”

高尔吉亚的第三个命题指出了外在事物和语言是异质的，人们告诉别人的仅仅是语言而不是真实的存在。我们可以说“火”，但嘴唇却不会因此被灼伤，可见，作为存在物的“火”和作为词语的“火”本质上是不同的。因此，人们无法用语言来传递或交流对于“存在”的认识。

哲学家奇葩说

贾辰阳——著

苏格拉底篇

中信出版集团 | 北京

图书在版编目（CIP）数据

哲学家奇葩说 . 苏格拉底篇 / 贾辰阳著 . -- 北京：中信出版社，2020.2

ISBN 978-7-5217-0970-4

Ⅰ. ①哲… Ⅱ. ①贾… Ⅲ . ①苏格拉底 (Socrates 前 469- 前 399) —生平事迹—通俗读物 ②苏格拉底 (Socrates 前 469- 前 399) —哲学思想—通俗读物 Ⅳ . ① B502-49

中国版本图书馆 CIP 数据核字（2019）第 232281 号

哲学家奇葩说 · 苏格拉底篇

著　　者：贾辰阳
出版发行：中信出版集团股份有限公司
（北京市朝阳区惠新东街甲 4 号富盛大厦 2 座　邮编　100029）
承 印 者：北京诚信伟业印刷有限公司

开　　本：880mm×1230mm　1/32　　印　　张：7.5　　字　　数：105 千字
版　　次：2020 年 2 月第 1 版　　印　　次：2020 年 2 月第 1 次印刷
广告经营许可证：京朝工商广字第 8087 号
书　　号：ISBN　978-7-5217-0970-4
定　　价：98.00 元（全 3 册）

特约策划：知道青尘　　特约策划人：杨肖
图书策划：见识城邦　　策划编辑：肖雪
责任编辑：曲沛然　　营销编辑：杨璞
装帧设计：象上设计

服务热线：400-600-8099
投稿邮箱：author@citicpub.com

目录

苏格拉底的教诲

苏格拉底之死

论正义

阿里斯多芬笔下的苏格拉底

论爱情

论灵魂

论语言

怎样度过这一生？

基本资料

小名或许叫“强子”

“苏格拉底”的希腊文是Σωκράτης，其拉丁化拼写为Sōkrátēs，英文拼写则为Socrates。作为汉语音译的名字，“苏格拉底”的确没有什么意思，但在希腊语中，发音“苏”的部分表示“完好无损的，安全的”；而发音“格拉底”的部分表示“力量”。因此，“苏格拉底”就是“健全的力量”的意思。

如果将音译和意译结合起来翻译Σωκράτης，可以译为“苏力”或“苏强”。如果苏格拉底有小名的话，爸妈可能会叫他——“强子”。

家境清贫

据说苏格拉底的父母非常穷，因为他年轻时想从智者教师那里学习辩论术，但因收费太高，付不起学费。有学者认为，苏格拉底曾经作为重装步兵参加战争，可见苏格拉底后来的家境还算不错，因为古希腊的自由民作为士兵参战，需要自行准备作战装备，而重装步兵的装备耗资不菲。这种推测未必正确，原因在于，雅典城的公民按照收入的高低被分为四个阶层，前三个阶层的公民自费参战，不能从政府领取薪水，而收入最低的第四阶层的公民，参战便可以领取薪金。曾经做过重装步兵，不能证明苏格拉底家境殷实，反倒可能证明苏格拉底属于第四阶层，因此，相对比较贫穷。

另外，苏格拉底在被判死刑之后，可以缴纳赎金获得释放。但提出缴纳赎金的是他的学生克里同，可见，学生明白苏格拉底是没有财力支付赎金的。据柏拉图和色诺芬记载，苏格拉底在吃、喝方面十分克制和节制。他一般不喝酒，但喝起酒来，便表现出无人能及的海量。他在成年时期，常常在冬天和夏天穿着同样简单的长袍，习惯于赤脚行走。

再则，苏格拉底的贫穷可以从嘲讽他的人的论述中找到端倪。安提丰讽刺他说：“你所过的生活是奴隶都不堪忍受的生活，吃的是粗茶淡饭，穿的是破衣烂衫，即便如此，给人讲课还不收一分钱。你的学生若是学你，将来都只能是穷光蛋了。”苏格拉底回答说：“如果幸福在于奢华宴乐，那么，人就成了欲望的奴隶；欲求越少的人，越接近神性……越是能欣赏食物的人，越不需要调料；越是身体健康的人，越能经历磨炼……你何时见过我冬日围炉取暖，夏日摇扇纳凉？”

以上材料大体可以说明，苏格拉底家境清贫。

雕刻匠父亲的影响

苏格拉底的父亲是雕刻匠索夫罗尼斯克斯，他的母亲是助产婆菲娜瑞特，而苏格拉底出生于公元前

469年的雅典。父母的职业不可能对孩子毫无影响。

在苏格拉底青年时期，他曾经学习过父亲的手艺。据说雅典卫城入口的一组象征美惠三女神的雕塑，就出自苏格拉底之手。苏格拉底既然能够同木匠、铜匠、鞋匠等人交谈，并从中得出人生感悟，必然也会从自己的雕刻手艺中感悟人生。

我们知道，雕刻与绘画不同。绘画时，面前一张白纸，将心中的景象付诸笔端即可。每一笔都直奔主题，与目标无关的一切，概不考虑。但雕刻却完全相反，手中一块石头，牢牢记住心中的形象，距离实现目标尚有千万里之遥。时时刻刻都在处理无用之物，唯有剥离净尽，才能实现理想。简言之，绘画采用的是加法，在白纸上添加墨迹；而雕刻采用的是减法，从石块上削减材料。

雕刻匠父亲留给苏格拉底的影响是：在辩论中始终采用迂回归谬的方法。苏格拉底几乎从来不会直接将问题的最终答案抛出去，他总是引导人们不断地进行自我否定，在否定的终点，找到了无法继续否定的肯定性的存在。佛教称这种谈论问题的方法为“遮诠”，与“表诠”相对。表诠是直接用定义或实例来说明问题，而遮诠则相反。比如，对于“什么是爱情”，采用“遮诠”的方式，就可以回答说“爱情不是充满色欲的占有”“爱情不是算计利害之后的交易”“爱情不是两个自恋狂的合舞”……苏格拉底的迂回归谬方法，让一些同他交谈的人十分不满，比如希皮阿斯。

希皮阿斯抱怨说：“到底什么是正义，你从来没有给出正面的回答，倒总是嘲讽别人的看法，不停地质疑、驳斥。”苏格拉底回答说：“我是没有说，但我用自己一以贯之的行动向世人展示了何谓正义，难道行动还没有语言有价值吗？”希皮阿斯不耐烦地说：“到现在，你仍然在回避给予‘正义’一个明确的说法；你总是在讨论怎么做不符合正义，却没有说怎么做才算是正义。”

苏格拉底被逼无奈，破天荒地给出了正面的回答——“守法就是正义。”

助产婆母亲的影响

助产婆常常是第一个把新生命捧到手中的人，但助产婆不是生命的缔造者，她仅仅是帮助正在分娩的母亲把孩子接引到尘世而已。新生命本来就在母亲体内孕育着，助产婆的职责，乃是在恰当的时机出现，使得生产过程顺利进行。

我们也用“多产”来称呼作家，并且还有“知识产权”的说法，可见，精神财富的生产与人力资源的生产是可以进行类比的。苏格拉底不仅接受了父亲职业的影响，也受到了母亲职业的启发：老师并没有把精神财富灌输给学生，只不过是把潜存在学生心灵中的知识给“接生”下来而已。因此，苏格拉底自称“精神助产士”，自然，苏格拉底的教学方法也被称为“精神助产术”。

就像母亲的分娩过程是十分痛苦的一样，精神获得新生的过程也是痛苦的，可以说，烦恼即菩提。烦恼是因为智慧的萌芽正在冲破坚硬的地面；痛苦是因为新生命要啄破一度起到保护作用的蒙昧的外壳。孔子说："不曰如之何、如之何者，吾末如之何也已矣。"这跟苏格拉底那振聋发聩的命题如出一辙——"未经省察的人生是不值得生活的。"缺少反思的生命，就如同一双从未睁开的眼睛，原本可以在光明之中阔步前进，结果却在黑暗之中踽踽独行。

与"精神助产术"相对应的是"知识回忆说"。"学习悖论"是苏格拉底提出的一个著名悖论，其内容是：人们在学习时通常会面临两种情况，一是不知道要学习的内容，二是已经知道了要学习的内容。在这两种情况下，学习都是无意义的，因为前者没有学习目标，后者没有学习的必要。

这个悖论可以同"接生"类比：一是根本没有分娩，接生缺乏目标；二是分娩已经完成，没有接生的必要。接生之所以存在，乃是因为新生命由潜在变为了现实。同理，学习之所以存在，乃是因为知识由潜在变为了现实——知识原本存在于心灵之中，学习过程就是唤醒记忆的回忆过程，这就是"知识回忆说"。

两个妻子

亚里士多德说苏格拉底前后娶了两个妻子，第一个叫克珊西帕，第二个叫弥儿多。两个妻子都生育有儿女。但古代的传记作家对于这两个妻子的前后顺序，就已经搞不清楚了，时而认为克珊西帕是结发妻，时而认为弥儿多是第一位妻子。还有人认为苏格拉底同时娶了两个女子，理由是雅典曾经男丁缺乏，为了增加人口，就颁布了一条法令，允许结了婚的男人同别的女人生孩子，苏格拉底是个守法的公民，就从了这条法令。

第欧根尼在《名哲言行录》中把克珊西帕描绘成了一个凶悍的泼妇，但在柏拉图和色诺芬的作品中，并没有这样的记录和暗示，反倒显示克珊西帕是个深爱丈夫的贤妻良母。从《申辩篇》留下的线索看，克珊西帕应该比苏格拉底小很多，因为苏格拉底去世时70岁，而他说自己还有未成年的孩子需要照顾。当克珊西帕去监狱探视苏格拉底的时候，还不得不带着一个孩子，因为孩子太小，没法留在家中。这孩子应该尚在襁褓之中。女性的自然绝经期在45岁到55岁，大概可以推测出来，苏格拉底比克珊西帕至少大20岁，可谓“老夫少妻”。

韩非子曾说：“丈夫年五十而好色未解（通‘懈’）也，妇人年三十而美色衰矣。”苏格拉底在谈到神爱世人的证据时说：“动物的性交受到了时令的限制，而人类的性交一直维持到老年时期。”苏格拉底无意间透露出来一个信息，他虽然已经年近古稀，但雄风犹在，这也是神明特别关爱世人的证据。

人丑不是罪

有一次，一个人因自己向别人敬礼却没有收到回礼而生气。苏格拉底说：“这也太奇怪了，如果你遇到一个身体丑陋的人你是绝不会生气的，但遇到一个性情比较粗鲁的人却受不了。”不知道苏格拉底所谓的“身体丑陋”的人是否是指自己。

众所周知，苏格拉底既不清秀，也不匀称。阿里斯多芬把他走路的姿势比作水鸟的大摇大摆，并且取笑他转动眼球的习惯；柏拉图和色诺芬两人提到他的宽大鼻孔和扁平鼻子，又提到他的眼睛的某些特征，有可能是眼睛突出或者两眼之间的宽度异常。在柏拉图的《会饮篇》中，亚西比德说，苏格拉底看起来有些奇形怪状，像一位森林之神萨提尔。

勇敢是天生的吗？

苏格拉底参加过三次战斗，作战勇敢，表现出色。第欧根尼说，在德立昂战役中，色诺芬从马背上摔了下来，苏格拉底赶上去救了他一命。但有学者对此事表示质疑，因为德立昂之战发生的时候，色诺芬还是个婴儿。色诺芬在《回忆苏格拉底》一书中也没有提到对他而言如此重要的事件。所以，苏格拉底拯救的可能是亚西比德，雅典城的一个大帅哥。

有人曾问苏格拉底，勇敢是由后天的教育和训练养成的品性，还是先天的。苏格拉底回答说："就像

有些人天生体格健壮，更能够吃苦耐劳，一些人的灵魂也会天生比较坚强，勇于面对危险。不过我认为，一切天生的品质，包括人的胆量，是可以通过后天的学习和锻炼提高的。”

横眉冷对千夫指

苏格拉底的勇气绝不仅是那种“不肤桡、不目逃”的匹夫之勇、狗彘之勇，更表现为“虽千万人吾往矣”的大智大勇。道义所在，慨然蹈之。

公元前 406 年，雅典海军在同斯巴达的一次战斗中获胜，但雅典人也损失了 25 艘战舰和 4000 名士兵。按照惯例，雅典的 8 位将领必须要营救士兵，打捞尸体回来安葬，但由于暴风雨的阻隔，8 位将领没有这么做。那些失去亲人的家庭嚷嚷着说，一定要处死这 8 位将领。苏格拉底作为议事会成员，坚持依法定程序办事，反对把这种不合法的提议付诸表决。愤怒的人们高声喊喝：“如果民主政府不能代表人民的呼声，那就是耻辱！”反对的人高喊说：“如果民主政府不能依法办事，那才是耻辱！”

很多议事会的成员迫于汹涌的民愤压力，倒向了顺应大众的一边。但苏格拉底坚持己见，横眉冷对千夫指，不愿在威胁之下委曲求全，他宁愿违背群众的要求，也不会违背正义。但他势单力孤，不能扭转形势。最后，有6名将领被处决，因为有2人逃跑了。

公元前404年，雅典贵族在斯巴达的暗中支持下建立了“三十僭主”的专制政权，他们肆意抓捕并杀害政敌。当他们指派苏格拉底去抓捕一名雅典公民的时候，苏格拉底拒绝执行命令，因此他成了僭主仇视的对象，被勒令禁止继续讲学。但他宁愿守法而死，不愿违法偷生。当然，在苏格拉底心中，“法”并非完全等同于政府颁布的命令。

公元前399年，苏格拉底被指控“不敬神”和“败坏青年”两项罪名，但面对由500人组成的法庭陪审团，苏格拉底并没有像通常人们所做的那样，去打感情牌来博得陪审团和法官的怜悯。他说：“有些人受到指控，就哭哭啼啼，抱着自己尚在襁褓中的孩子来向法官求情，试图最大限度地获得同情……我有三个孩子，一个已经成人，两个年纪尚小，但别指望我带他们任何一个来这里，恳请你们判我无罪。”苏格拉底坚持倾听内心的声音，拒绝服从习俗的惯例，在法庭上的发言俨然有意激起陪审团的反感。最后以 281 票对 220 票的结果，他被判处死刑。

精神分裂还是神道设教？

并非所有的疯子都是天才，但天才或先知大都与疯子十分类似。苏格拉底也不例外，他疯得不轻。

据柏拉图的《会饮篇》记载，战友亚西比德说，他亲眼见过苏格拉底思考问题，呆立如木桩，从黎明站到中午，从中午站到黄昏。有人好奇，就拿着草席铺在地上，想看看苏格拉底能站到什么时候，结果，苏格拉底呆立到了第二天的早晨。太阳出来后，他向太阳做了祷告，然后就走了。

从一个黎明呆立到第二个黎明，整整一天一夜，至少有24小时的时间。印度人有瑜伽打坐的修炼方法，中国人顶天立地，不愿意屈膝折腰，所以，道教的修炼方法是——站桩——像木头桩子一样呆立着。这里边学问大着呢！千万不可小视！至于原理，老子《道德经》中说，要“为无为，事无事”“致虚极，守静笃”“见素抱朴，少私寡欲”，说实话，苏格拉底都做到了。

清虚无为，可以通神，苏格拉底果真通了神，他说：“我有过惊人的体验。我已经习惯了灵异的声音，它在过去一直是我的伴侣，如果我将要做什么错事，无论事情多么微小，它都会加以阻止。”

能够听到别人听不到的声音，这声音还能给自己劝诫和指导，在现代的心理学上，称为“精神分裂”。那么，苏格拉底真的是精神分裂，还是故弄玄虚，神化其事——类似中国人所谓的“神道设教”，打着“神”的旗号，偷偷摸摸地贩卖自家的私货？

能够一口气站24小时，恐怕不是“装”出来的。另外，宣称自己能听到灵异的声音，这正是被人控诉的主要罪证之一。江湖骗子故弄玄虚，是为了混口饭吃，苏格拉底虽然贫穷，但无衣食之忧，通过故弄玄虚，把自己的小命搭上，这与行骗牟利的初衷背道而驰。

我认为，苏格拉底既不是精神分裂的疯子，也不是神道设教的骗子，他只是个“将诚实进行到底”的孩子而已。

生平事略

讲课不收费

我们都知道，孔子说“自行束脩以上，吾未尝无诲焉”。可见，孔子讲课是收学费的，并且有学者指出，“束脩”，乃是女士的见面礼，因此，孔子的“有教无类”比较彻底，可能是收女学生的。

但是，苏格拉底讲课不收一文学费，这让当时的雅典人感到大惑不解，比如，安提丰就曾经发问：“苏格拉底啊，如果别人拿你一件衣服，你不会不要钱吧？如果别人要你的房子，你也不会不要钱吧？可是别人听你的谈话，并从你这里汲取智慧，你却不收钱，难道你的谈话毫无价值吗？”

苏格拉底说：“出卖美色的人，我们称之为娈童；出卖智慧的人，我们称之为诡辩者。同声相应、同气相求，我愿意以文会友，以友辅仁。有人爱犬马，有人爱鸟雀，我认为朋友更有价值，我喜欢相互砥砺，以期增长德性和知识。”

苏格拉底还说，自己不收取报酬是为了保守自由。索取报酬会迫使自己成为奴隶，因为他将不得不同那些给他报酬的人进行讨论，从而失去了选择谈话对象的权利，甚至失去了选择谈话内容的自由。

劝阻年轻的官迷

在雅典，22 岁的公民才有资格执行公民权，但柏拉图的弟弟格劳孔，还不到 20 岁，就急着想在政府谋得职位，准备在公共场合发表演讲。

苏格拉底就问他是否了解国家的税收、邦交、军事防御、矿产开采和粮食供需等情况，格劳孔一无所知。苏格拉底说：“要管好一个家庭，就要了解家庭中方方面面的情况，而现在，雅典有一万多户家庭，你为什么不先去尝试解决一家的问题呢？”

格劳孔回答说："如果我能说服我的叔父的话，我想，我对家庭应该是有贡献的。"

苏格拉底反问道："你连说服自己的叔父都没有把握，你认为你有能力说服整个雅典城的公民吗？难道你不明白，去说或者去做自己完全不懂的事情是多么危险吗？"

苏格拉底的劝说非常成功，格劳孔这个年轻的官迷暂时放弃了从政的想法。

劝勉能者从政

柏拉图的外祖父老格劳孔有管理城邦的才能，但他畏缩不前，毫无从政之意。苏格拉底就对他说："如果有人能够在竞赛中夺得冠冕，获得荣誉，却拒绝参赛，你说这是什么样的人啊？"老格劳孔回答说那肯定是个懦夫。苏格拉底继续追问："如果有人有能力治理城邦，增进公众的福利，并因此受到大家的尊敬，但他畏缩不前，那岂不也是一个懦夫了？"

后来，老格劳孔反问苏格拉底如何知道他有治理城邦的才能。苏格拉底说他发现格劳孔总是能够明白是非，给其他人很好的忠告，既然能够指导别人，那么，他自己也就有进行治理的才能。

但老格劳孔推脱说，自己对在公共场合发言感到害怕，相当怯场。

苏格拉底说："会弹琴的人在私下弹还是在公共场合弹，都同样出色。你既然在有才能和有权势的人面前说话都条理清晰、大方得体，在那些最无知、最微不足道的人面前，怎么会害羞得说不出话呢？他们不过是些铜匠、鞋匠、农民和批发商，是些在市场上斤斤计较、买卖贵贱的人！"

如何对付唠叨的父母？

有人对苏格拉底说："父母的责骂和唠叨，实在让人受不了。"

苏格拉底说："演员在舞台上，也会受到搭戏人的辱骂、恫吓和侮辱，他们并不会生气或烦恼，因为他们知道，对方并无恶意。既然你也知道父母对自己并无恶意，为什么要因此而烦恼呢？”

如何对付白吃饭的亲戚？

由于遭逢战乱，阿里斯托哈斯的不少亲戚失去了土地和财产，但他们都是拥有自由的雅典公民，长期使奴唤婢的生活，使得他们游手好闲，在阿里斯托哈斯家里住着，白吃白喝。小阿一下子要多养活十几口人，经济上捉襟见肘，甚至要借外债生存。见到苏格拉底就开始抱怨这件事情。

苏格拉底说，你现在这样非常危险，你没有提出让他们去劳动，任他们白吃白喝，而你在巨大压力之下少不了会抱怨几句。你抱怨他们几句，他们就会以为你厌烦了他们，以为你把钱财看得比亲情都重要。这样下去会越来越糟。解决的办法就在于，让他们都参与劳动，增加家庭的收入。

阿里斯托哈斯听从了苏格拉底的建议，让这些亲戚从事不同的劳动，家庭的经济状况也大大好转。但是，阿里斯托哈斯提出了另外一个问题："亲人们都有工作做，现在唯独我还是个游手好闲的人，他们纷纷议论说，现在我是唯一一个白吃饭的人。"

苏格拉底说，你给他们讲一个故事听听，他们就不会再抱怨你了，故事如下：

狗有特权

从前，禽兽也会说话。一只羊就对主人说："你这人做事真古怪，我们给你提供羊毛、奶酪，还产小羊羔，但我们除了在田野里啃几口草，其他的什么都得不到。而狗呢，它什么也不干，整天闲散地来回转悠，你居然把自己的食物分给它。"

狗听到了这话，就说道："我以宙斯的名义发誓，你们说的的确是事实，但是，如果不是我保护你们免受豺狼的掠食和盗贼的侵扰，你们恐怕连草也吃不上了。”

于是，所有的动物都认识到狗理应拥有特权。

如何对付告密者？

克里同家里相当富有，为人安分守己，不爱惹是生非，但是总有人打他的小报告，对他提起诉讼。他们知道克里同会为了平息是非，宁愿出钱来摆平这些事情。因此，克里同俨然成了他们的摇钱树，没钱花的时候就通过告密来给他制造麻烦。

苏格拉底说：“我知道你不愿意咬人，但是你可以养一条狗啊。”

于是克里同找到了一个叫阿赫戴马斯的穷人，此人擅长辞令，善良而又正直，克里同经常周济他，请他吃饭，给予各方面的照顾。后来，阿赫戴马斯就以其人之道还治其人之身，抓到那些告密者的小辫子，把他们给起诉了，然后按兵不动，等待这些人做出回应。等他们撤回了对克里同的诉讼之后，阿赫戴马斯才撤回对这些告密者的诉讼。

后来，阿赫戴马斯不仅帮助克里同，也成了克里同很多朋友的亲密战友。

劝解争财失和的兄弟

苏格拉底对因争财而失和的兄弟说："财富是没有知觉的东西，弟兄是有知觉的，财富需要保护，弟兄能够提供保护，除此以外，财富有很多，但弟兄只有一个。奇怪的是，一个人竟会因不能得到弟兄的产业而把弟兄看作对自己有害的人，但他并不因为不能得到国人的产业而认为国人对他有害，处于后一种情况下的时候他能够这样推想：和许多人共同生活在一个社会里，能够安全地享用小康的资财，比拥有全国人的财产而独自生活于恐怖之中要好。可是对于弟兄，为什么就不能这样想呢？"

苏格拉底还说："照目前的情况来说，你们两人就仿佛两只手一样，本来是神明造出来互相帮助的，却忽略了自己的本分而互相妨碍起来；又好像两只脚一样,本是神明造出来互相合作的,却放弃了这种职守,而彼此别扭起来了，把本来是为了我们能更好地生活而造的东西用来加害我们自己，岂不是很大的愚昧和不幸吗？”

教妓女编织网

雅典城中有一个名叫赛阿达泰的妓女，美得没法用言语形容。苏格拉底说：“既然是语言无法形容的，我们就亲自去看看吧！”

到了赛阿达泰家，看到有画师正在给赛阿达泰画像，他们就认真地欣赏了一番美女的身体。事后苏格拉底说：“我们如愿以偿得见美人儿，从此之后念念不忘，并且到处赞扬她的美。那么，是我们因欣赏美人儿而受益良多，因此要感谢美人儿呢，还是美人因我们的欣赏而受益良多，因此要感谢我们呢？”

赛阿达泰说：“这样看来，当然是我要感谢你们啦！”

苏格拉底见到赛阿达泰以及家中奴仆的穿戴都很华丽昂贵，就问她是否有田产、有房租收、有会手艺的奴隶等，得到的答复都是否定的。他问赛阿达泰，这些生活必需品都是哪里来的。赛阿达泰说都是朋友送的，她依靠朋友生活。

苏格拉底说：“靠朋友，可要比靠一群绵羊、山羊、公牛强多了。你是运气好，朋友都像苍蝇一样，自动飞了过来，还是有什么计策吸引他们来了呢？”

赛阿达泰说自己哪有什么计策呀。

苏格拉底说：“蜘蛛要吃饭，还要有张网。你怎么能没有一张网呢？一只野兔本来微不足道，猎人还要张网捕捉它们。你的朋友是你的生活来源，这么重要的猎物，怎能只凭运气，而没有一张网呢？”

赛阿达泰说：“我如何弄到这样一张网啊？”

苏格拉底说：“你本来就有一张网，你的身体就是你的网；在你的身体里面还住着一个灵魂，这个灵魂懂得如何说好听的话，让那些来殷勤求爱的客人高兴……但是，对于那些已经满足的人，就不要再让他

们轻易得到你的爱情，直到他们的满足感已经消失，并再度感到急不可耐。这时候，你要一本正经地进行谈话，然后半推半就地对付他们，让他们饥渴的心情达到顶点，这要比随时满足他们强得多了！”

赛阿达泰说：“要不你跟我一起网罗朋友吧。”

苏格拉底说：“我公事私事一大堆，忙得很呢！我还有很多女朋友，白天晚上都缠着我，哪有工夫帮你网罗呢？”

悍妇如烈马

第欧根尼的《名哲言行录》记载苏格拉底的妻子克珊西帕是个性情暴躁的悍妇。有一次，苏格拉底被她骂过一番之后，刚走出屋门，就被她泼了一盆水。苏格拉底说：“我就知道，雷电之后，必有暴雨。”

还有一次，克珊西帕同苏格拉底在市场上争吵起来，克珊西帕把他的外套给扯了下来。他的朋友建议苏格拉底出手教训妻子。但苏格拉底说：“好啊，我以宙斯之名发誓，一旦我们动起手来，你们就会在旁边叫好：‘打，苏格拉底！’‘太棒了，克珊西帕！’”

有人对他说，你怎么跟一个泼妇在一起生活？苏格拉底回答说，好的骑手喜欢烈马。“如果连烈马都能驯服，那么，对付其他的马就不在话下了。我和克珊西帕在一起，就不得不调整好自己，这样一来，我就能够更好地适应世界了。”

不与驴相踢

据第欧根尼的记载，由于苏格拉底与人辩论常常十分激烈，惹得人们经常对他拳打脚踢，甚至扯掉他的头发。对这个记载，我十分怀疑其中的“经常”两字。若真如此，那苏格拉底的头发是不够用的。

据说有一次，有人在辩论中恼羞成怒，上去踢了他一脚，结果苏格拉底若无其事地承受了。别人问他为什么不还击，苏格拉底回答说：“你是要我遵从驴子的规则吗？假如他踢了我，我一定也要踢他吗？”

请客

苏格拉底请富人到自家做客，但克珊西帕说，很难为情，因为餐宴显得寒酸了。苏格拉底说："不用担心，如果他们有德行的话，他们就不会在意；如果他们没有德行的话，我们就不必在意。"

人是否该结婚

有人问："到底应不应该结婚？"

苏格拉底回答说："你选择哪一头，都会后悔！"

盛赞赫拉克利特

有人把赫拉克利特的论文送给苏格拉底，并询问他的看法，他回答说："我理解的部分是卓越的，而且我敢说，我不理解的部分也是卓越的；但它需要一个潜水员潜到它的底部去。”

这个回答让我们感动，这里没有文人相轻的傲慢，只有英雄识英雄的坦诚。

苏格拉底的教诲

三个第一与两点贡献

第欧根尼的《名哲言行录》记载，苏格拉底是第一个教授修辞学的人，第一个论述生活行为的人，也是第一个因思想言论而被判处死刑的哲学家。

亚里士多德说，有两件事物可以归功于苏格拉底，即归纳论证和普遍定义，这两者都是知识的出发点。哲学家王晓朝认为：“从消极的方面说，苏格拉底否定了以往的自然哲学；从积极的方面说，苏格拉底运用归纳和定义的方法，建立了伦理学。”

把哲学从天上带到人间

苏格拉底之前的哲学家喜欢研究宇宙，尤其是天上的事物，苏格拉底认为，思考这些问题是愚妄的。首先，他认为这些哲学家完全忽略人类的事物而研究天上的事物，俨然他们对人类自身的事物已经了若指掌。其次，这些人的研究结果相互抵牾，各执一词，争论不休。

对于这些疯狂的人来说，有人认为世界是一，有人认为世界是多；有人认为万物流变，有人认为无物运动；有些人对石头和木头也俯伏下拜，有些人则毫无敬畏之心；有些人无可无不可，干什么事情都不觉得羞耻，有些人则厌恶人类，根本不想走进人群中去。

苏格拉底的态度与孔子有类似之处，比如，孔子说："未知生，焉知死？""未能事人，焉能事鬼？"孔子还说"君子以思不出其位"，不是自己该想的东西，就别想，这也是智慧。孔子的弟子子夏说："博学而笃志，切问而近思，仁在其中矣。"切问近思，就是"切近思问"的意思，"切近"什么？答：切近生活，

切近生命。

苏格拉底年轻时候，也曾学习所谓的自然哲学，当他听说阿那克萨哥拉提出“心灵是一切秩序的原因”这一命题的时候，心中十分欢喜，就立马跑去搞了一本阿那克萨哥拉的著作研读。但是苏格拉底大为失望，因为书中没有把“灵魂是万物的原因”这一原则贯彻到底，更多的是在讲水、土、火、气等稀奇古怪的东西。苏格拉底说：“我担心，由于用肉眼观察对象，试图借助每一种感官去理解它们，我也有可能使自己的灵魂完全变瞎。”

苏格拉底抱着一种学以致用的态度看待学问，他不主张人们研究太阳的大小、行星的运转周期之类的问题。思想发生转变的苏格拉底，开始在街头巷尾同各色人等交谈，交谈的主题都同生活伦理密切相关，比如何谓正义、勇敢、自制、友爱、虔敬等等。这也同孔子有类似之处，强调“下学而上达”，在人伦日用之中彰显天道流行。

劝学

据《孔子家语》记载，子路对孔子说："南山有竹，不揉自直，斩而用之，达于犀革。以此言之，何学之有？"孔子回答说："栝而羽之，镞而砺之，其入之不亦深乎？"于是子路拜服。

苏格拉底的思路颇为类似，他指出，烈性而桀骜不驯的良种马，如果在小的时候加以驯服，就会成为最有用、最骁勇的千里马；但如果不加以驯服，则始终是难以驾驭的驽马而已。品种最优良、最经得住疲劳、最善于袭击野物的猎犬，如果经过良好的训练，就会最适合于狩猎；但如不经训练，就会变得狂暴，而且最不服使唤，因此毫无用处。

珍重友谊

苏格拉底说，很多人都讲，人生得一知己足矣，朋友比一切财富都更宝贵，但事实上，大多数人言行不一，他们在结交朋友一事上，相当不上心。家里的牲畜生病了，他们会急慌慌去请兽医，如果是奴仆病逝了，他们就觉得财产蒙受了损失，会十分悲伤。但是，如果是失去了一位朋友，他们却觉着没什么大不了的。难道在他们心目中，一个好朋友，居然还不如一头牛、一匹马吗？人们为了吃苹果，还要辛辛苦苦栽培果树，爱护有加，难道人们不应该更加用心地培养友谊吗？

珍重友谊的人，要不断地提高自身。交友之道，应该如切如磋、如琢如磨，相互砥砺、共同进步。因此，苏格拉底说："一个没用的奴隶，主人情愿折钱也急着要脱手卖掉；一个没用的朋友，也会被人抛弃。我从来没有见过人肯把一个有用的奴隶卖掉，同样，好朋友也不会被人抛弃。"

交友之道

苏格拉底说："获得友谊不能像猎取兔子那样穷追不舍，也不能像捕鸟那样设计擒获，更不能像对待敌人那样使用暴力。违背一个人的意愿而想使他成为你的朋友是很难的，因为你很难把一个朋友像奴隶一样囚禁起来，毕竟那样一来，他就不会成为你的朋友，反倒要成为你的敌人了。”

苏格拉底说：“真正良好的管家，要把有价值的东西在市价最贱的时候就买进来。交朋友也要瞅准时机，用最低的代价获得良好的友谊。”那么，什么时候是好时机呢？根据苏格拉底的说法，在一个人急需帮助的时候，就是最好的时机。

问题是，怎样知道对方是益友而不是损友呢？

苏格拉底说，一个养马的人，如果他过去对待马是很好的，那么，他对待以后要养的马也不会差。同理，如果一个人对待过去的朋友很好，显然，他也不会亏待未来的朋友。

无所逃于天地之间

孔子的弟子子贡曾经对老师说：“我不欲人之加

诸我也，吾亦欲无加诸人。”意思是说：我不想让别人强制管束我，我也不想去强制管束别人。苏格拉底的弟子阿里斯提普也对老师说：“我不想统治任何人，也不想被任何人统治。通往幸福的道路不是奴役，而是自由。”

苏格拉底的回答与孔子一样：“这事你是搞不定的！”

为什么？

写下《逍遥游》的庄子曾叹息“天下之大戒二”，父母之命，君王之义，让自己无所逃于天地之间。说白了，你只要活着，就摆脱不了两种结果：或者被人管，或者去管人。

苏格拉底说：“生活在人间，你竟认为统治人和被统治都不适当，而且还不甘心尊敬掌权者，我想你一定会看到，强有力的人有办法把弱者当奴隶来对待，叫他们无论在公共生活或私人生活中都自叹命苦。”

阿里斯提普说：“那算了，我拒绝做任何国家的公民，我四海飘荡，到处旅游。”

苏格拉底说：“国王建筑城堡以自固，有时还会被攻击、被杀害。你觉着自己走在异国的道路上，走在陌生的城市里，那里的居民有义务保护你的安全吗？你的力量比当地人的力量强大吗？歹徒会因为你是个游客，就放弃对你的袭击吗？”

一切美好皆需努力

苏格拉底说：“神明赐予人的一切美好的事物，没有一样是不需要辛苦努力就可以获得的。如果你想获得神明的宠爱，就必须向神明礼拜；如果你希望得到朋友的友爱，你就必须善待你的朋友；如果你想从一个城市获得尊荣，你就必须支援这个城市；如果你希冀因德行而获得全希腊的表扬，你就必须向全希腊做出有益的事情；如果你要土地给你带来丰盛的果实，你就必须耕耘这块土地；如果你决心从羊群获得财富，你就必须好好照管羊群；如果你想通过战争而壮大起来，取得力量来解放你的朋友并制伏你的敌人，你就必须从那些懂得战争的人那里学会战争的艺术并在实践中加以正确运用；如果你要使身体强健，你就必须使身体成为心灵的仆人，用劳动和汗来训练它。”

想要去骑驴，先要伺候驴；想要得幸福，先要去受苦，这真是个矛盾。

主动迎接艰辛生活

阿里斯提普听后说：“反正都是受苦，情愿会受苦，不情愿也会受苦。相比而言，主动受苦是愚不可及的。”“今朝有酒今朝醉，明日愁来明日愁”，总胜过“今朝有酒不敢醉，愁尚未知便已愁”。

苏格拉底说：“那怎么会一样呢？自愿受苦的人，有美好的未来在鼓舞自己，就像打猎的人虽然经受艰辛，但有猎物在前边等待自己。而浑浑噩噩度日的人，是没有希望的。更关键的是，自愿挨饿的人，如果愿意进食，随时可以生火做饭；而被迫挨饿的人就没有了选择的自由，当他想吃饭的时候，却只能面对饥饿的煎熬。”

因此，在苏格拉底看来，“人无远虑，必有近忧”，要主动迎接艰辛的生活，而不是坐等艰辛的生活降临到自己头上。那时候，不仅会面临无可躲避的艰辛，还会失去选择的自由。

避色如避仇

孔子说：“已矣乎，吾未见好德如好色者也。”算了吧，我从来没有见过哪个人爱好德性就像爱好美色一样如此持久而又强烈啊！王阳明说《大学》中“如好好色，如恶恶臭”是“知行合一”的最好例子：知道人家漂亮，就已经喜欢上了；知道气味难闻，就已经开始讨厌了。

苏格拉底的勇敢是视具体情况而定的，有些事情，“勇于敢者则杀，勇于不敢者则活”。他告诉弟子色诺芬说：“当你看到一个美人儿的时候，要撒腿就跑。”这跟猪八戒的告诫差不多——“避色如避仇，避风如避箭。”

苏格拉底说，美人儿之毒害远远胜过毒蜘蛛，蜘蛛如果要伤害人，还要接触人的皮肤。而美人儿与你相距数十米之远，就能够收摄你的魂魄，所以被称为“爱情射手”。人一旦中毒，就如痴如狂，失去了自制力。当他听说有人居然亲吻了亚西比德美貌的儿子时，惊呼道：“这真是胆大妄为，这也太冒险了！”

人类的苦难多是自招的

大自然所能加给人类的苦难是有限的，人类的不幸大多是自招的。道教的《太上感应篇》说：“祸福无门，唯人自招；善恶之报，如影随形。”《周易·系辞》中说：“言行，君子之枢机。枢机之发，荣辱之主也。”苏格拉底也有类似的看法。

苏格拉底说：“我们把许多给人类带来痛苦的事情放到了幸福之中。有许多人由于美貌而被那些见色思淫的人败坏了；有人自恃身强力壮而不知顾惜健康，导致百病缠身；有人因为财富而堕落；有人因为权势而腐败；有人因为名誉而忘乎所以。”

没有一劳永逸的美德

有人或许会认为：深刻过的人，就不会再浅薄了；曾坚守正义的人，就不会陷入不义了；一度谨慎的人，从此就不会变得轻忽大意了；受过教育的人，也不会再度陷入愚昧无知了。

但苏格拉底反对上述观点，他认为，人的灵魂和欲望一同被栽种在身体之中，欲望在不断地刺激着灵魂，要灵魂放弃自制，以便尽早在身体中实现欲望的全面统治。“一个不锻炼身体的人，就不能执行身体所要求的任务，同样，凡不锻炼心灵的人，也不可能执行心灵所应执行的任务，这样的人既不能做他们应当做的事情，也不能控制自己不去做他们所不应当做的事情。”

《中庸》中说：“道也者，不可须臾离也，可离非道也。”没有一蹴而就的美德，美德需要用生命来保守，一息尚存，谨守勿失，盖棺定论，死而后已。

放纵并不快乐

老子《道德经》中有一段著名的话："五色令人目盲；五音令人耳聋；五味令人口爽；驰骋畋猎，令人心发狂；难得之货，令人行妨。"若想让幸福绵长持久，就必须学会节制。苏格拉底和老子，都不是禁欲主义者，他们提倡有节制地享受生命，放纵不但有损于快乐，也有损于身体和心灵。

苏格拉底说："不能自制就不能忍饥、耐渴、克制情欲、忍受瞌睡，而这一切正是吃、喝、性交、睡眠有乐趣的原因；在经过了一段期待和克制之后，这些事才能给人以最大的快乐，而不能自制则恰恰阻碍了人们对于这种值得称道的最必要和最经常的乐趣的享受。"

自由的前提是自制

有一次，苏格拉底看到一个人严厉地惩罚他的侍从，就问他为什么如此苛刻地对待自己的仆人。那人回答说："因为他既好吃又愚蠢，既贪婪又懒惰。"

苏格拉底听了之后回答说："这样的话，你得好好考虑考虑，该挨打的是他，还是你。"

苏格拉底的意思是，既然我们不愿意自己的奴仆成为缺乏自制能力的人，那么，我们自己岂不更应该力行自制的美德吗？有谁愿意同一个缺乏自制能力的人做朋友呢？一个不能自制的人，其坏处不仅仅在于他会损害别人的利益，而且还会损害自己的利益，毁掉自己的身体和灵魂的同时，也殃及亲人和友人。就像奴隶需要主人来管教一样，缺乏自制力的人已经把自己放到了奴隶的位置。因此，凡是不能自制的人，就没有自由可言。

受情欲支配的人，是不自由的人。"有一些动物，比如鹌鹑和鹧鸪，由于它们不会克制性欲，当听到雌鸟的叫声时，就会贪图享乐、放松警惕，终于落入了陷阱之中……就如同一个奸夫，明知犯奸淫之罪要受到法律的惩罚，也会中人的埋伏，被捉、受毒打，却仍然往妇女的房里钻，这样甘心自投罗网，跟恶鬼附体有什么区别呢？”

智慧就是最大的善

不能自制的人，就是最坏的奴隶。

苏格拉底说：“智慧就是最大的善，不能自制会使智慧和人远离，并驱使人走向其相反的方向。不能自制，人便耽于快乐，以致那些本来能分辨好坏的人感觉迟钝，不但不去选择较好的事，反而选择较坏的事，从而阻碍了人们对于有用事物的注意和学习。”

帕斯卡尔在其《思想录》中写道：“理智之命令我们，要比一个主人专横得多；因为不服从主人我们就会不幸，而不服从理智我们却会成为蠢材。”

智慧的反面就是疯狂

苏格拉底说，疯狂就是智慧的对立面。但他并没有把无知认作疯狂。不过，一个人如果不认识自己，把自己所不知道的事当作知道，而且相信自己知道，这就接近于疯狂了。他说，许多人并不把在大多数人所不知道的事上犯错称为疯狂，而是把那些在大多数人所知道的事上犯错称为疯狂。

比如，一个人认为自己身高异常，以至于从城门下走过时，也要弯着腰，生怕碰着自己的脑袋，人们就会嘲笑这人是疯子。或者一个人自以为力气很大，想要攥着墙根把房子举起来，人们也会认为这是个疯子。但这些都是众所周知、显而易见的事情。

相反，在人生的重大问题上，很多人并没有确切的认识，比如，何谓正义？何谓虔敬？有太多的人在此类问题上栽跟头、犯错误，跟世人嘲笑的那些疯子没有本质的区别，只是人类不自觉其疯狂而已。因此，“认识你自己”，就成了苏格拉底的一个中心论题。

关键在于自我评价

人生的意义是什么？答：在苏格拉底的理论中，人生的意义在于理解这个包括自己在内的世界，并向世界表达自己的理解。整个人类文明，无论是自然科学还是社会科学，无论是个人成长还是社会教育，其全部活动，都体现在“理解”和“表达”这两个方面而已。无论是卫星火箭、文学艺术，还是高楼大厦、牛奶面包，全都是对世界的秘密进行解码之后的再编码，是将主体的精神世界外化为客观的物质世界。

若是从伦理道德方面讲，“理解”的过程就体现为对自我和他人的评价和定位，而“表达”的过程就体现为实践中的“自制”或“自由”。苏格拉底重视社会伦理，他反复强调刻在德尔菲神庙墙壁上的那句话——认识你自己。人与人之间的贤愚之别，就体现在其自我评价和评价他人的能力之上。自我评价失当、自我定位混乱的人，就像一辆方向盘失去控制的汽车，也像一艘舵手缺位的航船，谁知道它们会在哪里终结呢？

苏格拉底说:“有自知之明的人,还能够鉴别别人,通过和别人交往,获得幸福,避免祸患。而那些不认识自己的人,对于自己的才能有错误估计的人,也不会给他人以客观公正的评价。他们不知道自己需要什么,也不知道应该避免什么。他们不但得不到幸福,反而要陷入祸患。”

神所立之法的特点

很多人会认为,违背道德和法律,能够给自己带来利益。

但苏格拉底认为,违背人所制定的律法,或许能够利用躲藏或暴力逃避刑罚,但违背神所制定的律法,人是无法逃避刑罚的。比如,受恩不报的人,首先要受到道德的惩罚,被视为忘恩负义之人。说谎的人也要受到惩罚,即失去了他人的信任。乱伦的人由于年龄的差别,通常很难生出健康子女,而残疾的子女就是对乱伦者的惩罚。暴君可以将进忠言的人处死,但这会加速自己的灭亡。

苏格拉底认为，凡是本身就给违背的人带来惩罚的律法，都是由神所制定的。这种理解很像老子的那句话："天网恢恢，疏而不失。"

两种疯子

苏格拉底认为，世上有两种疯子，第一种认为一切都可以凭人的智力摆平，命运完全掌握在自己手中，没有什么事情是以神的意志为转移的；第二种疯子认为，神明决定了一切，以至于那些神明允许他们运用自己的理智去解决的事情，他们也要问天求卜。把那些人类智慧能够解决的事情拿来占卜的人，就是犯了不虔敬的渎神之罪。

这跟中国人的占卜原则有类似之处：不诚不占；不义不占；不疑不占。

祭神不是行贿

苏格拉底家境贫寒，他那微薄的收入使自己没办法给诸神献上丰厚的祭品。但他认为，神不会只喜欢大的祭物而不喜欢小的祭物；如果是这样的话，“不义而富且贵”的恶人就会比善良的人更蒙神的悦纳了；如果恶人受福佑，好人遭报应，那么，人生就没有价值了。

因此，对神的最好祭品是虔敬之心。否则，诸神就成了收受贿赂的贪官污吏。

怎样才算有信仰?

如果一个人在大街上苦口婆心地宣扬真理和正义，另一个人则高声喊喝：“谁若为我的言论鼓掌，我就给他发 3000 块钱。”那么在这种真理和利益发生冲突的时候，恐怕落败的就是真理。假设批改考研试卷，改一道题，阅卷人得 1 块钱。有的阅卷人为了多改几道题，就完全不看答卷的内容，随手胡乱给成绩。1块钱，就足以让人们忘掉良知，就足以让人肆无忌惮地去出卖别人的命运。

色诺芬评价苏格拉底说：当别人因顾虑他人的谴责而不能遵照神的指示行事时，苏格拉底就斥责他们的愚昧。他认为所有人的意见加在一起，也没有神的劝告重要。道义和良知能否胜过利害算计之心，这是测试虔敬程度的试金石。或者说，听从内心的呼声，对抗世俗的喧嚷，那才算真正的信仰。

谁有权说谎?

人们读书的时候，会念错字，有人是因为不认字，无意间就念错了；也有人是故意念错的。那么，故意念错字的人，显然要比无意间念错的人，要更有学问。苏格拉底说，那些故意说谎的人，显然要比无意间说谎的人，更加知道何谓正义，也因此更为正义。比如，对发了疯的朋友撒谎，以防止他犯错，此时谎言就成了一种药物，就如同医生用灼烧和穿刺的方法给病人治病一样，不但不受谴责，而且还是一种善行。

如来佛也说：“空拳诳小儿，以此度众生。”目的之良善可以论证手段的正确。柏拉图接着老师苏格拉底的话说下去，认为统治者有权撒谎，只要这种谎言有利于城邦的稳定、和谐与繁荣。于是，这世上许多偶像，如果你不用眼睛看，而是用锤子去敲的话，就会听到它们发出咚咚的响声，因为偶像通常是空洞的。

神存在的证据

苏格拉底说：“你知道世上的尘土是很多的，而你身体里所拥有的只是其中的一点点；水是浩瀚的，而你身体中所拥有的也是一点点。那么，你一个人是否就囊括了宇宙中所有的智慧呢？这个广袤的宇宙居然没有理智的东西维系着吗？”

苏格拉底还说：“你能看得见自己的身体，却看不见自己的灵魂，但你并不认为自己的行动纯粹出于偶然。难道这宇宙中的一切是纯粹出于偶然而存在的吗？”

为了证明神的存在，苏格拉底拿人的身体构造说事。他说，眼睛是柔弱的，所以神就造了眼睑来保护它；睫毛像屏风，可以挡住有害物质；眼上还有眉毛，不让汗水流入眼中；吃饭的嘴巴离眼睛比较近，而排泄器官让人讨厌，所以就安排在距离眼睛很远的地方。如此巧妙的安排，肯定是出于精密的谋划，而不可能是出于自然。

神爱世人的证据

苏格拉底列举了五条神爱世人的证据：第一，人是唯一直立行走的动物，由于直立，就看得远，避免了很多的伤害；第二，动物大都匍匐行走，而人则手足分离，由于有了手，人类获得幸福的能力大大提高；第三，动物也有舌头，也能发声，但只有人类能够细致区别声音，相互传情达意，即人类拥有丰富的语音语言系统；第四，动物的性交受到时令限制，而人类的性交可以持续到老年时期；第五，神明在人类的身体里安置了灵魂，这表现在心灵能够理解和探究万事万物的秩序，唯有人类知道敬拜神明，具有宗教意识，唯有人类能够积累知识，预防饥饿、疾病，增进健康。

苏格拉底说："如果一种生物，拥有牛一样健壮的身体，却没有人的判断力，它也无法将愿望付诸实践；如果有一双手却没有智慧，同样没有用处。将身体和理智这两种美好的事物同时赋予我们，难道不是神明眷顾人类的证明吗？神明要为你做什么，你才会认为他们关心你呢？"

神为何不直接向我显现？

有人艳羡苏格拉底能够听到灵异的声音，对苏格拉底说："如果神明也像向你显现那样对我说话，我就相信神明的存在。"可能很多人都想过：如果上帝和佛祖向我显现,来屋里跟我聊上几个小时,我就信神。

对于这种想法，苏格拉底回答说：“当雅典人借着占卜求问神明的时候，神明给他们忠告，难道这些忠告不是说给你听的吗？或者，当神明把征兆给予希腊人或全人类，警告他们的时候，他们把你排斥在外、全然忽视了吗……你可以指挥自己的身体，神明也可以指挥宇宙间的一切；不要以为你的眼睛能够看得很远，而神明的眼睛居然什么都看不到。”

苏格拉底还说:“如果你不是期待看到神的形象，而是以看到神的作为就敬畏和尊崇他们为满足，你就会知道我所说的都是真话。要想一想，神明自己已经把这一点指示给我们了……这位神本身是由于他的伟大作为而显示出来的，但他管理宇宙的形象却是我们看不到的……尤其是人的灵魂，比人的其他一切更具有神性，灵魂在我们里面统治着一切是显然的，但它本身却是看不见的……考虑到这一切，我们就不应当轻视那些看不见的事物，而应当从它们的表现中体会出它们的能力来，从而对神明存敬畏之心。”

苏格拉底对神的理解，远远不是古希腊人的多神论的宗教，反而与基督教的上帝观念更为接近。他被控“引进新神”，也不算虚构和诬枉。尼采以“敌基督者”自命，一开始就把苏格拉底视作自己的劲敌，对苏格拉底极尽讽刺挖苦，他明显是嗅到了苏格拉底身上散发的基督教“一神论”的气息。

对民主选举的批评

在海上，懂得航行业务的人是统治者；在医院，懂得如何治疗疾病的医生是统治者。如果一个人缺乏相应的专业技能，就需要请那些拥有知识的内行人来指导自己。苏格拉底认为，统治和服从关系建立的基础，在于掌握知识与无知的区别。比如，在纺织方面，妇女统治着男人，因为妇女懂得怎样纺织，而男人则不懂。

君王和统治者并不是那些拥大权、持笏板的人，也不是由群众选举出来的人，更不是抽中了签的人。苏格拉底说：“没有人愿意用豆子拈阄的办法来雇用舵手、建筑师、吹笛人，或任何其他行业的人。但雅典人却用豆子拈阄的办法来选择国家的领导人，这是非常愚蠢的。”

苏格拉底说：“巧言说服别人借钱给自己，事后却抵赖不还的人，是小骗子；巧言说服国人将大权交付给他，却缺乏治国本领的人，是大骗子。”苏格拉底还说：“当一个负责放牧的人，他牧养的牲畜越来越少的时候，他肯定就是个糟糕的牧者；我大惑不解的是，当一个城邦的首领，弄得人民越来越少，国势越来越弱的时候，居然毫无愧色，没有认识到自己是个坏领导。”

思想并不危险

有人说，苏格拉底批评政府的言论会使青年人趋向于采取暴力，简言之，苏格拉底的思想和言论会破坏社会稳定。苏格拉底说，言论自由绝不会破坏社会稳定，禁绝言论自由才会破坏社会稳定。因为言论自由培养了青年人的理性思维能力，他们知道，仇恨和危险常常伴随暴力，而利用善意说服的办法，就可以不冒危险而取得同样的效果。不用杀人流血，用说理的方式就能够让别人服从的话，谁还会必欲置人于死地而后快呢？

苏格拉底说："凡被我们强迫的人，会像我们强夺了他们东西似的那样仇恨我们，而凡被我们说服的人，会像是受了恩惠一样爱戴我们。凡有理智、有修养的人，都是不会使用暴力的，只有那些缺乏理智、修养的人才会采用野蛮的暴力行径。此外，凡敢于使用暴力的人，一定会召集党羽以自固，但那些能够以理服人的人，就不需要依仗人多势众。"

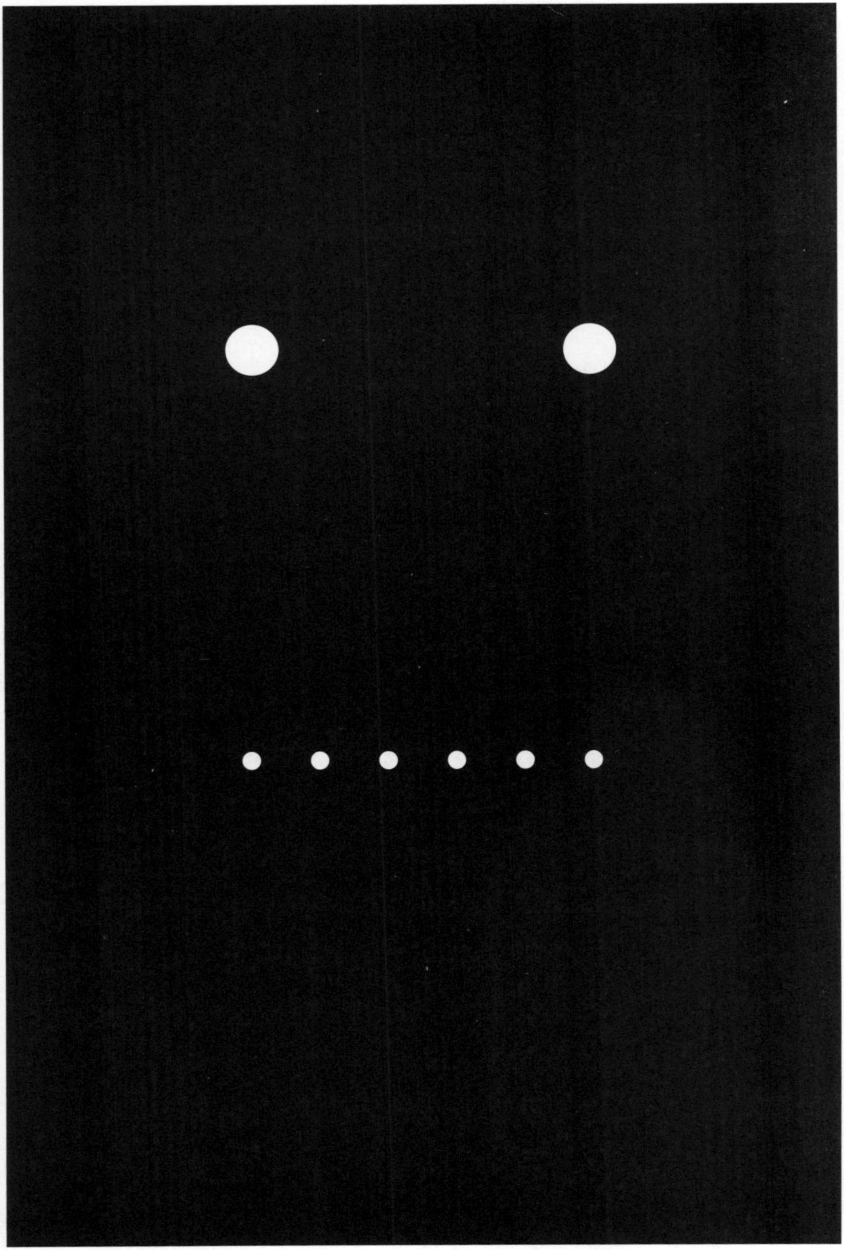

苏格拉底之死

自知自己无知

在苏格拉底被指控不信神和败坏青年的时候，苏格拉底反驳说自己从来没有收过一个弟子，更没有收过学费，当然也没有传播任何固定的信仰和价值观。青年人之所以热衷于追随他，那是因为他们乐意看到那些社会名流出丑。

苏格拉底为了证明那个“苏格拉底是最聪明的人”的神谕是错误的，就去找那些公认的有知识的聪明人进行辩论，没想到却暴露了那些权威的浅薄和无知。苏格拉底幡然醒悟，自己之所以是最聪明的人，是因为他是唯一一个知道自己无知的人；而那些所谓的权威和名流，恰好将自己的无知当作知识，将习俗和偏见作为指导人生的准则。比如，世人皆怕死，怕死意味着：死亡是痛苦和恐怖的。然而，活着的人没有谁真正知道死后到底会如何。那么，他们这种怕死的心态就是毫无根据的偏见。而苏格拉底承认自己对死亡的无知，从而就免除了世俗的偏见。在行为上，他认为自己没有理由拥抱死亡，就像他没有理由拒绝死亡一样。

审判庭上的自我吹嘘

苏格拉底否认“引进新神”的指控，他自我辩护说：“米利托斯怎么能说我不尊重城邦所尊重的神？因为其他凡是碰巧在场的人——连米利托斯本人，如果他愿意的话——都曾看见了我在公共节日在民众祭坛上献过祭。至于提到新神，我只是说神明的声音向我显明，指示我应该做的事罢了，这怎么能说是引进新神呢？”

似乎是故意要激怒陪审团的成员，苏格拉底在法庭上说了很多自我吹嘘的话，比如：

“哈赖丰有一回在德尔菲当着许多人的面向神求问关于我的事的时候，阿波罗的回答是：没有比我更自由、更正义、更能自制的人了。”

“你们知道有谁比我更少受情欲的奴役吗？有谁比我更自由——从来不接受任何人的礼物或酬劳吗？你们能够合理地把谁看为比那安于自己的所有、不向任何别人有所求的人更正义吗？一个人唯善是为、孜孜不倦，不就是真正的聪明人吗？”

“为什么没有一个人要求我向他报恩，反而有许多人异口同声地说他们欠我恩情呢？”

“为什么别人的享受是从市场上花大量金钱买来的，而我却能不用花钱，从自己的心灵里获得更甜蜜的享受呢？既然没有人能够证明我所说的关于自己的话是假的，那么我受到神明和人们的赞扬岂不就很合理了吗？”

“在别的事上人们这样做,不仅受到一般的待遇，而且还受到极大的尊敬，而我，因为被一些人认为在对于人类有最大好处的教育方面很精通，反而被你们判处死刑，你难道不认为这是件奇怪的事吗？”

雅典的牛虻

柏拉图的《申辩篇》记载了苏格拉底的下述言论：

“先生们，我实际上不是在为自己辩护，而是在为你们辩护，使你们避免由于谴责我而亵渎了神的礼物。如果处死了我，你们再要找一个人来继承我是不容易的。用一个听起来可笑，但实际含义非常真实的比喻来说，神特意把我指派给这座城市，它就好像一匹良种马，由于身形巨大而动作迟缓，需要某些牛虻的刺激来使它活跃起来。在我看来，神把我指派给这座城市，就是让我起一只牛虻的作用，我整天飞来飞去，到处叮人，唤醒、劝导、指责你们中的每一个人。先生们，你们不容易找到另一个像我这样的人，如果你们接受我的建议，那么你们就不要处死我。然而，我怀疑你们已经昏昏欲睡，你们对我的厌恶会使你们接受阿尼图斯的建议，一巴掌把我打死，然后继续昏睡，直到你们生命的终结，除非神出于对你们的眷顾指派另一个人来接替我的位置。”

雅典允许用脚投票

柏拉图在《克里同篇》里记载了苏格拉底的下述言论：

"我们公开宣布这样一个原则，任何雅典人，只要成年，能够认识国家的政体和法律，如果他对我们不满，都允许他带着他的财产去他喜欢去的地方。假如你们中有人对我们和我们的国家不满，如果他选择去我们的某个殖民地，或者移民去任何国家，我们的法律都不会加以阻拦，他也不会失去他的财产。"

苏格拉底说自己是最爱国的公民，他在雅典生活了 70 多年，完全是出于自由自愿的选择。雅典从来没有用法律的形式强制他留在本国之内，而是允许公民用脚投票——不认可这个国家的制度，可以拔腿走人。

为什么不越狱？

在柏拉图的《克里同篇》中，苏格拉底自述了拒绝越狱的理由。

第一，如果逃走，放逐、剥夺公民权、没收财产的危险都会延伸到朋友的头上。

第二，如果去了宪法修明的国家，他们怎么会欢迎一个不遵守自己国家法律的逃犯呢？

第三，逃跑会证明自己罪有应得，这是在教导青年人漠视法律，“败坏青年”的指控就落实了。

第四，逃到相对野蛮的地方苟且偷生，那么，自己就无法像从前那样宣扬自己的思想，难道给那些野蛮人讲述自己乔装改扮越狱的故事吗？他们会嘲讽自己，一大把年纪、活不了几天了，还如此贪生怕死。自己客居异乡的话，会有朋友帮忙照顾自己的孩子，难道自己去另一个世界，他们就不会照顾了吗？

最后的嘱托

苏格拉底要喝毒酒的时候，在场的非常热爱苏格拉底的阿帕拉多拉斯不禁失声痛哭，并且说道：“看到您这样被不公正地处死，我感到非常难过。”苏格拉底用手摸了摸他的头，微笑着说：“亲爱的阿帕拉多拉斯，难道你希望看到我被公正地处死吗？”

苏格拉底的大智大勇乃是建立在颇具反讽意味的“自知自己无知”的基础之上的。世人则恰好相反，他们被太多（只能算作“习俗”和“偏见”的）“知识”充塞头脑，喜怒哀乐均建立其上，苏格拉底准会在内心视这个世界为“疯人院”。的确，他饮鸩待毙时的最后一句话是要求人们在他死后，给希腊的医药之神献上一只公鸡。人们疾病痊愈时要给医药之神献祭，而今，苏格拉底终于彻底摆脱了世人的疯癫之病，灵魂也卸下了所有的成见，获得了永恒的宁静。

论正义

苏格拉底对财富和正义有较为独到的看法，接下来让我们看看他有哪些见解。

挣钱的人更爱财

大凡不亲手挣钱的人，多半不贪财；亲手挣钱的才有了一文想两文。像诗人爱自己的诗篇，父母疼自己的儿女一样，挣钱者爱自己的钱财，不单是因为钱有用，还因为钱是他们自己的产品。这种人真讨厌。他们除了赞美钱财而外，别的什么也不赞美。

有钱的最大好处

对于一个通情达理的人来说，有了钱财他就用不着存心作假或不得已而骗人了。当他要到另一世界去的时候，他也就用不着为亏欠了神的祭品和人的债务而心惊胆战了。在苏格拉底看来，有钱固然有种种好处，但比较起来，对于一个明白事理的人来说，上面所讲的好处才是他最大的好处。

正义是欠债还钱?

我们通常认为欠债还钱就是正义，但是，假如你有个朋友，在头脑清楚的时候曾经把武器交给你，但后来他疯了，再跟你要回去，任何人都会说不能还给他。如果还给了他，那倒是不正义的。

因为朋友之间应该与人为善，不应该与人为恶。如果把钱归还原主，对收方或还方是有害的，这就不算是还债了。正义就是给每个人以恰如其分的报答，这才是真正的“还债”。据此，正义就是“把善给予友人，把恶给予敌人”。

正义者在平时毫无用处?

在友人生病的时候，医生能把善给予朋友；当航海遇到了急风险浪的时候，舵手能把善给予朋友。那么，正义的人在什么行动中，在什么目的之下，最能利友而害敌呢？应该是在战争中联友而攻敌的时候。

然而，当人们不航海的时候，舵手是无用的；当人们不害病的时候，医生是毫无用处的；那么，不打仗的时候，正义的人岂不也是毫无用处的？

正义者在合伙关系中也毫无用处?

如果正义在日常生活中也有用，那就应该是在订合同立契约这些事情上，即在合伙关系中。然而，下棋的时候，一个好而有用的伙伴，是下棋能手而不是正义之人；在砌砖盖瓦的事情上，与瓦匠合作显然比同正义之人合作更有用；奏乐的时候，琴师是比正义者更好的伙伴。

正义只在保管财物时有用?

在合伙关系中，正义发挥作用，主要是在保管金钱财物之时。

当你保管修枝刀的时候，正义于公于私都是有用的；但是当你用刀来整枝的时候，花匠的技术就更有用了。当你保管盾和琴的时候，正义是有用的，但是利用它们的时候，军人和琴师的技术就更有用了。

这么说，所有的事物统统都是这样的吗?——它们有用，正义就无用，它们无用，正义就有用了?

正义之人最擅长偷窃?

苏格拉底说,让我们换个路子来讨论这个问题吧!打架的时候，无论是动拳头，还是使家伙，最善于攻击的人也最善于防守。同理,善于预防或避免疾病的人,也就是善于造成疾病的人。善于防守阵地的人，也是善于偷袭的人，对被保护的东西而言，好的看守人也是高明的小偷。那么，一个正义的人，只要善于管钱，也就善于偷钱咯?

这就像是说：不会做假账的会计不是好会计!

正义是助友害敌?

如果正义就是“把善给予友人，把恶给予敌人”，那就等于承认,正义是对人有害的,即便它对敌人有害。

苏格拉底接着分析，马受伤是马之为马变坏了；狗受伤是狗之为狗变坏了；人受了伤害，就是人之为人变坏了，即人的德性变坏了。当然，人的德性有亏也就变得更不正义，这一点毋庸置疑。

如果正义就是“助友害敌”，被伤害的人因此而变坏，变得不正义，这会导致自相矛盾。因为这等于说正义会导致不正义。

苏格拉底继续说，音乐家不会用他的音乐技术使人不懂音乐；骑手不会用他的骑术使人变成更不会骑马的人；那么，正义的人也不会用他的正义使人变得不正义。正如制冷不是热的功能，而是和热相反的事物的功能；增湿不是干燥的功能，而是和干燥相反的事物的功能；伤害人不是好人的功能，而是和好人相反的人的功能。

正义的人能伤害人（害敌），那么，正义的人就不是好人了吗？

一论“正义是强者的利益”

这时候，色拉叙马霍斯加入了关于何谓“正义”的讨论，他明确提出：“正义是强者的利益。”他的论述如下：

政府是每一城邦的统治者，每一个统治者都制定对自己有利的法律，平民政府制定民主法律，独裁政府制定独裁法律，依此类推。他们制定了法律明告大家：凡是对政府有利的对百姓就是正义的；谁不遵守，他就有违法之罪，又有不正义之名。因此，我的意思是，在任何国家里，所谓正义就是当时政府的利益。政府当然有权，所以唯一合理的结论应该是不管在什么地方，正义就是强者的利益。

一驳“正义是强者的利益”

苏格拉底对色拉叙马霍斯的说法提出了质疑：

各国统治者是一贯正确呢，还是难免也犯点错误？他们不是神，也不是圣贤，在他们立法的时候，有些法立对了，难免有些法反而立错了。所谓立对的法是对他们自己有利的，所谓立错了的法是对他们不利的。假如不管他们立的是什么法，人民都得遵守，这是你色拉叙马霍斯所谓的正义。那么，不但遵守对强者有利的法是正义，连遵守对强者不利的法也是正义了。

当统治者向老百姓发号施令的时候，有时候也会犯错误，但老百姓却必得听他们的号令，因为这样才算正义。结果呢，这所谓的正义反倒违背了强者的利益呀！

二论“正义是强者的利益”

色拉叙马霍斯说，苏格拉底，你真是个诡辩家。医生治病有错误，你是不是正因为他看错了病称他为医生？或如会计师算账有错，你是不是在他算错了账的时候，正因为他算错了账才称他为会计师呢？不是的。这是一种马虎的说法，他们有错误，我们也称他们为某医生、某会计，或某作家。实际上，如果名副其实，他们都是不得有错的。须知，知识不够才犯错误。错到什么程度，他和自己的称号就不相称到什么程度。

工匠、贤哲如此，统治者也是这样。统治者真是统治者的时候，是没有错误的，他总是定出对自己最有利的种种办法，叫老百姓照办。所以像我一上来就说过的，现在再说还是这句话——正义是强者的利益。

二驳“正义是强者的利益”

苏格拉底认为，一个医生不是因为挣到了钱才被称为医生，而是因为他有治病救人的技术；一个船长并不是因为他在船上才被称为船长，而是因为他有自己的技术，能领导水手们。每种技艺都有自己的利益，每一种技艺的天然目的就在于寻求和提供这种利益。

然而，医术所寻求的不是医术自己的利益，而是对人体的利益；骑术也不是为了骑术本身的利益，而是为了马的利益。既然技艺不需要别的，任何技艺都不是为了它本身，而只是为它的对象服务。技艺是支配它的对象，统治它的对象的。一个真正的医生是支配人体的，而不是赚钱的；船长不是一个普通的水手，他要照顾的不是自己的利益，而是他手下水手们的利益。

如此说来，在任何政府里，一个统治者，当他是统治者的时候，他不能只顾自己的利益而不顾老百姓的利益，他的一言一行都是为了老百姓的利益。

三论“正义是强者的利益”

色拉叙马霍斯说，苏格拉底呀，在你的想象中，牧羊或牧牛的人把牛羊喂得又肥又壮是为牛羊的利益，而不是为他们自己或者他们主人的利益。你更以为各国的统治者当他们真正是统治者的时候，并不把自己的人民当作上面所说的牛羊；你并不认为他们日夜操心，是专为他们自己的利益。你离了解正义不正义，正义的人和不正义的人简直还差十万八千里。因为你居然不了解：正义也好，正义的人也好，反正谁是强者，谁统治，它就为谁效劳，而不是为那些吃苦受罪的老百姓和受使唤的人效劳。

不正义正相反，专为管束那些老实正义的好人而存在。老百姓给当官的效劳，用自己的劳动来使当官的快活，他们自己却一无所得。头脑简单的苏格拉底啊，难道你不该好好想想吗？正义的人跟不正义的人相比，总是处处吃亏。先拿做生意来说吧。正义者和不正义者合伙经营，到分红的时候，从来没见过正义的人多分到一点，他总是少分到一点。再看办公事吧。交税的时候，两个人收入相等，总是正义的人交得多，不正义的人交得少。等到有钱可拿，总是正义的人分文不得，不正义的人来个一扫而空。

要是担任了公职，正义的人就算没有别的损失，他自己私人的事业也会因为无暇顾及，而弄得一团糟。他秉持正义，不肯损公肥私，不肯徇私情、干坏事，也得罪亲朋好友。而不正义的人恰好处处相反。我现在要讲的就是刚才所说的那种有本事捞大油水的人。

如果举极端的例子，你就更容易明白了：最不正义的人就是最快乐的人；不愿意为非作歹的人也就是最苦恼的人。极端的不正义就是大窃国者的暴政，把别人的东西，不论是神圣的还是普通人的，是公家的还是私人的，都肆无忌惮巧取豪夺。平常人犯了错误，查出来以后，不但要受罚，而且名誉扫地，被人家认为大逆不道，当作强盗、拐子、诈骗犯、扒手。但是那些不仅掠夺人民的钱财，而且剥夺人民的身体和自由的人，不但没有恶名，反而被认为有福。受他们统治的人这么说，所有听到他们干那些不正义勾当的人也这么说。一般人之所以谴责不正义，并不是因为怕做不正义的事，而是因为怕吃不正义的亏。所以，苏格拉底，不正义的事只要干得大，是比正义更有利、更如意、更气派的。所以像我一上来就说的：正义是为强者的利益服务的，而不正义对个人有好处、有利益。

三驳“正义是强者的利益”

苏格拉底说，色拉叙马霍斯，你觉得只要把羊喂饱，就算是牧羊人，并不需要为羊群着想。他像个好吃鬼一样，一心只想到羊肉的美味，或者像贩子一样，想的只是从羊身上赚钱。

你以为那些真正治理城邦的人，都很乐意干这种差事吗？没有一种技艺或统治术，是为它本身的利益的，而是像我们已经讲过的，一切营运部署都是为了对象（弱者），求取对象的利益，而不是求取强者的利益。所以我刚才说，没有人甘愿充当一个治人者去揽人家的是非。做了统治者，他就要报酬，因为在治理技术范围内，他竭尽全力工作，都不是为自己，而是为他所治理的对象。所以要人家愿意承担这种工作，就该给报酬，或者给名，或者给利；如果他不愿意干，就给予惩罚。

因为，好人通常不肯为名为利来当官。他们不肯为了职务公开拿钱被人当用人看待，更不肯假公济私、暗中舞弊，被人当作小偷。名誉也不能动其心，因为他们并没有野心。于是要他们愿意当官就只得用惩罚来强制了。这就怪不得大家看不起那些没有受到强迫，就自己想要当官的人。但最大的惩罚还是你不去管人，却让比你坏的人来管你了。我想象，好人怕这个惩罚，所以勉强出来。他们不是为了自己的荣华富贵，而是迫不得已，实在找不到比他们更好的或同样好的人来担当。假如全国都是好人，大家会争着不当官，像现在大家争着要当官一样热烈。那时候才会看得出来，一个真正的治国者追求的不是他自己的利益，而是老百姓的利益。所以有识之士宁可受人之惠，也不愿多管闲事加惠于人。因此我绝对不能同意色拉叙马霍斯那个“正义是强者的利益”的说法。

论“正义之人又笨又坏”

色拉叙马霍斯指出，不正义对人有利，而正义行为常常对自己有害；不义之人聪明机敏，而正义之人又笨又坏。“至少那些能够征服许多城邦、许多人民的极端不正义者是如此。你或许以为我所说的不正义者指的是一些偷鸡摸狗之徒。不过即便是小偷小摸之徒，只要不被逮住，也自有其利益，虽然不能跟我刚才讲的窃国大盗相比。”

在苏格拉底的一连串追问下，色拉叙马霍斯承认，正义之人不喜欢争雄好强，因此并不想胜过其他正义之人，而只想胜过不义之人；不义之人相反，不仅想胜过正义之人，也想胜过不义之人。总之，色拉叙马霍斯承认：正义之人只想胜过异类，而不义之人则既要胜过同类，也要胜过异类。

驳“正义之人又笨又坏”

苏格拉底继续说道，一个音乐家在调弦定音的时候，在琴弦的松紧方面，通常不会想着胜过别的音乐家，但他必定想要超过一个不是音乐家的人；医生在给病人规定饮食方面，通常并没有留意要胜过别的医生及其医术，但他肯定想胜过一个不是医生的人。

知识与愚昧相比，当然是好的。有知识的人是聪明，聪明人也因此是好人，然而，既好又聪明的人——比如音乐家和医生——并没有想胜过同类。反而那些无知识的人，既想胜过有知识之人，也想胜过与自己同样无知的人。也就是说，与又好又聪明的人相比，又坏又笨的人，既想胜过同类，也想胜过异类。

此前，色拉叙马霍斯已经承认，不义之人的特点是“既想胜过同类，也想胜过异类”，而今，具有这种特点的不义之人，恰好就是又笨又坏的人。

当色拉叙马霍斯发现自己被苏格拉底诱入了自相矛盾的陷阱中时，虽然继续负隅顽抗，但满脸通红、大汗淋漓。

彻底的不义连像样的坏事都干不成

色拉叙马霍斯已经基本失去了战斗力，而苏格拉底在证明“正义是智慧与善，而不正义是愚昧无知”之后，主动站到色拉叙马霍斯的立场上，并提出了问题，他说：“世界上有不讲正义的城邦，用很不正义的手段去征服别的城邦，居然把许多城邦都置于自己的奴役之下。

“然而，一个城邦，或者一支军队，或者一伙盗贼，或者任何集团，想要共同做违背正义的事，如果彼此相处毫无正义，他们就会陷入分裂、仇恨和争斗之中。相反，正义使他们友好、和谐。不论在国家、家庭、军队或者任何团体里面，不正义首先使他们不能一致行动，其次使他们自己彼此为敌，跟对立宗派为敌，并且也跟正义的人们为敌。

“我们看到正义的人的确更聪明能干、更好，而不正义的人根本不能合作……他们残害敌人，而不至于自相残杀，还是因为他们之间多少还有点正义。就凭这么一点儿正义，才使他们做事好歹有点成果；而他们之间的不正义对他们的作恶也有相当的妨碍。因为绝对不正义的真正坏人，绝对做不出任何事情来。”

正义是灵魂的德性

最后，苏格拉底说：每一事物，凡有一种功能，必有一种特定的德性，比如服牛乘马、目视耳听，都是不能紊乱的。耳朵发挥其听力，就是善；相反，耳朵丧失了听力，就不成其为耳朵，因此就是恶。

那么，心灵的德性是什么？曰正义！正义的心灵是良善的，而不正义的心灵是邪恶的。一个人受到坏心灵的指导和管理，人生一定不幸福；而好心灵指导下的人生，一定充满了欢乐。所以，正义者是快乐的，不正义者是痛苦的。

论虔敬

起诉父亲犯谋杀罪

苏格拉底被人以不敬神的罪名起诉，刚从法庭走出来，就碰到了年轻人欧绪弗洛。交谈中苏格拉底得知欧绪弗洛要控告自己的父亲犯了谋杀罪。欧绪弗洛坚信自己的做法是真正的“虔敬”神明的行为。

他告诉苏格拉底说：“死者是我家的一名雇工，我们在那克索斯开垦土地时他在农场里干活。有一天，他喝醉了酒，与我们的一名家奴发生争执，盛怒之下割断了家奴的喉咙，而我的父亲把这名雇工捆绑起来扔在沟渠里，然后派人去雅典问巫师该怎么处置这个杀人凶手。由于那个被捆绑起来的人是个杀人凶手，哪怕死了也没有什么大不了的，因此我的父亲一点也不在意。结果，饥寒交迫，再加上手足皆被捆绑，在派去雅典的人回来之前他就一命呜呼了。我控告我父亲杀人，但是我父亲和其他亲属对我怀恨在心。他们说我父亲没有杀那个人，被杀的那个人自己是个杀人犯，对这样的人不需要多加考虑，但是我父亲确实杀了人。他们说儿子控告父亲是不虔敬的，就像杀人一样。”

虔敬神明 VS 亲亲相隐

欧绪弗洛认为，对亲人的爱护之情应该置于国家的法律之下，“如果你的亲属犯了杀人罪而你不去告发他，那么你们的罪过相同，不仅不能洗脱你自己的，而且也不能洗涤他的罪过”。这让我们想起《论语·子路》中的一段话。叶公沈诸梁告诉孔子说，我们的乡邻中有很正直的人，父亲偷了人家的羊，儿子出面做证，进行揭发。孔子回答说，在我们家乡，“正直”并非是这样的，父亲偷了羊的话，儿子替父亲隐匿；儿子偷了羊的话，父亲替儿子隐匿，这才叫“正直”。

当家庭亲情和国家司法出现冲突的时候，应该选择哪一方？儒家选择了私情。一直到了孟子的时候，有人问孟子，大舜不是以孝闻名于天下吗？如果舜的父亲瞽叟杀了人，舜应该怎么办？孟子回答说："天子都不当了，背着父亲逃亡海外。"

到了公元2002年，复旦大学教授刘清平在《哲学研究》上发表了一篇《美德还是腐败？——析〈孟子〉中有关舜的两个案例》，指出儒家有滋生腐败的负面效应。此文一石激起千层浪，支持刘清平的邓晓芒教授出版了《儒家伦理新批判》一书，而维护儒家传统伦理观的儒生，以郭齐勇教授为首领，出版了论战文集《〈儒家伦理新批判〉之批判》。儒家"亲亲相隐"的伦理属于私人领域的私德，而法治精神是必须延伸到公共领域的。从学理上讲，"亲亲相隐"有违法治精神。然而，网络上有人提议将刘清平教授驱逐出复旦大学。可见，即便是到了21世纪，质疑根深蒂固的观念，依然会遭受来自传统势力的极大的冲击。诚如罗素所言："人们对思想的恐惧甚于对其他一切的恐惧，甚于破产，甚至超过对死亡的恐惧。思想具有颠覆性、革命性、破坏性，会引起可怕的后果，思想对权势、对既定的制度和令人安逸的旧习惯毫不留情。”

叶公沈诸梁提出了何谓“直”的问题，而欧绪弗洛则标榜自己知道何谓“虔敬”。

苏格拉底听到之后非常激动，真诚地（而非故意挖苦）请教欧绪弗洛，愿意做他的学生。因为，苏格拉底被人以“不虔敬”为罪名起诉，如果他是欧绪弗洛——这个深明“虔敬”真义的专家——的弟子，那么，“不虔敬”之罪就难以成立了。苏格拉底说：“我可以说，来吧，美勒托，如果你认同欧绪弗洛拥有这方面的智慧,那么你就必须承认我也拥有真正的信仰，你一定不能起诉我。如果你不愿放弃，那么你必须控告我的老师，而不是控告我。你应当控告他腐蚀老人。”

“腐蚀老人”显然是在讽刺“腐蚀青年”的说法，因为苏格拉底同时被人指控“腐蚀青年”之罪。

宙斯也曾绑缚父亲

苏格拉底想要的是对“虔敬”的定义，这个定义应该在所有具体的虔敬行为中具有普遍性和内在的一致性，然而，欧绪弗洛从直观出发，给出的不是一个定义，而是一个实例。

欧绪弗洛说：“我认为所谓虔敬就是像我现在所做的这种事，起诉杀人犯或偷窃圣物的盗贼，或类似的罪犯，无论犯罪的是你的父母，还是其他人。不控告他们就是不虔敬。正确的法律程序一定不能宽容那些不虔敬的人，无论他是谁。人类不是相信宙斯是诸神中最杰出、最公正的神吗？他们不也承认，宙斯把自己的父亲（克洛诺斯）用铁链捆绑起来过吗？因为这个父亲不公正地吞食了其他儿子，而克洛诺斯也曾由于同样的理由阉割了他的父亲（乌拉诺斯）。但是这些人现在却对我发火，因为我控告我父亲的罪恶，所以他们自相矛盾，对诸神是一种说法，对我又是另一种说法。”

虔敬是诸神一致喜悦的行为

问题是，神之间会发生战争、仇杀、殴斗，有些神把一件事当作正确的，而有些神把另一件事当作正确的，在高尚与卑鄙、善与恶的问题上也同样存有矛盾。每个神喜欢的是他认为高尚的、善的、公正的事物，与之相反的东西是他痛恨的，诸神因此产生争执，发生战争。

苏格拉底说："如此看来，欧绪弗洛，如果你现在要做的惩罚你父亲的事使宙斯喜悦而使克洛诺斯和乌拉诺斯痛恨，赫淮斯托斯对此表示欢迎，赫拉对此表示厌恶，那么就一点儿也不奇怪了。"

无奈之下，欧绪弗洛不得不对"虔敬"的界定进一步修正，认为令诸神"一致"喜悦的事情就是虔敬的行为，凡是不能令诸神"一致"喜悦的，就是不虔敬的。这个界定的问题在于"诸神喜悦"≑"行为虔敬"，即两者之间是循环关系，这是一个互为因果的循环论证。我们知道，循环论证对于澄清问题而言，并没有任何实质性的贡献。

打破循环论证

苏格拉底何许人也？他一眼就看出了问题的所在，因此，并没有继续在“诸神之间无法达成一致”这一现象上徘徊，而是就“诸神喜悦⇌行为虔敬”这个循环进行破解，他要弄明白哪一方是主动的，哪一方是被动的。

于是苏格拉底说：“并不是因为有事物被看见才有某事物在看它，而是正好相反，由于某事物看它，因此它才被看见……每当有一种效果产生，或某事物受到影响，效果都不是由受到影响的事物产生的，而是先有原因，然后才产生效果。”同理，在“诸神喜悦⇌行为虔敬”的问题上，是“由于该事物是虔敬的所以它被神喜爱，而不是因为它被神喜爱所以才是虔敬的”。这里的主动和被动关系可以表示为：“行为虔敬→诸神喜悦”。

基于同样的逻辑，苏格拉底指出：“另一方面，该事物被爱和被神喜欢正是因为神爱它。”也就是说，这个关系中，神是主动的，而事物是被动的；就如同观看者是主动的，而被观看的事物是被动的一样。于是问题出现了，即“诸神喜爱的东西与虔敬的东西不是一回事……虔敬的东西与诸神喜爱的东西也不一样。它们是两种不同的事物”。

在主动和被动关系中，主动方掌控着局势，因此，在“行为虔敬→诸神喜悦”的关系中，只要一个人的行为虔敬，则诸神就喜悦，诸神是被动的。另一方面，诸神喜爱一个对象，那么这个对象就是被动的，而诸神则是主动的。

结果有点惊悚：如果“行为虔敬”必然导致“诸神喜悦”，则“行为虔敬”被包含在“诸神喜悦”的事物之内，即“行为虔敬”⊂“诸神喜悦”的事物。这就等于说，让诸神喜悦的，未必就是虔敬的行为；我们甚至可以说，那些渎神的言行，也同样可能是诸神所喜悦的。

虔敬与正义的包含关系

问题讨论到这里，再次进入了无话可说的死胡同。接下来，苏格拉底就把“正义”引进了讨论之中。

如果一切正义的行为都是虔敬的行为，那么“行为正义”⊂“行为虔敬”。这并不难理解，比如，凡是奇数，都必然是数字，那么“奇数”⊂“数字”。如果“行为正义”果真被包含在“行为虔敬”之中，这就意味着，人们的一些行为虽然是不正义的（比如去杀人放火），却可能是虔敬的，因此就是蒙神喜悦的。另一方面，如果一切虔敬的行为都是正义的行为，那么“虔敬行为”⊂“正义行为”，这就意味着，人们的一些行为虽然是不虔敬的，但却可能属于正义的范畴。

无论出现上述哪种情况，只要“正义”与“虔敬”没有完全重合，苏格拉底就可以为自己受到的指控进行辩护。苏格拉底的确说：“那么请试着用这种方式告诉我，在正义的范畴里什么是虔敬，这样我们就能告诫美勒托，让他停止对我作恶，放弃用不虔敬的罪名起诉我。”

虔敬是对诸神的侍奉

欧绪弗洛显然完全没有跟上苏格拉底的思路，他只是被苏格拉底口中发出的词语牵着鼻子走，面对“在正义的范畴里什么是虔敬”这样的问题，他像一只顺竿爬的猴子一样，回答：“我认为在正义的范畴里虔诚和虔敬与人对诸神的侍奉有关，其余的与人对人的侍奉有关。”

苏格拉底开始分析“侍奉”的确切含义，他说：“我假定你所说的对诸神的侍奉并不像众所周知的照料马匹这样的事。”一切照料和侍奉的目标是相同的。人们所做的照料就是为被侍奉的对象提供好处和福益。比如，马如何在牧马人的专业照料下得到益处，变得更好；猎犬因猎人的技艺而得益。“那么，心怀虔敬地侍奉诸神，其目的也是为了使诸神得益，使他们变得更好，对吗？那你也会问，当你做了一件虔敬的事时，你就使某些神变得更好了吗？”

这结论当然违背了常识和礼俗，欧绪弗洛指天誓日，说自己绝不敢这样说，自己只是承认了苏格拉底对“侍奉”的第二层解读，即“这种侍奉就像奴隶对他们的主人”。苏格拉底进一步追问，人们享用医生的“侍奉”得到健康，享用建筑师的“侍奉”得到房子，享用农民的“侍奉”得到食物，那么，诸神享用了人们的“侍奉”将会得到什么？

欧绪弗洛回答说：“如果有人知道在祈祷和献祭时怎样说和怎样做才能令诸神喜欢，那他就是虔敬的，这样的行为能使家庭生活和国家利益得到保全。而与此相反的、不能使诸神喜悦的行为则是不虔敬的，会使一切遭到毁灭。”

然而，什么是虔敬呢？苏格拉底说：“献祭就是把东西送给诸神，而祈祷不就是恳求他们恩赐吗？”“照这种推论，虔敬是一门向诸神乞讨和给予的学问。”也就是说，“虔敬就是一门诸神与凡人之间相互交易的技术。”欧绪弗洛像捞着救命稻草一般，立即接受了对于“虔敬”的这种新的界定。

虔敬是凡人与诸神的交易技术

如果虔敬是诸神与凡人之间相互交易的技术，那么，交易的东西就必须对彼此双方有用，否则就没有相互交易的必要。把对方并不需要的东西送给对方，那就算不上是礼物。在这场凡人与诸神的交易之中，凡人得到了和平与利益，那么诸神得到了什么呢？

欧绪弗洛说，诸神得到了荣耀和世人的崇拜，还有人们的善意。苏格拉底紧追不放，接着问道："那么，欧绪弗洛，虔敬使他们喜悦，而不是对他们有用，也不是被他们热爱，对吗？"

欧绪弗洛回答："我相信使他们喜悦的东西就是他们热爱的东西。"

这一回答又把整个讨论直接带回到了起点：虔敬行为是使诸神喜悦的，令诸神喜悦的是虔敬的行为，因此就重新陷入了"诸神喜悦⇌行为虔敬"的循环论证之中。苏格拉底说："你没发现我们的论证转了一大圈又回到它原来的起点上了吗？你肯定没有忘记我们在前面论证的虔敬和令神喜悦不是一回事，它们是不同的。你还记得起来吗？”

对着远去的背影呼喊

至此，欧绪弗洛已经对虔敬下过三次定义：①虔敬是使诸神一致喜悦的行为；②虔敬是对诸神的侍奉；③虔敬是凡人与诸神之间的相互交易的技术。经过一番讨论和辨析之后，欧绪弗洛发现自己进退维谷，原本豪气干云，决心以“谋杀罪”把老爹告上法庭，以实现内心的虔敬和维护世间的正义，而今，却发现自己对于“虔敬”几乎一无所知。

苏格拉底又道：“如果你对什么是虔敬，什么是不虔敬没有真知灼见，就为了一名雇工而去告你年迈的父亲杀人是不可思议的。你会感到害怕，担心自己做错了会引起诸神的愤怒，当然，你也会害怕人们的非议。但是现在我敢肯定，你一定认为自己完全理解什么是虔敬，什么是不虔敬。所以告诉我你的想法吧，无与伦比的欧绪弗洛，别再对我隐瞒了。”

此时欧绪弗洛哪里还有脸继续讨论！于是对苏格拉底说："来日方长，下次再说吧，苏格拉底，我有急事，现在就得走。"

对着欧绪弗洛远去的背影，苏格拉底高声喊道："你这是在干什么，我的朋友？我抱着满腔热情想要从你这里学到什么是虔敬，什么是不虔敬，以便能够逃脱美勒托的控告，而你却把我扔下不管了……你走了，我的希望全都落空了。"

阿里斯多芬笔下的苏格拉底

三个苏格拉底

在色诺芬、阿里斯多芬和柏拉图的笔下，出现了三个苏格拉底的形象。色诺芬笔下的苏格拉底是温文尔雅的智慧老人形象，色诺芬着重描述的是苏格拉底的生活；相对而言，阿里斯多芬笔下的苏格拉底，滑稽而夸诞，这也许代表了当时一部分雅典人心目中的苏格拉底形象；而柏拉图笔下的苏格拉底，则是一个崇尚思辨的哲学家形象。

色诺芬笔下的苏格拉底俨然一个冷静的导师，在最普通的事情上也诲人不倦，当然也是一位日常道德和宗教实践的楷模。而根据柏拉图的记载，苏格拉底是一位反对教条，甚至有些怀疑论倾向的道德哲学家，他检省并揭露别人对智慧的矜夸，又否认自己在教导什么，还主张一些非传统的，甚至悖论式的观点，如“自知自己无知”“无人故意犯错”等。

阿里斯多芬笔下的苏格拉底主要出现在戏剧作品《云》之中，苏格拉底作为作品中的主角，是一位智者派的自然哲学家，只要有人付费，就教人如何把无力的论证变得有力，而且还否认诸神存在这一普遍观点。很明显，在阿里斯多芬的戏剧作品中，苏格拉底有被夸张、被丑化的成分。但也必须承认，阿里斯多芬是一个目光敏锐的思想者，他看到了苏格拉底冷静思辨背后所具有的对传统习俗的冲击力和颠覆作用，甚至预言了苏格拉底的结局。尼采曾说，柏拉图不看自己的作品，睡觉时脑门下枕的是阿里斯多芬的喜剧。能够受到柏拉图的重视，也说明阿里斯多芬不是浅薄的、一味以插科打诨吸引读者的作家。

在柏拉图的对话录中，除《法律篇》等少数篇章外，大部分都是以苏格拉底为主角的。这就很难将苏格拉底的思想和柏拉图本人的思想区分开来。根据学者的考证，一般把柏拉图的对话录分为三组，即早期作品、中期作品和晚期作品，其中早期作品中所记述的思想基本上是忠实于苏格拉底的哲学的。这些早期的对话录包括：《申辩篇》《克里同篇》《欧绪德谟篇》《欧绪弗洛篇》《高尔吉亚篇》《普罗塔哥拉篇》《拉凯斯篇》《大希庇亚篇》《小希庇亚篇》《国家篇》第一卷等。这也是我们研读苏格拉底哲学思想的主要参考资料。

我们先来看看阿里斯多芬笔下的苏格拉底。值得一提的是，据说苏格拉底本人在现场观看了《云》的演出，看到那些讽刺自己的内容，不禁愀然变色。

正邪两路

雅典人斯瑞西阿德斯的儿子斐狄庇得斯算是个提笼架鸟的纨绔子弟，他蓄着长发，喜欢赛车赛马，连做梦梦见的都是马。这就把勤俭持家的斯瑞西阿德斯搞得债务缠身，他彻夜难眠，思考着如何“赖账”。比如他吆喝着要仆人点灯的时候，仆人回答橄榄油已经用完，他就鞭打这个仆人，批评他平日里用的灯芯太粗了。为了赖账，斯瑞西阿德斯还幻想让巫婆教会他巫术，然后用巫术把月亮装进盒子里，因为借贷是按月计算的，他认为只要月亮不出来，就不用还债了。

斯瑞西阿德斯听说苏格拉底开了一个“思想所”，专门教人辩论，并教人正邪两个套路的辩论方法，就打算让儿子斐狄庇得斯去学习。斯瑞西阿德斯说：“听说他们有两种逻辑，其中一种叫作正直的逻辑，还有一种叫作歪曲的逻辑，歪曲的逻辑就是用强词夺理来取胜。如果你学得了这种无理取闹的逻辑，欠下的债务就一个奥波勒斯也不用还。”但他儿子看不上苏格拉底这类人，认为苏格拉底和他的弟子凯瑞丰是“下流的东西”，是“面孔苍白、光着脚丫儿的无赖汉”。无奈之下，斯瑞西阿德斯只好亲自去“思想所”学习。

跳蚤和蚊子

刚走进“思想所”，斯瑞西阿德斯就碰上苏格拉底的两个弟子，他们吹嘘苏格拉底知识广博，几乎无所不知。

比如有一次，一只跳蚤咬了凯瑞丰的眉毛，再跳到苏格拉底头上。于是苏格拉底就问凯瑞丰："这虫子所跳的距离是它脚长的多少倍？"这该如何计算啊？苏格拉底熔化了一块黄蜡，捉住那跳蚤，把它的双脚浸在蜡里，等蜡冷却后，那上面便形成了一双足印，再把足印刮下来测量距离。

斯瑞西阿德斯听后，大呼绝妙。

还有一次，凯瑞丰问苏格拉底，长腿蚊子嗡嗡作响，那声音是从嘴里发出的，还是从尾部发出的？苏格拉底说，蚊子的肠管是细长的，空气用力从这细管里通过，直达尾部，于是那连着细管的空屁股便借风力响了起来。

斯瑞西阿德斯听后惊呼，那蚊子岂不就像一个大喇叭吗？

斯瑞西阿德斯相信，让苏格拉底这样博学的人教自己诡辩，肯定能够在法庭上颠倒黑白，无理也变得有理。

悬空而坐

接着，斯瑞西阿德斯见到了苏格拉底。只见苏格拉底“坐在吊筐里”，上不沾天、下不接地，可谓横空出世。当斯瑞西阿德斯呼唤苏格拉底的时候，苏格拉底答道：“朝生暮死的人啊，你叫我做什么？”

斯瑞西阿德斯问他为什么把自己吊得那么高。苏格拉底回答：“我在空中行走，在逼视太阳。”并且自述：“如果我不把我的心思悬在空中，不把我浅薄的思想混进这同样浅薄的空气里，我便不能正确地窥探这天空中的物体。如果我站在地面寻找天上的神奇，就寻不着什么,因为土地会用力吸去我们思想的精液，就像水芹菜吸水一样。”

哲学家总是关注天上的事物，而忽视了脚下的土地；当思想飞向天际的时候，人的双脚距离地面越来越远，这大概就是阿里斯多芬所设计的苏格拉底的形象所要表达的意思。在那幅著名的《苏格拉底之死》的油画中，苏格拉底的手依然指向天空。后来的德国哲学家尼采对苏格拉底极尽讽刺挖苦，视苏格拉底为希腊的精神和生命力衰败的象征。尼采推崇的超人是“大地的意义”，有意与“天空”相对而言。

变幻莫测的云神

当歌唱队载歌载舞的女郎上台后，苏格拉底向斯瑞西阿德斯介绍说：“她们是天上的云，是闲情游惰人士的至大的神明，我们的聪明才智、诡辩以及欺诈奸邪全都由她们赋予。”云朵形态不定、行迹不定，变化莫测，于是苏格拉底说：“你不曾望见天上的云像人头马、像豹子、像狼、像牛吗？”

云神就像苏格拉底的辩论，总是让他的对手如堕五里雾中。因此，“她们喂着一些先知、诡辩家、天文学者、江湖医士和蓄着轻飘的长发且戴着碧玉戒指的花花公子以及写酒神颂歌的假诗人——这便是云神养着的游惰的人，只因为他们善于歌颂云”。

这个莫名其妙的云神，象征着苏格拉底对希腊人传统信仰的颠覆。“她们载满了雨水，负重运行，并被一种自然的力量悬挂在空中，因此她们在下降的时候，载着沉重雨水的部分就互相撞击，从而发出了雷声。”雷声并不是来自众神之王宙斯，而是来自大自然的声音。从这个角度讲，云神也象征着哲学家们五花八门的自然哲学。

概念分析法

斯瑞西阿德斯从苏格拉底那里学到的第一个本领是对词语的精细辨析。当斯瑞西阿德斯称“鸡”为“鸡”的时候，苏格拉底提醒他：所有的鸡是否都是一样的？有关动物的名词是区分阴性和阳性的，不能不加区分都叫作“鸡”。应该叫阳性的为“鸡公”（公鸡），而阴性的叫“鸡婆”（母鸡）。哪怕是“和面盆”，也要注意它的阴阳性。

斯瑞西阿德斯因老迈而记性不好，没有学到苏格拉底所教的全部内容，最后只好恳求儿子前来学习。即便如此，他也增长了不少本领。当后来有人向他要账催债的时候，他就当面羞辱逼债者连“鸡公”“鸡婆”都不分，还有脸面放债收息。

阿里斯多芬的讥讽不无道理，概念一旦被层层解析，最终就烟消云散，什么都没有剩下了。比如“快乐”这样简单的名词，平日里所有人都认为自己很容易感受和理解“快乐”。然而，依照苏格拉底的思路，可以进行以下分析：快乐是指一个事件的过程本身，还是指事件最终的结果；是指主体的情绪状态，还是指外物具有的能力；是来源于肉体刺激，还是产生于精神活动……经过一番分析之后，你将发现：自己居然不知道什么是“快乐”了！

什么是辩证法？英语叫 dialectics，也就是两个人进行对话的意思。而对概念进行一分为二的分析，是苏格拉底辩证法的精髓。比如，柏拉图在《智者篇》中就使用过这种二分法给“智者”下定义。

“思想所”的教学内容

斯瑞西阿德斯终于把儿子斐狄庇得斯带到了“思想所”，让他向苏格拉底学习，并且向苏格拉底嘱托：“只请你记住，他一定得驳倒一切正义的理由。”而苏格拉底的教学内容，首先是让斐狄庇得斯见识正反两种逻辑，甲方代表传统的旧道德，而乙方代表批判旧道德的新道德。

甲方以正义自居，认为可以轻易消灭乙方；而乙方自信可以立于不败之地，并宣称“我是逻辑”！甲方相信正义行遍天下，但乙方说正义根本不存在，哪怕在天神那里也不存在。“如果正义存在的话，那束缚父亲的宙斯怎么没有被判死刑呢？”不知道阿里斯多芬的《云》上演时，苏格拉底是否已经遭遇最终审判前的指控。据柏拉图的《欧绪弗洛篇》记载，苏格拉底从法庭中出来，碰上了状告父亲杀人之罪的欧绪弗洛，他们在交谈中，的确谈到过宙斯绑缚父亲的事情。

甲方维护传统的道德，谈到“旧时代所制定的教育：在那个时代我很成功地传授正直的德行，人人都遵守贞洁、谨慎、廉耻和节制。首先，孩子们不许说话只许听；即使在大雪天，同区的学生也只穿着贴身衣集合得整整齐齐，一同穿过大街前往乐师家里”。那时候的人们，“看见羞耻的事情便会红脸……知道孝敬父母，看见尊长前来便起身让座……不到舞女那里去，怕的是一旦见了那些妓女，她们就会用苹果（暗喻招惹麻烦的‘爱情’）来打人，那样会破坏名誉”。

但是乙方讽刺说，这样的孩子只能叫“妈宝男”“小乖乖”。“年轻人，你想想节欲有什么意义，你不能享受一切快乐：没有娈童、女人，没有酒肉、欢笑，缺少了这些乐趣，你的生命还有什么价值？我还要从这儿谈到人性里的情欲问题：譬如说你偶然失足，同什么妇人发生了私情，犯了奸淫的罪过，叫人家捉住了,那时候倘若你一句话也不会说,可就糟了！”所以，诡辩的口才也是必须得提前训练的。

但甲方回应说：“你就不怕偷情被人抓到，叫人家在屁眼里插进一根萝卜，拔去阴毛，再用热灰撒上？”直到罗马时期，倘若一个男人与别人的妻子苟合，事发之后，通常的处罚方法依然是在公共场合给他的肛门插上一根萝卜，以示羞辱。

乙方直接挑战甲方："有本事你往台下瞧瞧，那些观众中有几人不是偷情者？"

甲方回答："差不多全是！"自认失败而退场。

儿子打父亲

斯瑞西阿德斯知道儿子已经从"思想所"学成归来，底气大增，对那些前来要债的人毫不客气。他问一个要债者说："你觉得天上每次落的雨都是新鲜的呢，还是太阳从地上吸回去的旧水？"要债人说自己并不关心此类问题。斯瑞西阿德斯揶揄道，连这点自然现象都不懂，也配来要债，并且说："江河流进了海里，海水尚且不见高涨，你这个倒霉人却想让你的本钱生长吗？还不给我滚！"

接下来的一幕是儿子打父亲，即斐狄庇得斯追打斯瑞西阿德斯。当父亲指责儿子违反道德和法律的时候，儿子回答说：“我懂得了这种新的技巧和美妙的语言，能够藐视那些既定的法律，这真是一件痛快事！记得从前我只爱玩马的时候，我说不上三个字就要闹笑话。可是如今他（苏格拉底）改变了我的生活，叫我去留心巧妙的思想和语言，我相信我可以证明儿子应该打父亲。”

斐狄庇得斯的理由如下，第一，“你既然说为我好而打我，我如今也可以为你好而打你，又有什么不对呢？怎么？我的身体应该挨打受罚，你的身体就不应该吗？我不是生来也是个自由人吗”？第二，“照法律来看，只有儿子才挨打；可是……年老人比起年轻人更应该挨打，因为他经验多了，更不应该做错事情”。第三，“当初制定法律的人不就也和你我一样，同是凡人吗？他的话居然能够使古时的人尽信。我为什么不能够为我们的后代儿孙制定一条新的法律，让儿子回敬他们的父亲……试看那些小鸡和旁的牲畜，它们尚且和父亲打架，鸡和人有什么分别呢？只不过它们不能够制定法律罢了”！

苏格拉底的结局

被儿子揍了一顿之后，斯瑞西阿德斯终于意识到自己作茧自缚、罪有应得，于是悔恨不已，说道：“我真是神经错乱了！真是疯了！竟为了苏格拉底抛弃了神！”于是决定去烧毁空谈者的“思想所”。

斯瑞西阿德斯带着仆人，手持火把、斧头，并搭梯子爬上了“思想所”的屋顶。当火光冲起，苏格拉底和凯瑞丰被闷得喘不过气来，就从窗户伸出头来，恰好看到正在屋顶行走的斯瑞西阿德斯，就问他：“喂！你这人在我们屋顶上做什么？”斯瑞西阿德斯回答：“我在空中行走，在逼视太阳。”

苏格拉底教人用思辨编织网罗，而今，人们开始用网罗来捕杀他了，这就是苏格拉底的结局。

论爱情

出神的苏格拉底

在去朋友家赴宴的途中，苏格拉底又一次陷入出神状态，并离开同伴走近阿加松家。阿加松很了解苏格拉底的习惯，不会因为知道他正站在隔壁一家门口“出神”而吃惊。看来，对苏格拉底常常“出神”这件事，大家已经习以为常。这一次，直到宴会过了一半，苏格拉底才露面，他在阿加松的身边就座，心情很愉快。

宴会结束时，宾客们按照物理学家埃里克西马丘的意见，决定不“灌酒”痛饮，不吹长笛，而是要像哲人那样以论道自娱。另一位宾客斐德罗提议颂扬爱神，要每位宾客发表一篇颂词，从斐德罗开始，这将是消磨长夜的好办法。苏格拉底立即赞同这一建议，他声称这个建议极中他的意，因为“爱情的学问”是他唯一具备的知识。

关于“情人军”的建议

斐德罗首先发言歌颂爱神，他主要说了两点理由。第一个论点，是应赫西俄德和一般的宇宙起源论者的呼吁建立的，这些人推测爱神——生育冲动——是宇宙之初的第一原理。第二个论点是“爱情”是对志向的最有力的激励。情人为博得“心爱的人”的赞美，并避免在对方面前出丑，什么都愿做，而且甘愿忍受一切。

斐德罗说：“一个人要想过上一种良好的生活，出身、地位、财富都靠不住，只有爱情像一座灯塔，指明人生的航程。我该怎样描述爱呢？爱就是对邪恶的轻视，爱就是对善的尽力仿效，假如没有爱，无论是城邦还是公民，都不可能从事任何伟大或高尚的工作。”

爱情激发人的志向，明显的证据就是：“有爱情的人如果想扔下武器，逃离战场，就会担心被情人看到，他宁可马上死一千回，也不愿在情人面前丢丑。有爱情的人也不会眼见自己的情人陷入危险而不去营救,纵然是胆小鬼也会在爱情的激励下变成一名勇士。”

斐德罗因此认为，要是人们能建立一支“情人”的军队，这支军队就是战无不胜的。阿喀琉斯为给情人复仇而战死，神就恢复了阿喀琉斯的生命，把他转移到“幸福群岛”之上，以此奖赏这种献身。然而，神却不允许十足“胆怯的”歌手俄耳浦斯重新获得他的欧律狄刻，因为他没有为她而死的“勇气”，而是未死就悄悄走入冥王府。

这篇讲话本质上是以军事价值为借口为一种选择（因为所谓的“情人军”，主要是指“同性恋”）辩护，也是为斯巴达的理论和实践所做的辩解。

两位阿佛洛狄忒

帕萨尼亚接着发言，与斐德罗的讲话不同，帕萨尼亚特别考虑了雅典人的道德情操。他以道德为理由对斐德罗表示不满，因为他未曾区分高尚的和可耻的“爱情”的界限。其实，这一区别甚至在神学中也被预示过。希腊神话中有新旧两代爱神，或者说有两位阿佛洛狄忒。

第一位阿佛洛狄忒并非男女双方通过情欲结合而生的。据赫西俄德的《神谱》记载，克洛诺斯阉割了自己的父亲乌拉诺斯之后,将父亲的命根子投入大海，于是大海上泛起一堆泡沫，从泡沫中生出一个女神，即阿佛洛狄忒。因为出生没有沾染情欲，所以，这位阿佛洛狄忒象征的爱是“属天之爱”。而第二位爱神则是宙斯和女海神狄俄涅生的，我们称之为属地的阿佛洛狄忒，这位尘俗的阿佛洛狄忒成为爱与美，以及奔放的情欲的象征。她被天后赫拉指定嫁给丑陋的瘸子赫淮斯托斯，但却与战神阿瑞斯在河中偷情，被丈夫赫淮斯托斯用网给捉了个现行。

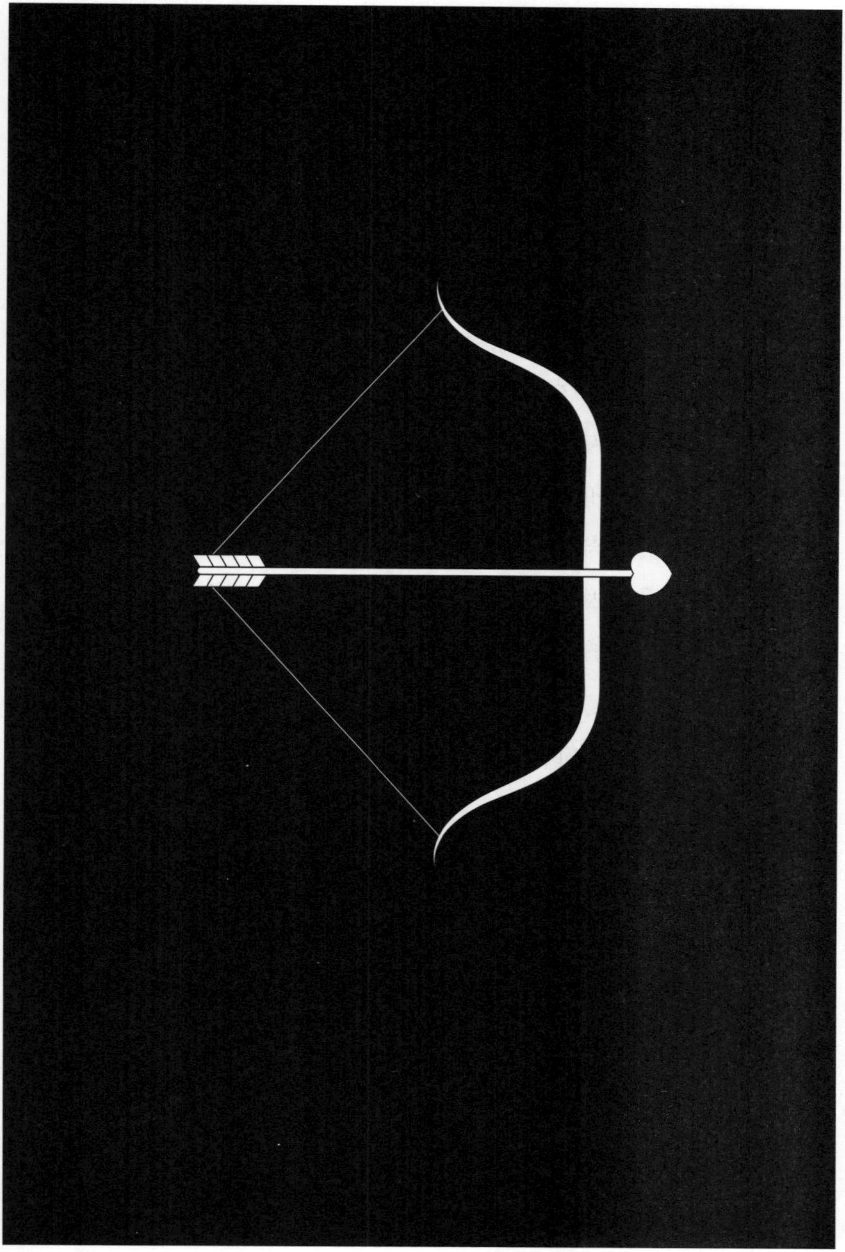

属天之爱 VS 尘俗之爱

帕萨尼亚认为："属地的阿佛洛狄忒的爱是一种非常世俗的爱，这种爱起作用的方式是随意的。这种爱统治着下等人的情欲。首先，这些人既受女人的吸引，也受男童的吸引；其次，不管他们爱的是什么人，他们关注的是肉体而非灵魂；最后，他们向那些最愚蠢的人求爱，因为他们追求肉体享受，根本不在乎这种享受是高尚的还是卑鄙的。因此，这些人只要能找到作乐的对象，都会与之苟合，不管好坏。这就是年纪较轻的那位阿佛洛狄忒的爱，男人和女人都分有这种性质。"

与之相反，"属天的爱源于一位其出身与女性无关的女神，她的性质也完全是男性的，在两位阿佛洛狄忒中，这位女神较为年长，没有沾染任何荒淫和放荡。她的爱激励人们把爱情放到男性身上，在这种爱的激励下，人们会更喜欢强壮和聪明的人。我们总能看到，完全受这位比较年长的爱神支配的人一般来说要到长第一撮胡子时才会引人注目，即使对那些爱男童的人来说，理智尚未成熟的少年也不会引起他们的爱慕。在我看来，爱上这般年纪的人实际上是准备把自己的全部时间花在对方身上，要与对方共度一生；他也不会利用少年的年幼无知来欺骗、诱惑，更不会喜新厌旧”。

爱情本身无对错

帕萨尼亚继续道：我们可以这样说，一切行为就其本身来说并无好坏之分。我们现在的聊天无所谓好坏，喝酒、唱歌、说话本身也不包含任何德性，因为每种行为的结果取决于它是如何实施的。实施方式正确，做得好，那么这个行为就是好的，但若做得不好，那么这个行为就是坏的。这个道理也适用于爱，因为值得敬重的或高尚的并不是爱这个行为本身，而只有在爱神的推动下，我们高尚地去爱，这个时候爱才是值得敬重的或者是高尚的。

我们同意爱本身无所谓好与坏的说法，而仅当爱情导致善或恶的行为时才可以说爱有好坏之分。一个坏人邪恶地放纵情欲，那么这种爱是卑鄙的，而一个有道德的人高尚地追求爱情，那么这种爱是高尚的。邪恶的、有爱情的人是世俗之爱的追随者，他想要的是肉体而不是灵魂，他爱的对象是变化的、短暂的。所爱的肉体一旦色衰，他就远走高飞，背弃从前的信誓，他的所有甜言蜜语都成了谎言。而那些追求道德之美的人会终生不渝地爱他的情人，因为他所爱的东西绝不会褪色。

真爱 VS 假爱

帕萨尼亚接着说："如果有人为了从其他人那里获得金钱、职位，或某种权力，就装作对某人产生了爱情，去向他求爱——哀求、发誓、睡门槛、作践自己，做出诸如此类连奴隶都不能忍受的事来，那么结果会怎样呢？不仅他的朋友，就连他的仇敌都会尽力制止他。仇敌们会谴责他卑鄙下流，朋友们则会为他感到羞耻。”“出于金钱或政治上的考虑，或者害怕受到威胁而委身于人是不道德的，简言之，年轻人在各种好处的诱惑下接受爱情是不道德的。因为，作为动机的这些东西都不是确定的或持久的，肯定不能产生高尚的爱情。”

相反，“如果有人准备献身于对另一个人的侍奉，相信通过他能够增进自己的智慧或其他美德，那么我们就认为这种自愿服从既不卑鄙，也不下流”。

属天之爱永葆高洁

抱着高尚的动机的爱情纵然失败也不足为耻，而其他任何企图，无论有无实现，其本身就是可耻的。举例来说，假如一位青年为了财富，接受了一位看上去很富有的人的爱意，后来他发现自己看错了，那个人实际上很穷，是个身无分文的诱奸者。可见抱着这种希望去接受爱情是不可取的，有这种希望也表明他自己是个为了钱可以伺候任何人、做任何事的人，这当然是很不光荣的。

再假定这个青年接受了一个人的爱意，因为他相信这个人有美德，希望通过这样的交往来改善自己的品性，那么即使后来他发现自己上当受骗，那个爱他的人实际上很坏，是个下流的恶棍，他的这种错误仍包含某种高尚的成分，因为他的希望也表明了他自己是个什么样的人——他为了能够取得美德方面的进步，愿意为他人做任何事情。先生们，这种情况不是比前一种情况更值得肯定吗？总之，允许人们为了美德而拥有爱情，这种做法是正确的。

爱情是专制的晴雨表

有一个有趣的现象：在几乎所有文学作品中，如果要表现出反压迫，就要使用爱情的主题。罗密欧与朱丽叶，梁山伯与祝英台，等等。教科书上说，这些故事和人物形象都是反封建压迫的！原因何在呢？我们不做过多阐释，先看看帕萨尼亚的解释。

帕萨尼亚说："统治者不希望臣民醉心于高尚的思想、缔结坚实的友谊和发展亲密的交往，而爱情是最能引发这些事情的。那些在雅典篡夺政权的人从惨痛的经历中得到相同的教训，因为正是阿里司托吉顿的爱和哈谟狄乌的友谊使他们的统治告终。可见，凡是制定法律，把接受爱情当作坏事的地方，可以肯定这个错误的根源在于立法者，也就是说，一切源于统治者的压迫和被统治者的懦弱。但话又说回来，你们要是发现某个地方的法律无条件地批准爱情的合法性，那么你们同样可以责备立法者的精神迟钝。"

爱是和谐之源泉

接下来，本该是阿里斯多芬发言，但是，可能他吃得太饱，正在打嗝，就只好让埃里克西马丘先说了。埃里克西马丘是个医生，三句话不离老本行，他从医学的角度来理解爱情。

埃里克西马丘说："我赞成帕萨尼亚的发现，顺从有美德的人是对的，屈服于恶人的爱是错的，而这对身体来说也是一样……医学可以说成是一门研究身体爱什么的学问，或者说医学研究的是欲望，研究欲望的补充和排除，而能够区分什么欲望有害和什么欲望有益的人可以称作医生，这是基于‘医生’这个词的意义来说的。”

医生必须能够调和身体中不和谐的元素，比如冷与热、甜与酸、湿与干等，迫使这些元素相亲相爱，把爱与和谐注入这些对立的元素。同理，音乐的技艺就是通过解决高音和低音之间的不和来创造和谐的。“进一步说，各种祭仪和占卜，亦即神人交际的这些方式，唯一注重的就是保存或治疗爱。我们对神不虔敬在大部分情况下是因为我们拒绝顺从比较有节制的爱，拒绝尊重对我们有爱情的人，也因为我们在对待父母（无论存亡）以及对待诸神的态度上追随的不是有节制的爱，而是另一种爱。指导或治疗这些爱就是占卜者的职责，他们的占卜本领使他们能够识别哪些爱的原则能够使人保持尊严和敬畏神明，爱实际上就是神人之间和谐的源泉。”

被劈开的“阴阳人”

接下来是阿里斯多芬发言，为了解释爱情的本质，阿里斯多芬先讲了一个神话故事，以阐明他对人类的本性的理解。阿里斯多芬说：“你们要知道，人本来分成三种，也就是说，原本，人除了像我们现在这样有男女这两种性别之外，还有第三种性别，既是男性又是女性。这第三种性别的人现在已经绝迹，但他们的名称仍保留至今。‘阴阳人’这个词现在只用来表示轻蔑，但过去确实有一种不男不女，或半男半女的人。

“最初的人是球形的，有着圆圆的背和两侧，有四条胳膊和四条腿，有两张一模一样的脸孔，圆圆的脖子上顶着一个圆圆的头，两张脸分别朝着前后不同的方向，还有四只耳朵，一对生殖器，其他身体各组成部分的数目也都加倍。他们直着身子行走，就像我们现在一样，但可以任意向前或向后行走，等到要快跑的时候，他们就像车轮一样向前翻滚。如果把手也算在内，他们实际上有八条腿，可想而知，他们能滚得非常快。

“男人是太阳生的，女人是大地生的，阴阳人是具有两种性别特征的月亮生的。他们的体力、精力、品性也是这样，所以他们实际上想要飞上天庭，造诸神的反，就像《荷马史诗》中的厄菲亚尔特和俄图斯。于是宙斯和众神商讨对付人的办法。他们茫然不知所措，因为他们不想用从前对付巨人的办法，用霹雳把他们全都打死，如果这样的话就没有人会对诸神进行献祭和崇拜了，但他们又不能容忍人类的蛮横无理。宙斯绞尽脑汁，最后终于想出了一个解决办法。

“宙斯说，我有一个办法可以削弱人类，既能消除动乱而又不至于把人全都毁灭。我提议把他们全都劈成两半，这是一石二鸟的妙计，一方面使他们每个人只有原来的一半能力，另一方面他们的数目加倍，侍奉我们的人也就加倍了。宙斯还说，让他们以后就用两条腿直着走路，如果再发现他们捣乱，我就把他们再劈成两半，让他们用一条腿跳着走路。”

爱情就是寻找“另一半”

宙斯说到做到，把人全都劈成了两半，就像切青果做果脯和用头发切熟鸡蛋一样。切完以后，阿波罗奉宙斯之命把人的脸孔转了过来，又把切开的皮肤从两边拉到中间，拉到现在人的肚皮的地方，就好像用绳子扎上口袋，最后打了个结，留下的这个小口子叫作肚脐。

那些被劈成两半的人都非常想念自己的另一半，他们奔跑着聚在一起，互相用胳膊搂着对方的脖子，不肯分开。他们什么都不想吃，也什么都不想做，因为他们不愿离开自己的另一半。

阿里斯多芬接着说：“我们每个人都只是半个人，就像儿童们留作信物的半个硬币，也像一分为二的比目鱼。我们每个人都一直在寻求与自己相合的那一半。男人作为切开的阴阳人的一半当然就会吸引女人，比如那些诱奸者；而作为切开的阴阳人的一半的女人也一样，也会追求男人，比如那些与他人通奸的妻子。由原始女人切开而来的女人对男人则没有多大兴趣，只眷恋和自己同性的女人，这就是所谓女同性恋者。由原始男人切开而来的男人则是男人的追随者，从少年时代起就爱和男人交朋友，借此表现出男子气来，他们喜欢睡在一起，乃至于互相拥抱。”

爱神具备一切美德

接下来是阿加松的发言。在阿里斯多芬的讲话中，在所有滑稽和粗俗言词之下，存在着真实的感情，而从阿加松那里，我们听到的只是华丽的辞藻。苏格拉底对阿加松的发言颇为不满，说阿加松滔滔不绝的言论如同美杜莎的蛇发脑袋，看上一眼就会把自己变成石头，顿时哑口无言。阿加松认为爱神具有一切美德，他的重要论据如下：

第一是公正。“他从来不会受到诸神和凡人的伤害，也不会伤害诸神和凡人。爱神所能承受的任何东西都不需要借助暴力，暴力根本无法触及爱神，爱神也不需要用暴力去激发爱情，因为世人无法强求爱神，只能自愿侍奉爱神。我们知道，双方的情投意合才能激起爱情的冲击，这样的爱情才是正义的，受国家法律保护的。”

第二是节制。“节制确实被定义为掌控我们的快乐和情欲的力量，而世上没有一种快乐和欲望能比爱情更强大。”“征服者比被征服者强大，因此爱神通过对其他一切神衹的征服，表明她自身是一切神衹中最强大的。”

第三是智慧。“无论我们以前对作诗有多么外行，只要我们处在爱情之中，每个人就都是诗人。对此我们不需要进一步的证明，而只要知道爱是一名通晓各个部门的诗人，这些部门我可以简要地把它们定义为创造性的技艺。”“在各种技艺和手工中，艺术家和工匠只要在这位爱神的指引下工作就能取得光辉的成就，而不受爱神影响的艺术家和工匠会到老都一事无成，默默无闻。这些我们难道看不到吗？企盼和欲望引导阿波罗发明了射箭、医药和占卜的技艺，所以阿波罗也可以算是爱神学派的一名成员。”

爱神可能是丑陋的

在苏格拉底的追问下，阿加松承认爱是对某一事物的爱。显然，爱神欲求她爱的对象，不管她渴望得到的对象是什么，她在未得到它时，爱意都更为强烈。可以肯定，一切事物渴求的东西都是它缺乏的东西，没有任何事物会去谋求它不缺乏的东西。

苏格拉底说："如果我们听到有人说，我是健康的，我还想要健康，我是富裕的，我还想要富裕，我实际上想要我已经得到的东西，那么我想我们可以公正地说，亲爱的先生们，你已经得到了财富、健康和力量，你想要的是继续拥有它们，因为此刻不管你想不想要，你都已经得到了它们。"因此，想要得到，就证明了尚且没有拥有。爱是对美丽的爱，不是对丑陋的爱，也就是说，爱不拥有美，它缺乏美。而缺乏美、不拥有美的东西，本身也不会是美的，是美的反面——丑陋。

所以，爱神可能是非常丑陋的。

爱神是富有与贫穷之子

当苏格拉底开始正式发言的时候，他同阿里斯多芬一样，先讲了一个从女巫狄奥提玛那里听来的神话故事，这个故事如下：

当初，阿佛洛狄忒诞生时，诸神设宴庆祝，他们中间有技艺神之子富有神。晚宴刚毕，贫乏神来到门口行乞，因为她听到里头传来欢声笑语。富有神多饮了几杯琼浆，喝醉了，信步走到宙斯的花园里，倒头昏沉沉地睡去。贫乏神所缺的就是富有，心里想着要和富有神生一个孩子，就跑过去睡在他的旁边，于是就怀了孕，她怀上的就是爱。因此，爱成了阿佛洛狄忒的跟班和仆从，因为他是在阿佛洛狄忒的出生日投胎的，此外他生性爱美，而阿佛洛狄忒就是美本身。

由于爱是贫乏神与富有神的儿子，所以他命中注定要一直贫困，他也不像我们所相信的那样文雅和俊美，而是相貌丑陋、赤着脚、无家可归，经常睡在道路旁，没有床褥，继承着他母亲的贫困。但另一方面，爱也继承了一部分他父亲的禀赋，追求美和善，因此他勇敢豪爽、精力充沛、干劲十足，是一名能干的猎人，也擅长使用各种计谋。他生来就充满欲望，也非常聪明，终生追求智慧，是玩弄巫术骗人的能手。

他既不是可朽的也不是不朽的，不会完全处于贫乏状态，也不会完全脱离贫乏状态。还有，爱也处于无知和智慧的中间状态。诸神都不会去寻求真理。他们不企盼智慧，因为他们是聪明的——已经拥有智慧的诸神没必要去寻求智慧。另一方面，无知的人也不会寻求真理或想要变得聪明，原因在于他们既不拥有美和善，也不拥有理智，他们满足于现有状态，不会去企盼那些从来没有丢失过的美德。

创作即诗、企盼即爱

讲完故事，苏格拉底说，我们习惯于枚举式的定义方法，比如，把爱的某一个方面指出来，然后把这个方面称作爱，在其他许多名词的定义上，我们也会犯同样的错误。举例来说，创作。你们全都同意，在“创作”这个词的真正意义上——使从前并不存在的东西产生——创作的种类不止一种，因此每一种创造性的技艺都是诗歌，每一位艺人都是诗人。

但是，我们并不把他们都称作诗人。我们给各种技艺起了不同的名称，只有那种与音律有关的技艺我们才称之为诗歌，而这个名称实际上是各种技艺的总称。现在只有一种技艺被称作诗歌，而那些拥有这门技艺的人就是所谓的诗人。

爱的问题也是这样。爱这种人人皆知的、能迷倒所有人的力量包括各种对幸福和善的企盼。但我们这些从事商务、体育、哲学等各种行业，有着这种企盼的人从来不被人们说成是处在爱情之中，也从来不被认为是有爱情的人，而只有那些献身于仅有的一类爱的活动的人才被赋予爱的名称，而这个名称本来也应当用于其他所有行业。

爱并不寻求另一半

苏格拉底接着说，有人认为有爱情的人是那些寻找他们的另一半的人，但是，除了求善，爱绝不会企盼任何事物的另一半或全部。因为，人们如果确信他们的手脚对他们来说是坏的，那么他们就会把手脚砍去。比如，蝮蛇螫手，壮士断腕，就属于这种情形。只有在善属于我们自己、恶属于其他人的意义上，我们才会赞美我们自己拥有的东西，因为我们爱的对象是善的，我们只爱善的事物，不爱其他的东西。

因此，爱的行为就是实现善，既在身体中，又在灵魂中。

一切可朽者都在追求不朽

苏格拉底继续道，我们每个人都有生育能力，既表现在身体方面，又表现在灵魂方面，我们长到一定年纪，天性就会催促我们生育。丑陋不能加速这种生育，只有美丽能够。人的生育是神圣的，可朽的人具有不朽的性质，靠的就是生育，但它不能在不和谐的事物中实现。丑与神圣不能和谐，而美与神圣完全相配。

一切可朽者都在尽力追求不朽。生育是达到这一目的的唯一途径，除此之外别无他途。无论是地上走的，还是空中飞的，到了确定的时刻都充满了这种欲望，首先交配，然后哺育幼崽和幼鸟；为了保护后代，连最弱小的动物也敢于和最强大的动物搏斗，甚至不惜牺牲性命；只要能养育后代，它们自己甘愿忍受饥饿和痛苦。

尽管我们在谈论个体的时候总是把它当作一生中以同样形式存在的生命，因此假定一个人从小到老都只是一个人。然而，一个人虽然始终用同一个名字，但他的方方面面都在变化，每一天他都是一个新人，而原来的他已不再存在。我们可以看到他的头发、肌肉、骨头、血液，以及身体的其他所有部分，都在变化。不仅他的身体变，他的灵魂也在变。他的性格、气质、思想、欲望、快乐、痛苦、恐惧都不是终生不变的，而是有些在出现，有些在消失。

这条原则用在分析人的知识上更加令人惊奇，我们关于事物的知识，有些在增长，有些在遗忘，可见，在知识方面我们也从来不是同一个人。对每一知识部门来说，这条原则也适用。当我们在学习的时候，我们的真正意思是我们的知识在消失。由于我们的知识消失了，所以我们忘了，要通过学习来补充遗忘了的知识，使我们的知识状态看起来和从前一样。

那些在身体方面有生育能力的人把他们爱的对象转向女人，生儿育女，建立家庭，以这种方式使自己的名字永远常青。但那些在心灵而非在身体方面有生育能力的人会在其他心灵中播下自己的种子——这些人也并非默默无闻，他们产下来的东西是什么呢？是智慧以及其他各种美德，每个诗人都以生育它们为职责，任何创造性的技艺都在起这种作用。

只要还能想起荷马、赫西俄德，以及其他大诗人，有谁会不乐意当这样伟大的父亲，而仅仅满足于生育肉体的子女呢？他们留下的作品自身是不朽的，而这些作品又替它们的父母留下不朽的英名，怎么会让人不妒忌呢？

爱情的天梯

狄奥提玛把爱情的基本教义传授给了苏格拉底，内容如下：

第一步，一个人可以爱上某个具体的美的身体，使他的欲望可以转向高尚。

第二步，他必须思考身体之美如何与其他方面的美相联系，他会明白，如果他过分沉醉于形体之美，就会荒谬地否认一切形体的美都是同一种美。到了这一步，他就会设定自己应当爱一切美的形体，而把自己对某个对象的爱限制在恰当的分寸上，视其为渺小的，不重要的。

第三步，他应该学会把心灵美看得比形体美更为珍贵，如果遇见一个美的心灵，纵然他在形体上不美，也会爱上他，并且珍视这种爱情。他会期待着与这样的心灵对话，加速养成自己高尚的品质。经过心灵之美，他会被进一步导向思考法律和体制之美。等他发现了各种美之间的联系与贯通之处，那么他就会得出结论，形体之美并不是最重要的。

第四步，他的注意力应当从体制被导向各种知识，使他能看到各种知识之美。凭借对美的广大领域的了解，他不会再像一个卑微的奴隶，把爱情专注于某一个别的美的对象，如爱一个少年，爱一个男人，爱一种体制。这时候他会用双眼注视美的汪洋大海，凝神观照，他会发现在这样的沉思中能产生最富有成果的心灵对话，能产生最崇高的思想，能获得哲学上的丰收，到了这个时候他就全然把握了这一类型的知识，即关于美的知识。

这种美是永恒的，无始无终，不生不灭，不增不减，因为这种美不会因人而异，因地而异，因时而异，它对一切美的崇拜者而言都相同。这种美景也不会表现为一张脸、一双手，或身体某一部分的美。它既不是话语，也不是知识。它不存在于其他个别的事物中，例如动物、大地、天空之类的事物；它自存自在，是永恒的一，而其他一切美好的事物都是对它的分有。然而，无论其他事物如何分有它的部分，美本身既不会增加，也不会减少，仍旧保持着不可侵犯的完整。

就这样，当原先那种对美少年的爱引导着我们通过内心的观照到达那种普世之爱时，就已经接近终极启示了。这是引导人接近和进入爱的圣地的唯一道路。从个别的美开始探求一般的美，他一定能找到登天之梯，一步步上升——从一个美的形体到两个美的形体，从两个美的形体到所有美的形体，从形体之美到体制之美，从体制之美到知识之美，再从知识之美进到仅以美本身为对象的那种学问，最终明白什么是美。

聊到东方既白

《会饮篇》随后的话题转向了苏格拉底，因为雅典的超级帅哥亚西比德突然到来，并且已经喝得醉醺醺，他一屁股坐在了阿加松和苏格拉底之间。谈话转向讨论大家心目中的苏格拉底。而《会饮篇》接下来的内容几乎全部是亚西比德的叙述，给世人留下了一幅生动的关于苏格拉底的素描。再后来，又有一拨人到来，昏天黑地，喧闹狂饮。

当时是冬天，夜特别长。直到天快亮、听到鸡叫时，人们发现其他客人，睡的睡，走的走，只有阿加松、阿里斯多芬和苏格拉底三人醒着。他们还在那里喝酒，一杯接一杯，从左到右地一轮接一轮。

到天亮的时候，阿里斯多芬实在撑不住了，就先睡着了，然后阿加松也跟着睡去。苏格拉底把他们安顿好，然后起身离去。他在吕克昂洗了澡以后，像平常那样度过了一天，到晚上才回家休息。

论灵魂

《斐德罗篇》通常与《会饮篇》放在一起读，因为它们的主题是相互联系的。

吕西亚版“肉欲高于爱情”

斐德罗遵照医生嘱咐，正在城墙外的乡间散步健身，苏格拉底碰巧遇见他，斐德罗为了与他做伴，破例放弃他偏爱的活动和苏格拉底一起到街市上去。苏格拉底随即劝说斐德罗在河边的梧桐树荫下坐下来，然后两人就在这里促膝长谈。他们交谈的第一个话题是爱。斐德罗把手头的一篇文章读给苏格拉底听，这篇文章受到世人的赞许，而苏格拉底对此表示反对。这篇文章是吕西亚写的，论点可以总结为“肉欲高于爱情”，其论证内容大致如下：

第一，陷入浪漫爱情的人头脑发热，在追求对象的过程中不计后果，然而，一旦追求的对象到手，就会反悔，想要收回以前付出的恩惠。而以肉欲为主导的人却不会这样，因为他们没有被爱情冲昏头脑，在施予恩惠时会量力而行，同时也顾及自身的利益，不会为了爱情而忽略自己的事业，不用算计过去花费的心机，也不会与亲属发生争执。

第二，也许你敬畏既定的习俗，害怕爱欲之事泄露后受到民众的指责。如果是这样的话，那么，你可以看到陷入浪漫爱情的人以为每个人都会崇拜他，就像他崇拜自己一样，因此就会骄傲地谈论他的爱情，宣称他的爱情非常成功，以此掩饰实际的空虚；而以肉欲为主导的人则能够控制自己，宁可做最适宜做的事，而不愿在邻居面前显摆。

第三，陷入浪漫爱情的人会阻止他的恋人与其他人交往，生怕有钱的情敌会用钱财把他的恋人夺走，或担心一个有文化的情敌在智力上超过他，因此他会始终对那些比他强的人保持高度戒备。通过劝你不要与这些对手交往，使你在这个世上一个朋友都没有。换个角度说，如果你追求自己的利益，比你的恋人头脑更为清醒，那么，你就不得不与他争吵。另一方面，没有爱情的人，不会妒忌其他与你交往的人，反而会厌恶那些不和你来往的人，因为他相信不和你交往就是看不起你。和你交往的人所关注的是与你交友，而不是成为情敌。

苏格拉底版“肉欲高于爱情”

吕西亚事实上并未在论文里显示任何“创新”，他只不过详细论述了一个显而易见的、任何人都不会忽略的论点：恋爱者情欲的“盲目”和悖理。他的作品的全部优点也仅止于此。斐德罗虽然承认这一点，但略带挑衅地要苏格拉底比吕西亚更好地论述同一主题——恋爱者情欲的公认的“疯狂性”。

对此，苏格拉底的观点如下：

我们注意到，每个人都有所要遵循的主导原则。

这样的原则有两种，一种是旨在追求快乐的天生的欲望，另一种是旨在追求至善的后天获得的判断力。这些内在的指导有时候是一致的，有时候是不一致的；有时候这个原则占据上风，有时候那个原则占据上风。当我们在判断力的理性指导下追求至善时，我们有了被称作节制的指导思想；但当欲望拉着我们不合理地趋向快乐并统治我们时，这种统治就被称作放纵……在食物方面，如果对食物的欲望控制了决定什么是至善的判断力，并使之超越了其他所有欲望，这就叫作饕餮；当竭力追求肉体之美的力量控制了人的判断力时，这时最强烈的欲望就叫作爱情。

爱情在精神、身体和财产三方面对人有损害。

第一，浪漫爱情有害于人的精神。陷入浪漫爱情的人一定不会让被爱者接近哲学，因为他担心自己因此而遭到被爱者的藐视。总的说来，有爱情的人一定想要使被爱的人变得完全无知，完全依赖于爱他的人，以这样的方式确保自己能获得最大程度的快乐，而这同时也就意味着对被爱者的最大的伤害。

第二，浪漫爱情有害于人的身体。恋爱者宁可去追求弱不禁风的对象，也不会去追求身体强壮的年轻人。他理想中的爱人终年生活在温暖舒适的小屋里，从来不去户外呼吸新鲜空气，更不知辛勤劳作和流汗的训练是什么滋味，他的爱人缺乏天然健康的肤色，靠涂脂抹粉来取媚于人。

第三，浪漫的爱情对财产有害。有一点人人都很清楚，尤其对有爱情的人来说，他首要的考量是把他爱恋的人视为最体己的人，是他最宝贵的财产和情感寄托，因此他希望恋人的父母、亲戚、朋友全都死光，以免影响或阻碍他与恋人的来往。不过，如果这位恋人拥有家产、金钱或其他财产，他就会认为这个恋人不容易轻易到手，或者到了手也难以驾驭，因此他希望他的恋人永远独身，一辈子没有妻子、儿子、家庭，这样他才能长久自私地享乐。

四种善的“迷狂”

苏格拉底继续论述：

恋爱者是“迷狂者”，而不恋爱的人保持着清醒的头脑，通常，神志清醒比“迷狂”好。假如只存在一种迷狂——一般性的疯狂，这会是真实的命题。但是，在一般性的“迷狂”之外，还有四种善的“迷狂”。

第一是预言。德尔斐的女祭司在迷狂的时候为希腊国家和个人获取了那么多福泽，我们要对她们感恩；但若她们处于清醒状态，就会所获甚少或一无所获。古人并不把迷狂视为羞耻，反而视之为一份珍贵的礼物，是神灵的恩赐。

第二是斋戒。由于前辈犯下的罪孽，有些家庭会有人因此而发疯，遭到灾祸疾疫之类的天谴，为了找到禳除的方法，他们就向神灵祷告，并举行赎罪除灾的仪式，结果那些参加仪式的受害者进入迷狂状态，从此永远脱离各种苦孽。因此，这种迷狂对受害者来说既是一种神灵的凭附，也是一种救赎。

第三是诗才。缪斯凭温柔、贞洁的灵魂，激励它上升到眉飞色舞的境界，尤其流露在各种抒情诗中，赞颂无数古代的丰功伟绩，为后世垂训。若是没有这种缪斯的迷狂，无论谁去敲诗歌的大门，追求使他能

成为一名好诗人的技艺，都是不可能的。与那些迷狂的诗人和诗歌相比，他和他神志清醒时的作品都黯然无光。

第四是爱情。我们不要害怕迷狂，不要被那种论证吓倒，认为神志清醒就一定比充满激情好。爱情并不是上苍为了爱者和被爱者双方的利益而恩赐的。我们要证明的正好相反，这种迷狂是诸神的馈赠，是上苍给人的最高恩赐。

灵魂是自动者

苏格拉底将话题转向灵魂：

一切灵魂都是不朽的，因为凡是永远处在运动之中的事物都是不朽的。那些要由其他事物来推动的事物会停止运动，因此也会失去生命；而那些自发运动的事物只要不放弃自身的性质就绝不会停止运动。

还有，这个自动者是其他被推动的事物的运动源泉和运动的第一原则。作为第一原则的这个事物不可能是产生出来的，因为一切事物的产生都必须源于第一原则，而第一原则本身则不可能源于其他任何事物，如果第一原则也有产生它的源头，那么它就不再是第一原则了。

自动者是运动的第一原则，它的灭亡就像它的产生一样，是不可能的；否则的话，整个宇宙，一切生成的事物都将崩溃，成为死寂的，要找到另一个能使之再次产生的运动源泉也绝不可能。

我们可以毫不犹豫地说，这就是灵魂的本质和定义，也就是说，灵魂的本质是自动。任何物体的运动如果来源于外部，那么这个事物是没有灵魂的；但若一个物体的运动源于自身，那么这个物体是有生命的，或有灵魂的。

如果以上推理是正确的，那么恰当的结论就是：推动自己运动的东西就是灵魂，灵魂不生不灭。

人是堕入肉体的灵魂

苏格拉底进一步说：

让我们把灵魂的运动比作一股合力，就好像同拉一辆车的飞马和一位能飞的驭手。诸神的飞马和驭手都是好的，血统高贵，但对其他生灵来说就并非完全如此。至于我们凡人用的马车，则有两匹马拉车，一位驭手驾车，如果其中一匹马是良种骏马，而另一匹是杂种劣马，那我们的驭手要完成任务就非常困难，经常会遇到麻烦。

如果灵魂是完善的，羽翼丰满，它就会在高高的天空上飞行，主宰全世界；但若有灵魂失去了羽翼，它就向下落，直到碰上坚硬的东西，然后它就附着于凡俗的肉体。由于灵魂拥有动力，这个被灵魂附着的肉体看上去就像能自动似的。

众灵魂在诸神的指引下绕着苍天的整个范围行进，维护万物普遍的秩序。整个漫长旅程的目的地，是通过登上全部苍天之外的一个地区——“实在的草原”，到达之后，游行队伍在那里停下来，并在“无形、无色或无可触知其特性的、没有肉体的实在”（即理念、形式）的沉思中，享受安息日的休憩；这是真实的灵魂之家，是灵魂的精神食粮的源泉。

灵魂堕落的程度

苏格拉底继续说：

在第一次再生时，灵魂不会投生为任何兽类，而会投生为人，那些看见了大多数真实存在（即理念、形式）的灵魂会进入婴儿体内，婴儿长大以后注定会成为智慧或美的追求者，或者说成为缪斯的追随者和热爱者。这是第一类灵魂。

第二类灵魂看到的要少些，投生为人后会成为守法的国王，或者成为勇士和统治者。

第三类灵魂投生为政治家、商人或生意人。

第四类投生为运动员、教练或医生。

第五类会过一种预言家或秘仪祭司的生活。

第六类最适合成为诗人或其他模仿性的艺术家。

第七类将会过一种匠人或农民的生活。

第八类成为智者或蛊惑民众的政客。

第九类则成为僭主。

在所有这些灵魂投生肉体的过程中，凡是依照正义生活的以后可以获得较好的命运，而不依正义生活的命运较差。每个灵魂要用一万年才能回到它原来的出发点，因为它不可能在更短的时间里恢复它的羽翼，除非灵魂真诚地追求智慧，或者将它的爱欲也用来追求智慧。灵魂如果在千年一度的运行中连续三次选择了这种哲学的生活，那么到了三千年结束之时，它就可以恢复羽翼，高飞而去。

但是，因为哲学家的灵魂经常专注于对这些天界的“实在”的回忆，而神之所以为神也在于对这些光辉景象的观照，所以这样的人既然漠视凡人所重视的事情，聚精会神地观照神明，他也就不可避免地要受到公众的谴责，被当作疯子，因为公众并不知道他其实是由神凭附着的。

爱是灵魂成长的证明

按照苏格拉底的说法，我们的感觉经验，只不过是提供了少数模糊不清的关于公正、节制和其他形式的意象，而美在感觉经验中，却被格外感人地勾画出来；而感觉经验唤起“回忆”的作用因此更为惊人。在几乎失去了神圣的美的印象的灵魂中，美的尘世的轮廓作用，只是挑起跟美丽的肉体交媾的“兽性”欲念。但是，对于刚从对精神的美的深刻沉思中回复过来的灵魂，一见到尘世的美便激起虔诚的敬畏和崇拜。灵魂之翼开始抽条发芽，而这个过程，犹如牙齿的成长，是痛楚间夹着宽慰的混合过程；爱人不在就痛苦，有他做伴就安适和欢乐。

因此恋爱者只要能获得他内心渴望的友谊，就乐意放弃所有其他的交往，忽视他的财产，并把习俗置之度外。人们把这叫作“陷入爱情”，它正在使人的精神之翼真正重新生长。哪一种人会激起这种热情是恋爱者的特殊气质的问题。在最美好的一类人身上，唤起这种热情的素质是“爱智慧”和“堂堂正正的品格”；其他的人则受不同的禀赋诱惑。在每种情况下，“恋爱者”都要把他“当作偶像崇拜的”对象塑造成越来越完美的双方都崇奉的“神”的形象，因此他们之间的爱情就随着这个过程而不断成长。

我们必须记住关于人类灵魂的比喻，即马匹之间血缘种系的差别。较好的马循规蹈矩，勇敢谦恭，“品种优良”，较差的马则“时常脱缰”。所以当马车的驾驭者全神贯注地沉思其爱人时，好马谦恭地抑制自己的感情，但劣马却由于贪求肉体享乐，不顾缰绳和鞭子，“脱缰逃跑”。劣马也许往往会被“拉伤腰腿”，但他坚持挣扎，当开始于一方的情欲与另一方相互起作用时，真正强烈的诱惑时刻就到来了。如果这种诱惑得到有效的抵制，这对情侣就赢得了一次“奥林匹克的胜利”，必须有三次这样的胜利才能把他们从肉体的化身中解放出来。从今以后他们已控制住自身的邪恶，赢得自由。

但若他们的生命只被引向次好的东西——“荣誉”，而不是导向最好的东西——“智慧”，那么稍不留神，那匹邪恶的马就可能挣脱羁绊，随意行动，在生命终了的时刻，他们依旧“没有翅膀”，虽然他们“渴望长上双翅”，然而即使这样，也是一得。它至少是走上天路历程的一个开端，其余的定将到来。

苏格拉底认为这就是与一个真实的恋爱者结合所能被赐予的东西。跟一个“不在恋爱”的人发生亲密关系，会导致灵魂的鄙狭，错误地将其当成一种德性，并导致在人间和地下度过九千年的“愚昧”时期。

为什么不能自杀？

接下来我们转入柏拉图《斐多篇》中对于灵魂问题的讨论。斐多是苏格拉底最忠实的追随者之一，在苏格拉底临终饮下毒酒的时刻，他一直守候在苏格拉底身旁。《斐多篇》便是对斐多的所见和所闻的记录，本篇主要阐述了苏格拉底对于灵魂的见解。苏格拉底面临死亡，讨论的第一个问题是：人是否可以自杀？

人生有时候对某些人来说是生不如死，死亡肯定会给他们带来好处，但为什么他们若是自杀就是不正确的呢？苏格拉底说：“我们人类就像是被关押的囚犯，不能解放自己，也不能自行逃跑，这在我看来是一种高级的教义，其含义很难弄清……诸神是我们的看护，我们人类是他们的一种财产。”如果你的财产在没有得到你的允准的情况下就消失了，你肯定会感到愤怒，并且如果可能，还要对它进行惩罚。

哲学家是半死不活之人

苏格拉底说，普通民众似乎无法理解，那些以正确的方式真正献身于哲学的人实际上就是在自愿地为死亡做准备。死亡无非就是肉体与灵魂脱离之后所处的分离状态，以及灵魂从身体中解脱出来以后所处的分离状态。

一名哲学家不会强调漂亮衣裳和鞋子，或者其他身体的装饰品。在身体的快乐方面，哲学家会尽可能使他的灵魂摆脱与身体的联系，他在这方面的努力胜过其他人。许多人会想，在这些事情中找不到快乐或者根本没有身体快乐的人不配活着，从来不想要身体快乐的人已经有一只脚伸进坟墓了。

现在以获得知识为例，如果某人带着身体进行考察，身体就会成为考察的障碍。与视觉和听觉相比，其他感觉更要低劣，几乎不可能是清晰、确定的。当灵魂能够摆脱一切烦扰，比如听觉、视觉、痛苦、各种快乐，亦即漠视身体，尽可能独立，在探讨实在的时候，避免一切与身体的接触和联系，这时候灵魂肯定能最好地进行思考。

我们是侍奉身体的奴隶

苏格拉底认为，只要我们还保留着不完善的身体和灵魂，我们就永远没有机会满意地达到我们的目标，亦即被我们肯定为真理的东西。

首先，身体在寻求必需的营养时向我们提供了无数的诱惑，任何疾病向我们发起的进攻也在阻碍我们寻求真实的存在。此外，身体让爱、欲望、恐惧以及各种想象和大量的胡说充斥我们的脑海，使得我们实际上根本没有任何机会进行思考。发生各种战争、革命、争斗的根本原因都只能归结于身体和身体的欲望。所有战争都是为了掠夺财富，而我们想要获取财富的原因在于身体，因为我们是侍奉身体的奴隶。这就是为什么我们几乎没有时间从事哲学的原因。

最糟糕的是，如果我们的身体有了某些闲暇，可以进行研究了，身体又会再次介入我们的研究，打断它，干扰它，把它引上歧途，阻碍我们获得对真理的观照。如果我们要想获得关于某事物的纯粹的知识，我们就必须摆脱肉体，由灵魂本身来对事物进行沉思。

从这个角度来判断，只有在我们死去以后，而非在今生，我们才能获得我们心中想要的智慧。只要我们还活着，我们就要尽可能避免与身体的接触和联系，不允许自己受身体的本性的感染，直至神来拯救我们。

灵魂解脱的愿望主要或者只有在真正的哲学家那里才能看到。事实上，哲学家的事业完全就在于使灵魂从身体中解脱和分离出来。

有节制的享乐实乃放纵

从通俗意义上来理解，自制就是不受欲望的驱使，对欲望保持一种体面的冷漠。在苏格拉底眼中，这种品质正是终生献身于哲学的人才拥有的，即极端漠视身体。

如果有人害怕失去他们想要的某种快乐，而又无法放弃这种快乐，他们就会约束自己的另一种快乐。尽管他们把自我放纵定义为受快乐的统治，而实际上是因为他们无法抗拒某些快乐，因此就抗拒另一些快乐，从本质上讲，他们对自己实施控制的原因在于自我放纵。

从道德标准来看，用一种程度的快乐、痛苦、恐惧替换另一种程度的快乐并不是一种正确的方法，就像交换不同面值的硬币一样。只有一种货币我们可以拿来与其他东西交换，这就是智慧。实际上，使真正的善得以可能的是智慧，有无快乐、恐惧之类的感觉出现根本就没有什么区别。在缺少智慧的前提下进行两种程度的快乐交换，这样的美德只具有虚幻的外表，既不真实，也不健全，实际上是适合奴隶的道德；说到底，必须清除掉所有这些虚幻的表象，才会出现真正的节制、勇敢和正义，而智慧本身就是一种清洗和净化。

回应“人死如灯灭”

克贝向苏格拉底求证：“你说灵魂离开时一般的人都非常害怕，因为灵魂从肉身中解脱以后也许就不再存在于某个地方，而可能就在人死的那一天被驱散了或毁灭了，也许就在离开肉体的那一刻，它一露头就像气息或烟雾那样消失得无影无踪。”这种观点十分类似我们所谓的“人死如灯灭”的观点。对此，苏格拉底回应说：

我们还记得有一个古老的传说，讲的是灵魂离开这里以后确实存在于另一个世界，还会返回这个世界，从死者中复活。凡有对立面的事物必定从其对立面中产生，而不会从其他来源中产生。例如，当某个事物

变得比较大的时候，那么，它在变得比较大之前是比较小的；较弱从较强中产生，较快来自较慢；如果某个事物变坏了，那么它来自原先较好的事物，就像睡的对立面是醒一样，死的对立面是生，活的东西和活人是从死的东西中产生出来的。

生出于死，就像死出于生一样。如果我们肯定了这一点，那就足以证明死者的灵魂一定存在于它们再生之处。如果对立的事物之间没有连续的循环轮回，如果产生是直接地走向对立的终点而没有任何向起点的回复或偏转，那么，最后万物都会具有同样的性质，处于同一状态。苏格拉底说："以同样的方式，我亲爱的克贝，如果拥有生命的事物逐渐死去，而死者在死后就保持死的状态不再复活，那么万物最后不可避免地都是死的，没有活的了！"

学习能力证明灵魂不朽

接下来，克贝提醒苏格拉底说："除此之外还有一种你经常说给我们听的理论，我们所谓的学习实际上只是一种回忆。如果这种说法是正确的，那么我们现在回忆的东西肯定是从前学过的，除非我们的灵魂在进入人体之前在某处存在，否则这就是不可能的。所以按这种方式来理解，灵魂也好像是不朽的。”

回忆可以由相同的或不同的事物引起。睹物思人，是由不同的事物引起了回忆；看见一幅画像而想起画像中的人来，则是由相近似的事物引起了回忆。世间的事物没有绝对相等的，只能是比较接近或类似，然而，人们却因为感官中得来的“相似”，形成了绝对“相等”的观念，这也算是一种回忆。在我们获得这些感觉的对象之前，必定已经获得了我们关于相等的知识。苏格拉底说：“我们现在的论证不仅适用于‘相等’，而且也适用于绝对的美、善、正直、神圣，以及所有在我们的讨论中可以冠以‘绝对’这个术语的事物。

“我们真的是在出生前就获得了知识，而在出生那一刻遗失了知识，后来通过我们的感官对感性物体的作用又恢复了先前曾经拥有的知识，那么，我们所谓的学习就是恢复我们自己的知识，称之为回忆肯定是正确的。”

灵魂不是复合体

苏格拉底说，合成的物体或自然的复合物会在它组合之处破裂，而任何一个真正非合成的物体必定不会受这种方式的影响。绝对的相等、绝对的美，或其他任何真正存在的独立实体永远保持原状，绝对不会有任何方面，任何意义上的变化。

变化的事物是我们能够用感官察觉到的具体的事物，但那些永久的实体，无法直接感觉到，而只能靠思维去把握；对我们的视觉来说，它们是不可见的。

不可见的是单一的，而可见的绝不可能是单一的。

身体是可见的，而灵魂是不可见的。

所以，灵魂是单一的，是永恒的实体。

学习哲学即实践死亡

苏格拉底称，灵魂把身体当作工具来进行探究，无论是通过视觉、听觉还是任何别的感官，使用身体包含着使用感官，这样一来，灵魂就被身体拉入多样性的领域而迷失了道路，在与那些具有多重性质的事物接触时它感到困惑而不知所措，就好像喝醉了酒似的。

但当灵魂自我反省的时候，它穿越多样性而进入纯粹、永久、不朽、不变的领域，这些事物与灵魂的本性是相近的，灵魂一旦获得了独立，摆脱了障碍，它就不再迷路，而是通过接触那些具有相同性质的事物，在绝对、永久、单一的王国里停留。灵魂的这种状态我们称之为智慧。

灵魂与神圣的、不朽的、理智的、统一的、不可分解的、永远保持自身一致的、单一的事物最相似，而身体与凡人的、可朽的、不统一的、无理智的、可分解的、从来都不可能保持自身一致的事物最相似。当灵魂与身体都处在同一地方时，天性让它们一个做服从的奴仆，另一个进行统治。

灵魂从肉体中解脱出来的时候是纯洁的，没有带着肉体给它造成的污垢，因为灵魂在今生从来没有自愿与肉体联合，而只是在肉体中集中起来，竭力回避肉身，换句话说，如果灵魂按正确的方式追求哲学，并且真正地训练自己如何与肉身保持分离，这其实就是在“实践死亡”。

沉重的肉身

苏格拉底认为，对于在世的普通人而言，灵魂总是与肉体联系在一起，关心肉体，热爱肉体，并且被肉体及肉体的情欲和快乐诱骗，以为只有这些可以摸、看、吃、喝，可以用于性生活享受的肉体的东西才是真实的，他们的灵魂已经习惯于仇视、畏惧、回避那些我们的肉眼看不见，但却是理智的、只能依靠哲学来理解的东西。

有形体的东西是沉重的、压制的、属土的、可见的，所以被肉体玷污了的灵魂就变得沉重。能被人真正看见的、影子般的幽灵就是这些还没有消失的灵魂，它们仍旧保持着某些可见的部分，这就是它们能被看见的原因。当然了，它们不是善的灵魂，而是恶灵，它们被迫在这些地方游荡，这是对它们以往恶行的惩罚。它们一直在游荡，通过对肉身的不断追求，最后再次被禁闭在肉身中。它们投靠的那些肉身具有和它们在前世养成的某一类相同的性格或性质。

那些已经养成贪吃、自私、酗酒习惯的人极有可能会投胎成为驴子或其他堕落的动物；那些自愿过一种不负责任的生活，无法无天、使用暴力的人，会变成狼、鹰、鸢之类的动物；而过着社会生活，能够受纪律约束的动物群体的成员，比如蜜蜂、黄蜂、蚂蚁，甚至可能再次投胎于人，成为体面的公民。

灵魂的两根铆钉

苏格拉底继续说，每一个寻求智慧的人都知道，当哲学接管灵魂的时候,他的灵魂是一个无助的囚犯,手脚被捆绑在身体中，只能透过灵魂的囚室间接地看到实体，在无知的泥淖中打滚。哲学接管了灵魂，试图用温和的劝说来使灵魂自由。她向灵魂指出，用眼睛、耳朵以及其他所有感官做出的观察完全是一种欺骗,她敦促灵魂尽可能不要使用感官,除非迫不得已。她鼓励灵魂精力集中，相信自己对物体的独立判断而不要相信别的东西，不要把灵魂间接得来的服从于多样性的东西当作真理，因为这样的物体是可感的和可见的，而灵魂自身看到的东西是理智的，对于肉眼是不可见的。

当每个人的灵魂感到一种强烈的快乐或痛苦时，它就必然会假定引起这种最强烈的情感的是最清楚、最真实的实体，而实际上并不是。因为每一种快乐或痛苦都像是一根铆钉，把灵魂牢牢地钉在肉体上，使之成为有形体的，把被身体肯定的任何东西都当作真实的来接受。因此，灵魂与身体保持一致，在相同的事情上寻找快乐，由此产生的结果是：灵魂在性格上与肉身相同，这样它就绝不能逃往不可见的世界，而是习惯于和肉身在一起，于是它在离开肉身后很快就又回到另一个肉身中，在那里扎根和生长。这样一来，灵魂成为纯洁、单一、神圣事物的同伴的可能性就被完全排除了。

夜莺、燕子和戴胜之类的鸟儿，当它们感到自己快要死的时候，会更加大声、更加甜蜜地歌唱，它们对自己就要去神那里感到快乐，而它们是神的仆人。人们却错误地把天鹅的临终绝唱理解为表达悲哀。苏格拉底说："我想我现在和天鹅一样，忠心侍奉同一位神，我的主人赋予我的预见力并不比天鹅差，在告别今生的时候也不感到烦恼。至于你们关心的这种对死亡的恐惧，只要雅典的法官们允许，你们想怎么说，怎么问都可以。"

灵魂犹如琴弦和音

灵魂是否永存不朽，众人依然心存疑惑，于是希米亚斯开始了发问，他说道："你可以针对给一件乐器调音说出同样的话来，调好的音是不可见的、无形体的、极好的、神圣的，存在于定好了音的乐器中，而乐器本身和它的弦是物质的、有形的、复合的、尘世的，与可朽的东西密切相连。现在假定这件乐器坏了，弦被割断了或者绷断了。按照你的理论，这个时候定好的音仍旧存在，是不可能被摧毁的……你会说定好的音必定像过去一样存在于别的某个地方，而制作乐器的木头和琴弦却会腐烂……如果有人坚持灵魂作为物理构成的一种和谐，是最先被毁灭的，我们称之为死亡，那么就请对这个论证做出回答。”

这种论调大体上接近于现代“附带现象论”的理论，也就是关于意识本质的“机能说”。按照这一理论，“意识”仅仅是肉体的生物体的种种活动的副产物，如赫胥黎所说，是蒸气冲出蒸汽机时发出的“汽笛声”。意识犹如蒸汽机的汽笛声，或者意识是人脑的机能，现代科学世界所坚持的基本上就是这种观点。

厌恶论证是人生最大的不幸

对于希米亚斯的问题，苏格拉底用一个类比展开了讨论。他说："假定一位年老的裁缝刚死……那位裁缝制作和穿破了很多的衣服，尽管他比其他衣服都活得更长,但他可能会在最后一件衣服腐烂前死去……我相信这个比喻也可以用来说明灵魂与肉体的关系，以同样的方式说明灵魂的生命力很长，而身体的生命力相对较短或较弱，我认为这样说是合理的。我们可以承认每个灵魂都像穿衣服一样穿过许多肉体，尤其是当灵魂长久地活着的时候，尽管肉体在一生中不断地发生变化和分解，但是灵魂绝不会停止更换已经穿破了的肉身。"

希米亚斯显然对苏格拉底的论证十分不满，他说道："无人知道这些'死'或灵魂与身体的分离哪一次对灵魂来说是终结性的，因为我们中任何人都不可能拥有这样的预见能力，那么苏格拉底，没有人，只有傻瓜才会充满自信地去死，除非他能证明灵魂是绝对不朽的、不可毁灭的。"

苏格拉底并没有气馁，在继续进行论证之前，特别提醒说："对任何人来说，没有比厌恶论证更大的不幸了。"厌恶讨论和厌恶人是以同样的方式产生的。厌恶人是由于不加批判地相信某人。你假定某个人绝对诚实、忠心、可靠，而后又发现他是虚伪的、不可靠的。同样的事情一而再，再而三地发生。这种情况会使你厌恶任何人，认定在任何地方都不可能找到真诚。

假定有一个论证是真实的、有效的、能够被发现的，然而有人由于成见或偏见感到它有时候真、有时候假，这个时候他不去追究自己的责任，责备自己缺乏技能，而是到了最后在绝望中把怒火发泄到论证头上，此后一生中老是在抱怨和斥责论证，由此错过了认识关于实体的真理的机会，这岂不是一桩可悲的事？

因此苏格拉底说："我们一定不可在心中认为不存在有效的论证。正好相反，我们应当承认自己在理智上仍然是残缺的，但我们必须打起精神来，尽力成为健全的。"

机能说的道德困境

苏格拉底的论证可以这样概括：

如果灵魂是一种“和音”，我们只能说每种灵魂跟任何别的灵魂一样，也是一种“和音”，而这等于说，在道德上任何灵魂都不比另一灵魂好或坏，或者甚至可以说，一切灵魂由于都是精确的“和音”因而都是至善的。然而这种对道德价值差别的否定，显然是可笑的。机能论和承认道德价值的差别是不相容的，而且，这些差别无疑是真实的。一种与伦理学的主要原理冲突的理论，必然是谬误的，因为这些伦理学原理是可靠的真理。

机能说不但无法解释人与人之间的道德价值的差异性，也无法解释灵魂所具有的反作用于肉身的主动性。如果灵魂是一种定好的和音，那么它绝不会发出与它的构成要素相冲突的声音，无论这些要素处于什么状况，是紧张、松弛、颤动，还是别的状态，它一定会追随这些要素，但绝不会指引它们。但是现在我们看到，灵魂确实在以相反的方式起作用。灵魂在指挥所有构成要素，一生都在压制它们，实施各种方式的控制，有时候用严厉的、令人不快的方法，就像体育训练和医术，有时候用温和的方法，有时候进行指责，有时候进行鼓励。灵魂与欲望、情欲、恐惧进行交谈，就好像灵魂与它们是分离的、有区别的。

由此看来，说灵魂是一种调好的和音是不合理的。

从“理念分有”到“灵魂不朽”

苏格拉底说：“如果有人对我说，某个特定事物之所以是美的，因为它有绚丽的色彩、形状或其他属性，我都将置之不理。我发现它们全都混乱不堪。我要简洁明了地，或者简直是愚蠢地坚持这样一种解释：某事物之所以是美的，乃是因为绝对的美出现于它之上或者该事物与绝对的美有某种联系，而无论这种联系方式是什么。我现在不想追究那些细节，而只想坚持这样一个事实，即依靠美本身，美的事物才成为美的。”

与“美”的理念（在希腊语中，又被译为“型”、“相”、“型相”或“形式”，我们使用最传统的译文“理念”）相似，“大”和“小”也是这样。较大的事物之所以较大，也是由于大本身，而较小的事物之所以较小是由于小本身。同样的情形见于数字，10比8大2，8比10小2，大和小的区分的关键不在于2，而在于10分有“大”的理念，而8分有“小”的理念。如果A比B高一头，高是因为“一头”，反过来，B比A矮也是因为“一头”；“一头”既是“高”的原因，也是“矮”的原因，这就颇为矛盾。苏格拉底认为，正确的说法是A分有了“高”的理念，所以高，原因不在于“一头”；同理，B分有了“矮”的理念，所以，B就矮。

一个身高180厘米的人与姚明比是“矮”，而与身高170厘米的人比，则显得“高”，在这里，此人是否既高又矮，或者“高”衰退为“矮”？我们知道，理念是不可见的，只能够用灵魂把握的，同时，理念是永恒的，只有具体的事物会生灭变化，因此，一个理念绝对不会退化转变为另一个理念。苏格拉底明确指出："在我看来，不仅高本身这个'型'绝不会既为矮又为高，而且我们身上的'高'绝不愿意接纳'矮'，不愿被超越。只有两种结果：要么是在'矮'——'高'的对立面——逼近时，'高'回避或撤退了；要么是在'矮'到达时，'高'已经被消灭了。"

理念是不生不灭的，因此，当身高180厘米的人面对姚明时，他自身的"高"的理念只是暂时隐退了，而不是被消灭了。再说火，在冷逼近时，它必定要退隐。它绝不会有勇气接受冷而又像从前一样仍旧是火。同理，灵魂不能接纳死亡，或死去，恰如火不能是冷，火中的热也不能是冷。

据此，苏格拉底得出结论："当死亡降临于一个人的时候，死去的是他的可朽部分，而他的不朽部分在死亡逼近的时候不受伤害地逃避了，他的不朽部分是不可灭的。"这个不朽的部分就是人永恒的灵魂。

论语言

反对私人语言

《克拉底鲁篇》的对话是在赫谟根尼、克拉底鲁与苏格拉底之间展开的，这篇对话录的真正目的不是考虑语言的起源，而是考虑语言的使用和功能。

起初，赫谟根尼持有一种语言完全出于约定的任意性的观点，他说："在我看来，你提出的任何名称都是正确的，如果你换一个名称，那么这个新名称也和老名称一样正确——我们经常给自己的奴隶换个名字，我们给他们起的新名字就和老名字一样好。因为自然并没有把名字给予任何事物，所有名称都是一种习俗和使用者的习惯。这就是我的看法。"

赫谟根尼主张语言是完全任意的，而且这种任意性比较极端。如果我喜欢用某一个名字称呼一个事物，对我来说，那就是它的名称，即使我与其他任何人的用法颠倒也无妨。因此，如果我把其他每个人称为“人”的东西叫作“马”，“马”便是我个人的名称，是在我私人的语言中那个生物的名称，像在公共语言中“人”是它的名称一样确实。

但是，这种主张引起了一个极大的问题。名称是“计算”或命题的一个部分，而且一个根本的部分。各种命题可能是真实的，或者可能是不真实的，如果它们如实地谈及实际存在的事物，它们是真实的。否则，就是不真实的。如果整个命题有所谓真假之分，那么，构成命题的词语也有真假之分。

苏格拉底的意思是：语言正是一种社会活动，它主要是一种交际工具。我个人给予某物一个名称，而其他的人都不这样称呼它，这并没有排除它的作用；它使人误解，对它的目的来说是一个不好的工具。这就是苏格拉底把它叫作“不真实的”名称的原因。

马
人

名称不是任意的

苏格拉底开始阐述他的看法：

切割必须要用钻子切割；编织或穿孔必须要用梭子来编织和穿孔；命名必须要用名称来命名。把名称当作一样工具，我们是在把信息相互传递，按照事物的性质区别它们。那么，名称就是教育和区分性质的工具，就像梭子把织网的线分开。

梭子是木匠造的，并非人人都是木匠；钻子是铁匠造的，只有掌握铁匠技艺的人才能锻造；同理，并非每个人都能提供名称，只有名称制造者才能提供，他就是立法家，在世上所有匠人中，有这种技艺的人最少。

制造钻子、梭子需要依照固定的"型"，他必须把这种工具天然的"型"表现出来，不管他用的是什么材料，而不能凭想象随意把它表现成其他样子。至于名称，如果立法家是任何真正意义上的给事物命名的人，那么，立法家就必须知道如何把每一事物真正的、天然的名称放入声音和音节中去。尽管每个铁匠可以为同一目的而制造相同的工具，但他们绝不会从同一块铁里把它们都造出来。“型”必须是相同的，但质料可以是多样的，无论用什么样的铁，造出来的工具可以一样好，无论在希腊还是在外国——没有什么区别。

因此，提供名称并非轻而易举，或是随便什么人都能做到的，事物的名称是自然的，并非每个人都知道如何给事物起名称。

使用产品高于制造产品

在苏格拉底眼中，谁裁决一块特定的木头是否像它本来应该的那样真正接纳“梭子的形式”呢？不是制造工具的专家（木匠），而是必须要用它的专家（织布工）。而且这是一个普遍的规则。制造工具的人必须从打算使用它的人那里取得他的规格。

使用产品的“技艺”才是高级的，制造产品的“技艺”则是次要的。这也适用于制定名称的“立法者”

的例子。一定有一种高级的专家，判断名称的真髓是他的职责。他就是要使用这些名称的专家，这个提出问题并回答问题的专家，就是“辩证学家”或形而上学家。换句话说，检验语言的切当性不仅仅是“习俗”，而且是它充分而精确地表达最高度真实的能力。

原始名称源于声音模拟

假使我们都是聋人和哑巴，我们就会尝试用自己的身体模拟我们想要引起注意的事物的形状和动作来交流信息。我们双手上举表示轻松和向上；双手下垂表示沉重和向下；如果要表示骏马或其他动物的奔驰，我们就会用身体尽可能模仿它们的姿势。

现在我们可以同样使用声音的表达来模拟。假使一个人能用我们称为“字母”和“音节”的有声示意复制各种事物的“实在”，他就是在给各种各样的事物命名。原始名称可以被设想为是由这种模拟的方法产生的。

词语＝真相

苏格拉底说，我们已经同意一个名称是它所指定的事物的“模拟”，比如我们说“它像一幅肖像”，这里的肖像是看得见的描写，而名称则是听得见的描述。肖像不是精确的复制品。一位画家抓住了另一位画家忽略的特征，因而可能出现一幅较好的肖像和一幅较差的肖像，但其实两者都是同一原型的肖像。语言中的原始名称也可能如此，一个名称可能是它所代表的事物的有缺陷却真实的“模拟”。

对此，克拉底鲁提出异议，他认为将名称与肖像画类比是不合适的。一幅坏的肖像可能会略去其原型的某些特征，或者加进原型没有的东西，但仍是那个人的一幅可辨认的肖像。而就一个名称来说，如果我们加进或略去一个字母，我们就等于根本没有写对那个名称。

因此，克拉底鲁坚信词语能够传达真相，并且他认为，“赋予事物最初名称的力量绝不是凡人的力量，这样提供的名称必定是它们真正的名称”。这就意味着：知道名称的人也会具有名称所代表的相应的知识。因此，认识名称是认识事物的唯一途径，发现事物真相的唯一途径是发现名称的意义。

词语≠真相

苏格拉底对克拉底鲁“词语＝真相”的观点进一步提出了质疑，他说：“我相信你说的这种情况对数字来说可能是正确的，要么就是这个数字本身，要么就根本不是这个数字。例如 10 这个数字要是增加或减少其中的一个部分，马上就会成为 10 以外的其他数字，对其他数字来说也一样，但这种状况并不适用于事物的性质或用形象来表现的任何事物……让我们假定有两个对象，一个是克拉底鲁，另一个是克拉底鲁的形象。我们还要进一步假定，某个神在刻画克拉底鲁的形象时，不仅像画家那样使它有外形和颜色，而且也创造出像你的内脏一样的内在组织，也有同样的热度和柔软，并使之能够运动，把和你一样的灵魂和心灵输入其中，简言之，模仿你拥有的一切性质，造就另一个你。在这个时候，你会说这是克拉底鲁，那是克拉底鲁的形象，还是会说有两个克拉底鲁？”

克拉底鲁当然只好回答是“两个克拉底鲁”。

苏格拉底接着说：“那么你瞧，我的朋友，我们必须寻找某些关于形象的真理原则和关于名称的真理原则，不要坚持说增加或减少了某些东西，形象就不再是形象。你难道没有觉察到，形象与形象所代表的真实事物相差甚远吗？”

苏格拉底坚持的立场是“词语≠真相”，“事物的名称如果与事物完全一模一样，结果会有多么可笑！因为这样一来名称就成了第二个事物，无人能够决定哪一个是名称，哪一个是实际事物”。

毒药 VS 良药

苏格拉底对词语的不信任也出现在《斐德罗篇》中，在这篇对话中，苏格拉底用 pharmakon 一词来指称书写，这个词在希腊语中既可以指毒药，也可以指良药。

苏格拉底引用了一个神话故事，说一个埃及古神给国王献上了一份礼物，一种医治健忘的良药，即文字。然而国王却说："能发明技艺的是一个人，能权衡使用这种技艺有什么利弊的是另一个人。现在你是文字的父亲，由于溺爱儿子，你把它的功用完全弄反了！如果有人学了这种技艺，就会在他们的灵魂中播下遗忘，因为这样一来他们就会依赖写下来的东西，不再去努力记忆。他们不再用心回忆，而是借助外在的符号来回想。所以你所发明的这帖药，只能起提醒的作用，不能医治健忘。你给学生们提供的东西不是真正的智慧，因为这样一来，他们借助于文字的帮助，可以无师自通地知道许多事情，但在大部分情况下，他们实际上一无所知。他们的心是装满了，但装的不是智慧，而是智慧的赝品。这些人会给他们的同胞带来麻烦。"

此外，"文字还有一个很奇特的地方，斐德罗，在这一点上它很像图画。画家的作品放在你面前就好像活的一样，但你若向它们提问，那么它们会板着庄严的脸孔，一言不发。书面文字也一样，你可以把这些文字当作有知觉的，但若你向它们讨教，要它们把文中所说的意思再说明白一些，那么它们只能用老一套来回答你。一件事情一旦被文字写下来，无论写成什么样，都会到处流传，传到能看懂它的人手里，也传到看不懂它的人手里，还传到与它无关的人手里。它不知该如何对好人说话,也不知该如何对坏人说话。如果受到曲解和虐待，它总是要它的作者来救援，自己却无力为自己辩护，也无力保卫自己”。

怎样度过这一生？

对“辩论术”的界定

就像普罗塔哥拉一样，高尔吉亚是名满古希腊的大智者，普罗塔哥拉曾经来雅典教授“美德”，并深受雅典人的欢迎；同样，这次高尔吉亚来雅典教授“辩论术”，想来学习的人也非常多。粗读文本，我们会认为《高尔吉亚篇》是在谈论辩论术；仔细阅读的话，就会发现讨论的实质在于政治的目的是什么；掩卷深思，你将会发现，本篇旨在论证人应该“如何度过这一生”。人是群居动物，是社会性的动物，或者说是政治动物。《庄子·人间世》中讲道：“天下有大戒二：其一命也，其一义也。子之爱亲，命也，不可解于心；臣之事君，义也，无适而非君也，无所逃于天地之间。”少年时，被父母管教；成年时，被政府管教，可谓“无所逃于天地之间”。当管教自己的父母不称职，或者，当管教自己的君王是个僭主时，我们该如何生存于世间。把庄子给出的答案暂时放在一边，我们看看苏格拉底的论述。

高尔吉亚自称精通辩论术的技艺，因此是个演说家。就像纺织必定与做衣服有关，音乐必定与创作乐曲有关，辩论术必定与话语相关。有些技艺主要是由行动构成的，几乎不需要言语，仅凭行动就可发挥其功能，例如绘画、雕刻等。此外，诸如医学、几何学，都会用到话语，但并不因此而是“辩论术”。

经过一番讨论，高尔吉亚承认：辩论术的本质就在于说服。尽管自己并不是一名医生，演说家却比医生更令人信服，无须学任何技艺但又能证明自己在任何方面都不比那些专家差，这难道不是一种极大的诱惑吗？

演说家与甜点师

但苏格拉底认为，辩论术根本不是一种“技艺”，与专门知识不是一码事。它只不过是一种经验的“窍门”，更确切地讲，是一种“使人欢乐的诀窍”。在这方面，它更像甜食制造手艺。甜点师靠调配佐料来迎合顾客的口味，而“演说家”同样靠有吸引力的言辞“取悦鉴别能力较差的人”。也就是说，修辞术是媚俗的逢迎技巧。

有两种照管身体即把身体保持健康水平的双重技艺和两种相应的照管灵魂的双重技艺。“照管”身体的两种技艺没有共同的名称，其一是体育，即造就真正健康的身体；其二是医学，其职能是使不健康的身体恢复健康。与此相应，“照管”灵魂的技艺只有一个单一的名称，它叫作“治国之才”，可是它也有两个分科：制定精神健康标准的“立法”和纠正、补救灵魂疾病的“司法”（或正义）。

体育和医学的规则是建立在促进身体健康的知识的基础上的，立法者和审判者的规则是建立在有益于灵魂的知识的基础上的。但四种技艺的每一种都有其假冒物，而赝品把令人愉快而不是使人得益作为其标准，与真正的技艺大不相同。

甜点师是医生的赝品，医生旨在嘱咐我们吃促进健康的饮食，而甜点师旨在建议我们吃适合口味的食物。美容术是体育的赝品，通过化妆品、时髦服饰等手段产生虚假的优美和魅力。与灵魂的健康有关的技艺也是这样。智者自称传授德性，但是他作为德性传授的，只不过是使自身受欢迎的那种生活；虽然自称是诊治政治紊乱的医生，但是他建议的措施不过是说服他的听众而已，因为他着重推荐的是一瞬间的情绪所欣然赞同的东西。

为所欲为并非强大

波卢斯认为，“演说家”是社会上最有力量的人，因此是举足轻重的人物。他能利用其权势随心所欲地将任何人流放，没收他的财物，甚至促成死刑判决。

因而，他实际上是一个没有人能胜过的独裁者。

独裁者无疑总是做“凡是他认为有益的事”，但苏格拉底指出，如果一个人的认识是错误的话，做“他认为有益的事”，是不会有益的。有许多我们所做的事情，只是手段，而非目的，正像一个人为了恢复健康而遵照医生嘱咐服用一种讨厌的药，或者为了发财而从事劳累且危险的航海职业。在所有这样的例子中，若一件事是作为达到某一隐秘目的的手段去完成的，那么这个人所希望的，正是这个隐秘的目的，而不是为达到这个目的而采取的不情愿或不感兴趣的手段。

如果独裁者错误地猜想这样的步骤将“会对他有利”，而实际上这些步骤对他有害，他就不是在做他“所希望做的事情”，因而不应该被称为“强大的”。每个人都希望获得利益，没有人希望不幸，所以，真正的强大就是能够得到利益。如果结果是你获得不幸而不是利益，那么，“随心所欲地行事”就是软弱，而不是有力量。

苏格拉底的这种论证事实上在重述他“无人故意作恶”的论调。在希腊语中，“故意”表示真正想要的意思，这种解释对于英语同样适合，“故意”是 on purpose，即“以某物为目的”。“无人故意作恶”，等于说“无人将作恶当作目的”，或者说：“作恶只是人们谋取利益的手段而已。”

受罪胜过作恶

在波卢斯看来，如果一个人要撕烂某人的衣服，那么他的衣服马上就得被撕烂，决定要某个人头破血流，他马上就得碰破头，要谁死，谁就得死，那么，这个人在这个城邦里的权力就是伟大的。当然，他也是幸福的，至少比那些遭遇不幸的人更幸福。

但苏格拉底说，幸福完全依赖于正义，“我把那些高尚、善良的男男女女称作幸福的，把那些邪恶、卑贱的人称作不幸的”。恶人和作恶者在任何情况下都是不幸福的，如果他没有遇上正义和接受惩罚，他就更加不幸福，如果他付出了代价，从诸神和凡人那里受到惩罚，他就要好些了。

波卢斯举例子说，斯巴达的僭主本没有继承王位的资格，但他设计谋杀自己的兄弟，并成功篡夺王位，还到访过雅典城，他有什么不幸？如果作恶被抓住，被挖眼掏心、祸及妻子，那才叫不幸。“假如他能逃脱，后来成功地做了僭主，掌握了城邦的大权，可以随心所欲，成了本城公民和异邦人羡慕的对象，他的福气为人们所称道，那么他不会比先前那种状况幸福些吗？”

在苏格拉底的追问下，波卢斯承认作恶比受恶更可耻，但否认作恶更坏。

在苏格拉底进一步追问下，波卢斯承认受恶比作恶更痛苦。

于是苏格拉底说，既然作恶者在痛苦方面没有超过受恶者，却在无耻方面超过了受恶者，那么，他凭的是什么而更无耻呢？苏格拉底说，他必然是在邪恶方面加倍地超过受恶者。

因此，作恶者不但无耻，而且邪恶。

三种可耻

一个弱者遭遇不公，甚至还连累了妻儿和亲友，却没有能力使自己摆脱厄运，这当然是可耻的；但还有第二种更加可耻的人，那就是作恶者；第三种最可耻的人，是那些作恶并且逃避惩罚的人。

苏格拉底分析说，如果某人烧东西，那么必定有某事物被烧；如果某人切割，必然会有被切割的事物；如果切割得很大、很深、很痛，那么被切割的对象也有同等程度的表现。也就是说，承受者的体验的性质与行动者的行为的性质相对应。所以当受惩罚的人付出公正的代价时，他是在公正地承受，因此，受到公正惩罚是光荣的，也是有利的。

与物质财富、身体和灵魂这三类事物对应，人世有三种恶：贫穷、疾病和不义。挣钱使我们摆脱贫穷，医学使我们摆脱疾病，正义使我们摆脱不节制和不义。从来不生病是最幸福的，幸福不仅是对恶的摆脱，而且是从来不染上恶。有些人的所作所为就像一个讳疾忌医的人，患了重病，却又像小孩那样害怕烧灼术或外科手术的痛苦，因此拒绝接受治疗，不愿向医生支付报酬。苏格拉底说："他们看到受惩罚是痛苦的，但不知道它的好处，不知道有一个不健康的灵魂比有一个不健康的身体更加不幸，这个灵魂不仅是不健康的，而且是腐败、亵渎、罪恶的，所以他们不遗余力地逃避惩罚，不愿从这种最大的疾病中解脱出来，而只是为他们自己谋取金钱、朋友和说服性的修辞术的最大权力。"

本性与习俗

当波卢斯几乎无言以对的时候，卡里克勒斯发言了。卡里克勒斯的观点几乎与尼采的观点不谋而合。他认为，否定人的欲望，也就等于放弃了人的生命。不能被消化的食物变成了粪便，不能被"消化"的行为成了不义。自然界没有道德现象，诋毁强者是奴隶的道德。

卡里克勒斯说："我并不认为波卢斯真心同意你

的看法，即作恶比承受不义更可耻，而是因为他被你的论证捉住了，缄默了，因为他羞于说出他内心的想法。苏格拉底，尽管你声称追求真理，但你实际上可恶地把我们引向这些流行的错误观念，不是依据本性，而是按照习俗去寻找优秀、高尚的事情。本性和习俗在大部分场合下都是相互对立的。因此，如果一个人耻于说出内心的想法，那么他就会被迫自相矛盾……在我们当前讨论的作恶与受恶问题上，波卢斯按照习俗说出什么东西更可耻，而你就诉诸本性加以反驳。依据本性，事物越坏就越可耻，比如受恶，但依据习俗，则是作恶更可耻。受恶甚至不适用于公民，而只适用于奴隶，因为对奴隶来说死比生好，当受到虐待和暴行时，奴隶不能够帮助自己和他关心的人。”

这种本性与习俗的对立，有点类似于中国先秦哲学的天人之辩。“天”是自然，是本性，即 nature，而习俗则是人为的，是文化，即 culture。在先秦时期，儒家偏向于习俗，而道家偏向于本性。当道家提出“天在内、人在外”之时，是以天灭人；当儒家认可“名教即自然”之时，是以人灭天。总之，天人之际的张力是以暴力的方式吞噬了矛盾中的另一方，而不是经历一个辩证的否定之否定的“扬弃”过程。

奴隶道德

卡里克勒斯接下来的发言，与尼采在《论道德的谱系》一书中对于奴隶道德的界定如出一辙。认为奴隶道德起源于否定，先否定他人（强者），说他们邪恶，然后才发现自己（弱者）善良。这是出于对“生命”本身的怨恨，因此是病态的、不健康的道德。

卡里克勒斯说：“我认为那些立法的人是一群弱者，多数人都是弱者。他们为自己立法，为自己的利益而立法。他们的规定和审查也一样，是为了防止强者超过他们，夺取他们的利益。他们吓唬强者说，超过其他人是可耻的，是一种邪恶，向他人谋求利益是不义的。我假定，这些人是低劣的，因此希望享有与他人平等的待遇，从中得到满足。这就是为什么传统上要说寻求特权是错误、可耻的。但在我看来，本性已经彰明了这一点，强者谋取弱者的利益是正确的，人越是能干，就应得到更多的利益。所有动物、整个国家、整个人类显然都是这样，人们把这种权力当作君主之权和强者对弱者之权。薛西斯侵略希腊，或他的父亲侵略西徐亚，有什么正义可言？人们还可以提到无数相同的事例。我想这些人的行动遵循着权力的真正本质，对，老天在上，他们依据的是本性自身的法则，而可能并不依据我们设置的法律。我们塑造出最优秀、最强大的人，但趁他们还年幼时就把他们像幼狮一样抓来，用符咒使他们成为奴隶，要他们满足于平等，并说这样做才是正义的、公平的。但若有人生来就非常强大，我相信，他会站起来摆脱各种控制，打碎一切枷锁。他会把我们写着符咒的那些纸踩在脚下，破坏我们一切非自然的习俗。他会站起来宣布，他才是我们的主人，而以前他是我们的奴隶，符合本性的正义之光将会在那里闪耀。”

过度学习哲学对人生有害

苏格拉底认为厌恶论证是人生最大的不幸，而卡里克勒斯正好相反，他认为，学习哲学应该适可而止。这同样让我们想起尼采在《论历史的用途与滥用》一文中的话："过度的历史有损于生命。"简言之，过度思考有损生命，习俗的负担太沉重，本性就会因不堪重负而崩溃。

卡里克勒斯滔滔不绝地继续说道："你知道的，苏格拉底，如果你在年轻时有节制地学习哲学，那么它是一样好东西，但若你超过必要的程度继续研究它，它就能把任何人给毁了。如果一个人天赋极高而又终生追求哲学，他一定会对如何做一名绅士和杰出人物丝毫不熟悉。这种人对他们城邦的法律一无所知，也不知道在公共场合和私下里该用什么样的语言与他人交往，更不明白人生享乐和风情。总之一句话，他们完全缺乏人生经验。所以，参加公共活动或私人活动时，他们显得非常可笑。

"把哲学当作有助于教养的东西，有限度地学习哲学，那么哲学是一样好东西。一名青年学习哲学也并不可耻，但若已经成年仍要学习哲学，那么情况就变得可笑了。苏格拉底，我面对哲学家的感觉很像面对那些口齿不清、尚在玩耍的儿童……当我看到一名青年学习哲学，我敬重他，这在我看来是很自然的，我会认为这个人很本真；如果有青年不学习哲学，那么我会认为他没教养，今后也不会有任何高尚的行为；但若我看到一个成年人仍旧不放弃学哲学，那么，苏格拉底，这个人实际上是在讨打。因为我刚才说过，这样的人即使天赋极高也不配称作人，因为他们从来不去市中心和市场（诗人说这些地方是崭露头角之处），而是终生躲在某个角落里和三四个奴仆窃窃私语，不能以自由、崇高、辉煌的风格说话。”

真金欢迎试炼

卡里克勒斯的言辞渐次转向对于苏格拉底本人的攻击，他说道：“我亲爱的苏格拉底，别对我生气，因为我是为了你好才对你这样说的，你和那些在哲学上走得更远的人就不认为你们的处境很可悲吗？如果现在有人抓住你，或其他像你这样的人，拉着你去监狱，你们没犯罪也说你们有罪，那你就会发现自己不知如何是好，嘴张个没完，但却说不出话来。如果你被送上法庭，乃至碰上一位非常恶毒的无赖似的原告，如果他要求处死你，那么你会被处死……（哲学）既不能给一个人提供帮助，又不能使他和其他人摆脱极端危险的处境，而是命中注定要被他的敌人剥夺全部财产，像一个被剥夺公民权的人一样生活在自己的城邦里。如果我还能说得更加残忍些，那么这样的人大家都可以打他的耳光而不必受惩罚。”

苏格拉底回答说：“如果我的灵魂是一块精炼的黄金，卡里克勒斯，你不认为我应当为能够发现一块最好的试金石而感到高兴吗？我观察到，任何人想要恰当地考察一个人的灵魂是否善良或邪恶，必须拥有三项素质，而这些素质你全部都有，这就是知识、善意和坦率……你绝不会由于缺乏智慧或不节制而赞同我的看法，也不会出于某种欺骗的意向而赞同我的意见。因为你是我的朋友，这是你自己宣布的。因此，你我之间所达到的任何一致都是真理的顶峰。”

弱者人多

依照卡里克勒斯的意思，体力较强的人称作强者，因此弱者必须服从强者。举例说来，强大的城邦进攻弱小的城邦是天经地义的，因为它们更加强大，强大、强壮和优秀是一回事。

但苏格拉底指出，弱者人数众多，多数人当然比少数人更有力量，更强大，因此，多数人制定的法令，也就是强大一方制定的法令，也是优秀的法令。有许多人认为正义就是平等地分享，而且作恶比受恶更可耻，这当然就是真理。

卡里克勒斯反驳说：“你这个人就不能停止胡言乱语吗？我在前面告诉过你，我把比较优秀等同于比较强大，不是吗？你以为我指的是一群奴隶和除了身体强壮之外毫无实际用处的乌合之众，他们聚集在一起宣布某些事情，而这就是法律吗？”

苏格拉底则回敬道：“你肯定不会认为二比一更优秀，或者认为你的奴隶比你更优秀，因为他们比你强壮……按你的解释，一个聪明人经常比一万个傻瓜更强大，如果一个人比一万个人更强大，那么应当由这个人来统治那一万个人，而这个人得到的东西比他的臣民要多是公正的。”

卡里克勒斯承认：“这就是天然的正义，比较优秀和比较聪明的人应当统治比他们低劣的人，也应当获得更多。”

苏格拉底接着说：“假定我们许多人像现在这样聚集在一起，在同一个地方，共同分享大量的食物和饮料。我们是互不相同的，有些身体强壮，有些弱小。比较优秀的和比较聪明的人必须拥有比我们更多的食物。然而，如果他不想吃撑受苦，那么他在消费食物时一定不会超过他自己身体所需要的限度，如果他正好是所有人中最体弱的，那么岂不是最优秀的人得到的食物最少吗？或者，一个鞋匠在做鞋子方面比别人优秀，他就应该穿最大的鞋子，或者同时穿好几双鞋子逛街吗？”

气急败坏的卡里克勒斯指出：“我说的比较强大的人首先不是鞋匠或厨师，而是那些在国家事务中很聪明，拥有管理国家的最好方法的人。”

苏格拉底则说，统治国家的人应该首先拥有统治自己的能力，而统治自己就是指“节制、自制、控制自己的快乐和欲望”。

幸福在于欲望的生长

卡里克勒斯坚持认为：“节制就是傻瓜。”

所谓天生的高贵和正义就是每个正义地活着的人都应当让他的欲望生长到最大程度，而不应当限制它们，凭着勇敢和理智，应当能够让他的各种欲望都得到最大满足，这是他的欲望所渴求的。要做到这一点，对许多人来说是不可能的，因此他们就遣责能做到这一点的人，借此掩饰他们自己的无能。他们宣称无节制是可耻的，而那些能够控制自己的人是天生较为优秀的。由于他们自己没有能力满足自己快乐的欲望，出于胆怯他们就赞扬节制和正义。

对那些生来就是国王的儿子，或者那些拥有天赋能够取得职位、当上僭主或夺取最高权力的人来说，还有什么比节制和正义更加糟糕和可耻的事情呢？尽管这些人自由自在地享受幸福生活而没有任何障碍，但是他们会欢迎法律和讨论，以防止多数人成为统治他们的主人。

卡里克勒斯还说，如果没有欲求才能够幸福，那么，“石头和尸体就是最幸福的了”！

生命的破罐子

苏格拉底则说：“我们也许真的已经死了，因为我听说有位聪明人说过我们是死人，我们的身体是一个坟墓，住在里头的灵魂的性质是摇摆不定的……人们的灵魂的这个部分就是欲望的居所，是不受控制的和无法保持的，所以，灵魂的这个部分就好比一个有裂缝的水罐，你永远无法装满它。

“假定有两个人，各自拥有几只罐子。一个人的罐子都很好，装满了东西，一只盛酒，一只盛蜜，一只盛奶，还有的则装着各种各样的液体，但是这些液体是稀缺的，只能通过非常艰苦的劳动才能得到。假定一个人在装满了他的罐子以后不再自找麻烦去寻求进一步的供应，而是只要罐子里还有东西就不再忧愁；而另一个人的罐子起初是装满的，只是难以为继，因为他的罐子有裂缝，如果他不愿忍受最大的痛苦，就得日夜操劳去装满他的罐子。如果这就是每个人生活的性质，你仍旧坚持不受控制的生活比有序的生活更幸福吗？我是否该用这个比喻来劝你承认受约束的生活比不节制的生活更好呢？”

快乐生活≠好生活

卡里克勒斯坚持认为，渴饮饥食，虽然反反复复、无有休止，但这就是生命，也是快乐的来源。“经历其他所有欲望，还要能够满足这些欲望，在满足欲望中幸福地生活。”但苏格拉底说：“好极了，我高贵的朋友，继续说下去，你刚开了个头，不要因为害羞而停下来。我似乎也应当把羞耻全抛在一边。首先请告诉我，如果一个人身上发痒，想要用手去搔痒，他能搔到心里十分满意为止，并且继续搔一辈子，那么能说他的生活是幸福的吗？”

卡里克勒斯勉强承认这也是幸福！

苏格拉底继续追问，如果搔的不是头部，而是其他部位，比如隐私部分，这样的生活也是幸福的吗？

当卡里克勒斯不愿意做出肯定回答时，苏格拉底指出：并非所有的快乐都是善。一个人不可能既是有病的，又是健康的。同理，当一个人生活得很好的时候，不会同时又生活得很坏。但是，如果口渴是痛苦的，而喝水是快乐的，那么，在满足欲望的时候，我们就既是痛苦的，又是快乐的。所以，快乐和善不是一回事，痛苦和恶也不是一回事。傻瓜也会快乐，胆小鬼在敌人撤军时能感受到更大的快乐，但并不因此就成为值得推崇的善。

苦乐本身无关紧要，重要的是：它们必须以善为目的。

宁肯天下人负我

心灵健全和有节制的人从各方面来看都必定是正义的、勇敢的、虔诚的、全善的。好人无论做什么事都必定是好的和恰当的，他做好事必定是快乐的、幸福的，而做坏事的坏人必定是不幸的，他的所作所为必定是有节制的人的反面。我把这一点当作一个人应当终生寻求的目标，他应当把他自身和他的城邦的全部努力用于这个目标的实现，使正义和节制在他身上永驻，这样才能真正地获得幸福。他不应当过一种盗匪的生活，努力去满足他那些未受约束的欲望，而这是一种无止境的悲哀。因为这样的人不会与任何人亲近，也不会与神亲近。他不会有同伴，而在没有同伴的地方，也就不会有友谊。

苏格拉底接下来的言论近乎一种宣誓：“宁肯天

下人负我，我绝不负天下人！”

他说道：“卡里克勒斯，我坚持说，被人错误地打耳光并不是最可耻的事，我的钱被抢走或身体被砍伤也不是最可耻的事，更加可耻、更加邪恶的是打我的耳光和砍伤我。进一步说，偷窃、绑架、抢劫，总而言之一句话，任何对我犯下的恶行比我自己犯下的恶行更加可耻，作恶者比作为受恶者的我更坏。我在前面讨论中已经说过的这些事实都是紧密地联系在一起的，更加形象地说，它们是用铁和钻石一般的坚强论证联系在一起的,因此它至少看起来是站得住脚的。”

暴君的臣民

苏格拉底开始举例。

古代的贤人说，最亲密的友谊存在于同类之中。假定某个掌权的僭主是野蛮的、无知的，如果他的城邦里有人比他要好得多，那么我想这个僭主一定会害怕这个人，此人在僭主的内心深处也不会被视为真正的朋友。比这个僭主还要低劣得多的人也不会成为僭主的真正朋友，因为僭主会藐视他，对他不会产生对朋友的热情。

只有一种人可以做僭主的真正朋友，这就是与僭主具有同样秉性的人，他的嗜好和喜恶都与僭主相同，愿意做这位统治者的臣民和下属。他会在城邦里拥有大权，没有人能伤害他而不受惩罚。

假定这个城邦里有个年轻人在考虑如何获得大权，使别人无法伤害他，那么这就是他的途径，他从小就得养成习惯，像他的主人一样对同样的事物去感受快乐和烦恼，尽可能变得与主人一样。那么，最大的恶会留驻在他身上，因为通过模仿他的主人，通过他的权力，他的灵魂堕落了，毁灭了。尽管只要僭主愿意，他就可以处死别人，但这种做法实际上是一个无赖在谋杀一个好人，一个高尚的人。

船长对乘客有何恩惠？

卡里克勒斯认为，一个人应当尽可能活得长一些，以便更长久地去施展这些不断地将我们从危险中解救出来的技艺，比如辩论术，它能使我们在法庭上保住性命。然而，作为同样可以保命的游泳这项技艺，卡里克勒斯却十分鄙视。就此，苏格拉底展开了论述：

如果你认为游泳这种技艺无足轻重，那么我还可以告诉你一种比它更重要的技艺，这就是船长的技艺。它像修辞学一样，不仅能拯救我们的生命，还能从巨大的危险中拯救我们的身体和财物。虽然这种技艺不包含任何虚假的成分，但是，当乘客平安到达港口并下船时，也顶多只付给船长两个德拉克马。为什么？

因为这个船长知道，他对这些没有淹死的旅客所起的作用是不确定的，他不知道自己到底是给他们带来了恩惠还是伤害，只知道这些乘客的身体和灵魂都没有变得比上船时更好。他知道，如果有人在船上患了难以治愈的重病但又避免了被扔下海去淹死这一宿命，那么这个人的不死也是不幸的，他并没有从自己这里得到什么好处；由此也可推论，灵魂比身体更珍贵，如果有人在灵魂上得了许多难以治愈的疾病，换句话说，如果有人的灵魂已经扭曲了，那这样的人的生命是没有价值的。对于这样的人，即便船长从海上，或从法庭上，或从其他危险中把他救出来，对他来说也并没有什么好处。因为对一个坏人来说，活着并不比死了更好，因为这个坏人无论怎样活着，都会觉得不幸福。

船长救了我们的命，但他不擅长也不屑于表达自己，如同筑城的工匠也不会这样做。实际上，筑城的工匠在拯救生命方面的能力并不亚于一名将军或其他人，更别说船长了，因为他可以在需要时保全整座城市。如果筑城工匠也喜欢像修辞学家一样讲话，那么他会把我们埋葬在雄辩的论证中，鼓励和敦促我们一定要成为筑城的工匠，因为其他所有职业都是没有价值的，只有他的职业值得学习。

人应当漠视能活多久这个问题，不应当如此迷恋活命，没有人能够逃脱宿命，人应当把诸如此类的事留给神，而去考虑其他问题，比如一个人应当以什么方式度过他的一生才是最好的？他是否应当使自己同化于他生活于其中的那种统治类型？

政治家不是甜点师

苏格拉底继续说，有些政治家就像甜点师，他们会赢得那些暴食者的赞扬，也会使人身体发胖，但他们最终会剥夺人们先前拥有的肌肉。而他们的牺牲者出于无知反而不会因为身体失调和失去肌肉而去责备他们。此时若是有人在场向他们提出建议，告诉他们无视健康规则、过度饮食会给他们带来疾病，你认为结果会怎样？结果是这些提建议的人反而会受到他们的责备、污辱和伤害，而那些让他们失去健康的甜点师，则受到赞扬。

有人会说，这些人使我们的城邦更伟大，实际上，这些人一点儿都没意识到由于这些过去的政治家的腐败，我们的城邦正在溃烂。这些政治家一点儿都不注意纪律和正义，只是用港口、船坞、城墙、税收以及类似的垃圾来“喂养”我们的城邦，因此当城邦危机到来时，他们就把罪名推到其他建议者身上，说对方引起了城邦的不幸。

而实际上，辩证法家的技艺比修辞学家更好，其程度就相当于立法比正义的管理更好，体育比医学更好。

最邪恶的人来自哪里？

苏格拉底说：“在最有权力的人中间你可以找到最邪恶的人。当然，在最有权力的人中间，你也仍旧可以找到好人，能这样做的人值得特别的尊敬，因为要做到这一点是困难的。有权力胡作非为却能够始终过着正义的生活，这样的人最值得赞扬。但是这种人很少,尽管在雅典和在别的地方曾经有过这种高尚的、真正的人。他们拥有美德，公正地管理托付给他们的事务。这些人中有一位最出名，甚至在希腊的其他地方也拥有巨大的名声，他就是吕西玛库之子亚里士泰德。但是，我的好朋友，大多数掌握着权力的人是邪恶的。”

裸体的灵魂

在苏格拉底看来，许多人在活着的时候灵魂邪恶，但却裹着漂亮的身体，有着高贵的世系和财富，他们接受审判时会有许多证人跑来证明他们的生活是正义的。这些情况使法官眼花缭乱，而法官们在进行审判时也穿着衣服，他们的眼睛、耳朵甚至整个身体就像屏风一样遮蔽着他们的灵魂。他们自己的衣服和接受审判者的衣服都成了他们审判的障碍。

在人死后，受审前必须剥去所有的衣服，赤身裸体，这样才能对他们进行审判。法官也必须是裸体的，用他自己的灵魂去扫视那些刚死去的人的灵魂，而不管这些人有什么样的亲属，也不管他们留在世上的是什么样的打扮，这样的审判才是公正的。

苏格拉底说：“死亡在我看来无非就是两样东

西——灵魂与身体——的分离，它们分离以后仍旧各自保持着它们活着时的状况。身体保持着它自己的性质，有着明显可见的各种痕迹或印记。所以我相信灵魂也一样，灵魂的外衣一旦被剥去，灵魂中的一切也都是清晰可见的，其中都是一个人的灵魂通过他从事的各种活动获得的性质和经验。”

审判官能够把那些国王或君主的灵魂找出来，是因为这些灵魂中没有健康的迹象，而只有他犯下的种种罪恶而在肋骨上留下的伤痕，也就是各种恶行在灵魂上留下的标记，还有因为虚伪和欺骗而被扭曲了的东西，这样的灵魂中没有什么东西是正直的，对真理完全是陌生的。法官会看到，由于行为的奢侈、放荡、专横、无节制，灵魂中充满了畸形和丑恶。他们会被送往哈得斯的监狱，受着永久的折磨。这些人实际上起着样板的作用，成为对不时来到那里的作恶者的一个警示。

怎样度过这一生？

对于“怎样度过这一生”这个问题，苏格拉底在《高尔吉亚篇》的结尾处，发表了如下宣言：

我正在思考自己应如何尽全力把最健康的灵魂奉献给我的法官，所以我谴责大多数人追求的荣耀，认为人们应该追求那生前死后都应当追求的真理，尽可能做一个好人。我尽力劝告其他人，请你们全都来分享这种生活，展开这方面的竞赛，我认为这种竞赛的意义超过任何竞赛。

一个人首先要学习的就是如何做一个好人，无论是在公共场合还是在私人生活中。如果有人在各方面都被证明为有罪，那么他就应当受到严惩。其次就是如何通过接受惩罚变成好人。我们应当避免各种形式的逢迎，无论是对我们自己还是对别人，无论是多还是少，修辞学和其他各种活动都应只用于获得正义。

你可以让任何人藐视你，把你当作傻瓜，对你施加暴力——只要他愿意，而你也可以满脸带笑地让他污辱你，打你的耳光。因为如果你真的是个好人，高尚的人，追求美德的人，那么这样做对你并不能造成任何伤害。接受了诸如此类的训练以后，至少在当我们认为恰当的时候，我们可以进入公共生活。

这是生活的最佳方式：在追求公义和其他一切美德中生，在追求公义和其他一切美德中死。我要说，让我们遵循这种生活方式吧，并邀请别人也和我们一道遵循它！

哲学家奇葩说

贾辰阳——著

后苏格拉底篇

中信出版集团 | 北京

图书在版编目（CIP）数据

哲学家奇葩说 . 后苏格拉底篇 / 贾辰阳著 . -- 北京：中信出版社，2020.2

ISBN 978-7-5217-0970-4

I. ① 哲 … II. ① 贾 … Ⅲ . ① 哲学家—生平事迹—古希腊—通俗读物 ②哲学家—哲学思想—古希腊—通俗读物 Ⅳ . ① B502-49

中国版本图书馆 CIP 数据核字（2019）第 232286 号

哲学家奇葩说 · 后苏格拉底篇

著　　者：贾辰阳

出版发行：中信出版集团股份有限公司

（北京市朝阳区惠新东街甲 4 号富盛大厦 2 座　邮编　100029）

承 印 者：北京诚信伟业印刷有限公司

开　　本：880mm×1230mm　1/32　　印　　张：6.75　　字　　数：90 千字

版　　次：2020 年 2 月第 1 版　　印　　次：2020 年 2 月第 1 次印刷

广告经营许可证：京朝工商广字第 8087 号

书　　号：ISBN　978-7-5217-0970-4

定　　价：98.00 元（全 3 册）

特约策划：知道青尘　　特约策划人：杨肖

图书策划：见识城邦　　策划编辑：肖雪

责任编辑：曲沛然　　营销编辑：杨璞

装帧设计：象上设计

服务热线：400-600-8099

投稿邮箱：author@citicpub.com

目录

克拉底

皮浪

伊壁鸠鲁

阿里斯提普

快乐才是目的

阿里斯提普（Aristippus）生活于公元前435年至公元前350年，他生于北非殖民地昔勒尼，后来到了雅典，开创了“昔勒尼学派”，成了“享乐主义”的鼻祖。他曾是苏格拉底的学生，但并不完全服膺苏格拉底的学说，他有独到的见解。同学于苏格拉底的色诺芬和柏拉图，都对阿里斯提普颇为反感。

阿里斯提普认为，哲学本身不是目的，他对知识并没有内在兴趣，无论这种知识关涉自己还是他人。哲学只是通往快乐生活的手段，使人们能够对不同的生活经验进行归类分析。在阿里斯提普看来，快乐是善，痛苦是恶。快乐是平滑的运动，而痛苦则是粗糙的运动。智慧的人未必快乐，愚蠢的人也未必痛苦。

那些不追求快乐的人，只是因为心灵被扭曲了。能够享受当下的快乐，也就足够了。

阿里斯提普认为，幸福不同于目的，目的是特殊的快乐，而幸福则是一切特殊快乐的总和，包括过去的和将来的快乐。人们追求特殊快乐是因为它本身，而人们追求幸福却不是因为它本身，而仍是因为特殊快乐。快乐与快乐之间并没有区别，一种快乐也不比另一种快乐更快乐。即使是从最不光彩的行为中产生的快乐，也是善的。因为，虽然行为不合理，但产生的快乐却是人所欲求的，这与孟子"可欲之谓善"的定义相同。

奢侈的理由

阿里斯提普曾经花 50 德拉克马（1 德拉克马能买一只羊）买了一只鹌鹑，别人因此而责怪他，他反问道："难道你想让我只花 1 奥波勒斯（约 1/6 德拉克马）？"那人说是，于是阿里斯提普说："我觉得 50 德拉克马不算多。”言下之意是，花 50 德拉克马与花 1 奥波勒斯并无区别，因为，都是买了一只鹌鹑。

有人斥责他奢侈无度，他说：“如果奢侈是一种错误，那么，它就不应该在诸神的节日中盛行。”

有人指责他酒宴奢侈，他反问那人说：“如果这顿饭只花 3 奥波勒斯的话，你会吃吗？”那人说会，于是阿里斯提普说：“看来，问题不在于我奢侈，而在于你爱财啊。”也就是说，那些反对奢侈的人，通常并不拒绝享乐，只是心疼花钱而已。如果少花钱能够享乐的话，他们丝毫不会犹豫。

曾经有人去拜访阿里斯提普，看到他同情妇在饮宴，极尽奢华，于是就开始指责他。稍后，阿里斯提普邀请批评者坐下进餐，这人就同意了。于是，阿里斯提普说：“那你刚才为什么找碴批评我呢？你所谴责的不是饮宴，只是饮宴的花费而已。”

对待钱财的态度

阿里斯提普通过授徒挣了不少钱，苏格拉底问他：“你从哪儿弄来这么多钱？”阿里斯提普回答说：“就是从你只弄来一点儿钱的地方。”

苏格拉底授徒不收学费，但作为苏格拉底的学生，阿里斯提普却收学费，有人因此而指责他，阿里斯提普回答说：“我确实收了学费，其实苏格拉底也收学费，只不过，当人们给他送去谷物和酒食的时候，他只拿一点点，然后把剩下的都退还回去了。但苏格拉底这么做，使雅典的大部分人都成了他的奴仆（给他端茶、倒水、送饮食），而我的奴仆只有一位，他叫欧提基德。”

有人责难他离开了苏格拉底去追随戴奥尼索斯（西西里的僭主），他回答说：“当我需要智慧的时候，我找苏格拉底；当我需要玩耍的时候，我找戴奥尼索斯。”

一次，他从戴奥尼索斯那里得到了一笔钱，而柏拉图得到了一本书。有人因此而讥笑他。阿里斯提普回答说："没错，我想要的就是钱；而柏拉图想要的是书。"

还有一次，他向戴奥尼索斯要钱，但戴奥尼索斯说："不给，因为你曾经说过，智慧的人是无所欠缺的。"阿里斯提普说："你先把钱给我，这个问题随后再谈。"当他拿到了钱之后，就对戴奥尼索斯说："看到了吧，智慧的人并不缺钱。"

阿里斯提普喜欢花钱，但他绝不爱财。有一次，他的仆人运送财物，发现所载过重，阿里斯提普喊道："能拿的拿着，拿不了的扔掉。"

在海上航行的时候，他发现船只被海盗控制了，于是拿出钱来开始点数，然后，装作不经意间把钱掉进了海里，还装出一副悲伤的模样。他的解释是这样的：让钱为了阿里斯提普而消失，总胜过让阿里斯提普为了钱而消失。

王宫里的弄臣

阿里斯提普被人称为“戴奥尼索斯的哈巴狗”，因为他的确就是个插科打诨的弄臣。有一次，他代一个朋友向戴奥尼索斯求助，但并没有获得同意，于是就跪倒在国王的脚下。有人因此而嘲笑他，但阿里斯提普回答说：“不怪我，要怪就怪戴奥尼索斯的耳朵长在了脚上。”

有一天，戴奥尼索斯喝醉了酒，要柏拉图穿上紫袍跳舞。柏拉图拒绝了，并且说：“我不能穿女人的衣服。”阿里斯提普则穿上了紫袍，一边舞蹈，一边吟唱说：“即使在酒神的狂欢中，贞洁的女孩也不会被玷污。”

有一次，戴奥尼索斯强迫他去解释一些哲学教义，阿里斯提普回答说：“这太荒唐了。你是要跟我学说话的，现在居然指点我什么时候该说话。”戴奥尼索斯怒了，就把他轰到宴席的下座去了。阿里斯提普就说：“你是想让这个座位变得受人尊重吗？”

曾经，戴奥尼索斯一口唾沫吐在了阿里斯提普身上，他却没敢吭声，有人拿着这事嘲笑他。阿里斯提普说："捉条小鱼的渔夫还免不了弄湿衣服呢，我抓了这样一条大鱼，怎能不沾一滴水呢？"

犬儒第欧根尼在河边洗菜叶的时候，对着河对岸的阿里斯提普喊道："如果你学会了吃蔬菜，就不用在暴君的宫廷中做奴隶了。"阿里斯提普回答说："你啊，如果学会了利用人群中的规则，就不用在这里洗菜叶了。"

戴奥尼索斯问他说："为什么哲学家会去富人那里，但富人却不会拜访哲学家。"阿里斯提普回答说："因为哲学家知道自己需要什么，可是富人并不知道。"

学习哲学的用处

有人问他学习哲学得到了什么，他回答说："与所有人自信交友的能力。"

有人问他受过教育和没有受过教育的区别，他回答说："就像被驯服的马和没有被驯服的马一样。"

有人送儿子来跟他学习，他索要500德拉马克的学费。那个父亲抗议说："这笔钱够我买一个奴隶了。"阿里斯提普回答说："那你就去买吧，你将会拥有两个奴隶。"

他常常抱怨说："人们买瓷器的时候，都知道敲一敲，通过声音来辨别真伪优劣；但面对自己的生活，他们却没有评判的标准。"

很多人都跟他学习一些普通的课程，一旦接触到哲学，他们就止步不前。阿里斯提普把他们比作珀尼罗珀（奥德修斯的妻子）的追求者，他们赢得了女仆的欢心，却唯独在追求女主人时失败了。

有人在他面前夸耀自己的博学，阿里斯提普说："吃得多的人不一定健康，博学的人也不一定卓越。知道自己需要什么，有选择地摄取食物，身体才会健康；同样，学以致用，才能导向卓越。"

跟着感觉走

塞克斯都·恩披里克说："昔勒尼学派主张感觉是标准，只有感觉才是可理解的、不会错的；而引起感觉的事物都是不可理解的，也不是确实可靠的。他们说，他们感觉白或甜是一种无可争辩的可以切实陈述的东西，但是产生这种感觉的对象是白或是甜却是不能断言的。"

普鲁塔克指出，昔勒尼学派"主张他们在自身中体验想象和情感，他们并不认为这些体验提供关于外在世界是现实的可信证明。他们将自己闭锁在他们自己的情感中，仿佛处在围场之中一样，只断言'它看起来是'，并不进一步证明'它是什么'"。

亚里士多德在《形而上学》中指出："有些智者如阿里斯提普讥笑数学，他们论辩说，甚至在最低级的技艺如木工和制鞋中，也有标准说明它们是做得好或坏，而数学却不能说明善和恶。"昔勒尼学派放弃了与自然哲学相关的研究，认为这些问题毫无用处。一个人若是学会了关于善和恶的理论，就有可能讲话得体，免于迷信并获得自由，也有可能走出对于死亡的恐惧。

享受当下

阿里斯提普很受戴奥尼索斯的欢迎，因为他总是能够最大限度地利用现存的境遇，从眼前的享受中得到最大的快乐，绝不会为了追求那些不在眼前的快乐而劳心费神。普鲁塔克在《道德论丛》第5卷中说："很多人对于眼前的美妙事物置若罔闻，却急匆匆去拥抱那些艰难而又难以忍受的东西。"阿里斯提普不属于这类人，因为他知道，成功得到自然是不错的，但将厄运与幸运放到一起称量一下，两者并不平衡。

有一次，他失去了一片农场，他的一个虚伪的朋友，为他的厄运装出一副悲伤的神情，阿里斯提普不耐烦地问他："你只有一片农场，可我还剩下三片农场，对吗？"那人说是。阿里斯提普说："那么，我就该为你的厄运而悲伤了。因为，只有神智失常的疯子才会忧心那些已经失去的事物，却不知道为依然拥有的一切高兴。”

快乐的哲学

阿里斯提普所创的昔勒尼学派认为，痛苦被人们摒弃，而快乐则被人们选取。痛苦的消除并不是快乐，就像快乐的缺失并非就是痛苦一样。快乐的缺失或痛苦的缺失是一种中间状态，没有痛苦的状态就像是睡眠一样。

他们认为，肉体的快乐要远远胜过灵魂的快乐，肉体的痛苦也远远比灵魂的痛苦难受。这就是伤害肉体的人要受到惩罚的原因所在。没有什么从自然本性上就是可敬的、正义的，或低贱的，这一切都是由后天的惯例和习俗决定的。

然而，不能将昔勒尼学派提倡的快乐完全等同于肉体的享乐。他们认为，智慧之人未必快乐，但智慧有助于获得快乐，就像肉体的训练有助于获得德性一

样。圣人不会执迷于嫉妒、爱或迷信，因为这些是空洞的感受；但圣人会感到痛苦和恐惧，因为这些是自然的情感。

赫格西亚

自杀说教者

赫格西亚（Hegesias）生活于约公元前3世纪，据说是阿里斯提普的学生。他宣扬一种带有悲观色彩的“漠然不动心”的生活态度。据西塞罗的记载，曾有从未遭受任何厄运的人，因为读了柏拉图的著作而投海自杀，希望灵魂与肉体分离。赫格西亚曾经写过一本名为《绝食而死》的书，在亚历山大里亚出版，书中讲述一个人决定将自己饿死，以此向朋友们说明，死与生同样值得追求，人只不过是轮次置身于生和死而已。据说这本书负面影响较大，很多人读了之后，就自杀了。因此，亚历山大里亚的托勒密二世禁止赫格西亚继续讲学。

根据印度阿育王（约公元前273—前232年）敕令中的记载，佛教的业力观念和“四圣谛”（苦集灭道）等基本教义，已经传播到希腊人亚历山大和托勒密统治的地区。赫格西亚生活在托勒密二世的统治之时，完全有可能接触到佛教的理论。

原谅犯错者

赫格西亚认为，痛苦和快乐来源于感觉，但感觉虽然真切，却不可靠。此时与彼时的感觉会不同，人与人之间的感觉也会不同，我们不能从感觉中得到准确的知识，也无法通过感觉获得真理。我们怀疑，这种说法是佛教“诸法无常”的转述，即六根（眼耳鼻舌身意）所得的一切都是假有，并非实相，世人就生活在“颠倒梦想”之中，其所思所想，皆如镜花水月，其所作所为，类似捕风捉影。

因此，赫格西亚认定，应当宽容错误，没有人故意犯错，犯错只是因为受到了某种痛苦或快乐的感觉的制约；与其去仇恨人，不如去教导人。这些说法，又会让我们想起佛教“恒顺众生”“随缘度化”的说法。

幸福不可能存在

赫格西亚认为，幸福是不可能存在的，因为肉身为诸多苦难所缠绕，心灵则分担着肉体的苦难，肉体受到骚扰，心灵就难以安定，而世事无常，让人所期盼的事物经常落空。

“肉身为诸多苦难所缠绕”，会让我们想到佛教“八苦”的说法：生、老、病、死、五蕴炽、求不得、爱别离、怨憎会。贪恋人世的快乐，犹如逆风执炬、刀头舔蜜。

因此，赫格西亚得出结论：生命对于愚痴之人是有益的，对于觉悟之人则无关紧要。

觉者的人生

赫格西亚所说的“智慧的人”，十分类似于佛教的“自了汉”，但求自身从苦海中解脱，并无度尽众生的宏愿。

凡俗之人热衷于追求快乐，而智慧之人致力于避免痛苦。智慧之人之所以不愿意追求尘世的快乐，乃是因为快乐来源于感觉，而感觉不能导向精确的知识，因此，智慧之人漠视感觉，超然于苦乐之上。智慧之人内求，凡俗之人外求；智慧之人所做的一切，出于自为，而不以他人和外物为转移。

对于觉者而言，从他人和外物中的获益，远远不及从自身出发得到的多。这让我禁不住想起马祖禅师的话：“自家宝藏不顾，抛家散走作么？”

德奥多罗

好人不殉国

德奥多罗（Theodorus）生于公元前 4 世纪末，他听过包括阿里斯提普在内的很多哲学家的讲座，据说他也是昔勒尼人，也有人说他是雅典人。

德奥多罗经常说，智者的国家就是全世界。他认为，一个好人不应该为了祖国而以身犯险，因为，毁灭智慧之人去保护无智慧之人是不合理的。

友谊难存续

德奥多罗将友谊从自己的思想中排除出去，因为对于愚蠢的人来说，一旦利益消失，不再需要对方的时候，友谊也就消失了；而对于智慧的人来说，能够自足无所求，也不需要友谊。因此，无论对于愚蠢之人还是对于智者，友谊都无法存在。

自然无善恶

他认为只要有合适的理由，应该允许有智慧的人偷盗、通奸和渎神，因为这些事情就其自然本性而言，无所谓可耻，只是需要人们超越于流俗意见之上，而这些流俗意见之所以存在，是因为傻瓜们一致同意这样。智慧之人可以公开放纵情欲，无须考虑环境。他常常这样论证：

“一个受过文学训练的女人，她有多少文学知识，相应就有多少用处，对吗？”

“是的。”别人回答说。

德奥多罗继续问道：“一个美丽的女人，她有多少的美貌，相应就有多少用处，对吗？”

得到的回答依然是：“是的。”

于是，德奥多罗说："那么，美女就是用来拥抱的！"

德奥多罗的意思是说，任何事物，只要实现了自身的本性，也就达成了自身的目的。吃西瓜，就实现了西瓜的目的；抱美女，就实现了美女的目的。自然界本无善恶，善恶的区别，乃是出于流俗的惯例和大众的意见。

助人成就佳缘

福基翁（Phocion，公元前402—前318年）是雅典的一位政治家和军事将领。他的儿子生活得很随意，一时喜欢上了妓院老板收养的一个奴隶女孩，但十分踌躇，不敢有下一步的行动。

有一次，他碰巧听到了德奥多罗在学园里发表的演说：如果为一位男性朋友赎回自由是可敬的善行，那么，为一位女性朋友赎回自由，也同样可敬。换言之，既然可以为主人赎回自由，同样也可以为妓女赎回自由。

听了德奥多罗的演讲，再加上对这个奴隶女孩的感情，福基翁的儿子就花钱赎回了她的自由。

不畏强权

德奥多罗曾经在拉古斯的儿子托勒密的宫廷里待过一段时间，还被派作使者前往马其顿会见国王吕西玛库，亚历山大大帝的继任者。

“告诉我，你就是被雅典流放的德奥多罗？”吕西玛库问道。

德奥多罗回答说：“没错，大力神赫拉克勒斯也曾经被放逐。与他一同出发的阿尔戈英雄，发现赫拉克勒斯一人的分量就足以压舱镇船，从而让帆船进水，他们内心感到害怕，于是就把赫拉克勒斯丢弃到岸上。我被雅典人放逐，也是同样的原因，因为我的灵魂的高度和分量，让同胞们心生嫉恨。”

吕西玛库说：“那么，你被祖国放逐就是因为别人的嫉妒了。”

“也不全是嫉妒，”德奥多罗说，“因为我的天性卓异，国家容不下我了。就像塞墨勒，因为怀的是酒神狄俄尼索斯，所以还没到分娩的时间，就把狄俄尼索斯生了下来。同样，我的祖国太狭促，容不下一个哲学家博大的心灵，于是就让我脱离祖国的怀抱，今天到你这里了。”

为了吓唬德奥多罗，马其顿国王把他领到牢笼旁，里面关着的人被剜掉了双眼。吕西玛库说：“看到了吧，让我不爽的人，就是这样的下场。”

德奥多罗说：“是在地上腐烂，还是在地下腐烂，不都一样吗？难道我还在乎这个吗？”

德奥多罗所谓的“在地上腐烂”，或许是个双关语，暗讽活着的人的生活状态犹如行尸走肉，与地下的尸体同归于腐朽，并无本质的区别。但吕西玛库似乎没有听懂，他说：

“既然在地上腐烂和在地下腐烂没有区别，那我就让你在十字架上腐烂吧。”

德奥多罗说：“真了不起啊，你所拥有的力量与一只嘬尸的苍蝇相同。”

解读神就是亵渎神

有一次，德奥多罗坐在祭司长的旁边，问道：“什么样的人，可以算作对神明不虔敬的人？”

祭司长回答：“向教外之人泄露它们的信息的人，就是不虔敬的人。”

德奥多罗说：“那么，你就是亵渎神明的人，因为你总是把它们的秘密解读给凡俗之人听。”

欧几里得

麦加拉学派的创始人

欧几里得的家乡在伊斯姆地峡的麦加拉，麦加拉学派也因此得名。这个欧几里得并非《几何原本》的作者。他热烈追随苏格拉底，据说公元前432年雅典同支持斯巴达的麦加拉处于敌对状态时，欧几里得为了聆听苏格拉底的哲学谈话，常常冒着被捕处死的危险，穿上女人的衣服潜往雅典。

苏格拉底死后，柏拉图和其他弟子觉察到僭主政治给自己带来的潜在危险，就一起投奔欧几里得。欧几里得热衷于巴门尼德“存在是一”的理论，黑格尔评价他死盯着定义、概念和共相不放。

拒绝使用类比推理

欧几里得拒绝使用类比推理进行类证。他认为，类比的前提是把两样事物放在一起，而这两样事物要么相同，要么不相同。如果这两样事物相同，那就没有类比的必要，直接谈论需要论证的事物本身就可以了。如果这两样事物不相同，那就没有类比的资格，强行对比将毫无意义。

欧布里德

诡辩大师

欧布里德（Euboulides）是米利都人，据说雅典著名演说家德摩西尼（Demosthenes，公元前384—前322年）是他的学生。据第欧根尼·拉尔修的记载，欧布里德与亚里士多德争论不休，两人互相说了对方不少坏话。

欧布里德留给世人的是他的一些著名的诡辩，这些诡辩乍一看似乎毫无道理，仔细玩味，就会发现其中包含着很深的哲理，而且对于逻辑和认识论的发展也有着积极的作用。下面罗列他存世的六个诡辩，不做过多的阐释。

说谎者

“如果一个人说他在说谎,那么,他是不是说谎?”据说有人被这类问题折磨致死。就像一个理发师，他发誓“只给那些不给自己刮胡子的人刮胡子，不给那些给自己刮胡子的人刮胡子”。有一天，当他拿起镜子的时候，就犯了难：理发师该给自己刮胡子吗?

黑格尔还举了一个类似的例子。有人在河边的桥头架起一座绞刑架，对前来渡河的人提问题：“你来是要干什么呢?”如果渡河人说实话,就让他顺利过桥;如果渡河人说了假话，就把他送上绞刑架绞死。但是，有一个渡河人的回答让他犯了难，因为这个渡河人说：“我来就是要被你们绞死的。”

秃头

拔掉人的一根头发，不可能让人成为秃子，拔掉两根头发不行，拔掉三根也不行……就这样一直拔下去，等到把最后一根头发也拔下来的时候，秃头就出现了。

起初，人们否认拔掉一根头发就能造成秃头；后来，人们又承认拔掉一根头发就能够造成秃头。这不仅涉及质变量变的问题，更涉及事物在时空中的同一性（identity）的问题。如果“秃头”诡辩用的是“减法”，那么“谷堆”诡辩用的就是加法。

谷堆

多少粒谷子能组成谷堆？一粒谷子不行，两粒也不行，再加上一粒还是不行……就这样一直增加下去，早晚会有一粒谷子出现，它导致了谷堆的形成。

如果增加一点点，或者减少一点点，就能够使事物发生质变，那么，所有事物无时无刻不在发生着变化，天底下就没有任何东西可以在时空中保持自身的恒定性。上一秒钟的自己和下一秒钟的自己将是完全不同的两个人。

长角的人

你没有失去的东西，就是你依然拥有的东西；你没有失去角，所以你就是有角的人。

这个诡辩提醒人们，一切话语都需要一定的前提。没有把谈话的前提厘清，推理的结论就可能是荒谬绝伦的。比如，麦加拉学派还有下述诡辩。他们会问你："你今天是否不再打你爸了？"你如果给出肯定的回答，那就意味着你昨天打了自己的父亲；如果你给出否定的回答，那么，你不但昨天打了自己的父亲，而且今天还要继续打。关键在于否定问话所预设的前提——"昨天打了爸"。

幕后的人

欧布里德问你："帘幕后藏的人是谁？"你回答说不知道。然后欧布里德拉开帘幕说："看啊，这人就是你的父亲，你说你认识自己的父亲，其实你并不认识啊！”

这个诡辩貌似极端无聊，但却相当深刻。因为，我们所谓的认识、了解和知道，只不过是认识自己在心中钩织的一个概念集合而已。比如，我们说自己认识足球，其实就是将足球的各种特殊属性——大小、硬度、形状、颜色、花纹、用途——结合起来，用一个名称“足球”来指称这个概念集合体而已。当我们看到足球的形状时，就会同时联想起相关的一连串的特殊性质，虽然没有用手去摸它的硬度，但确信自己看到了“足球”。

对于人,也是如此,当我们看到一个人的特殊属性，比如身高、脸庞等,就会联想起与此人相关的一切信息，因此说自己看到某某人，比如，看到了自己的父亲。

但是，当这些具体属性没有呈现时，我们就不知道帘幕后的人是谁。虽然我们在自己的心灵中保持着一个完整的“父亲”的概念，并且这个概念是一组与父亲相关的特殊属性之集合。

欧布里德的诡辩说明，我们并没有真正认识到任何事物，包括自己的父亲在内，我们认识到的仅仅是自己的心灵钩织的概念而已。

那么，是不是只要获得了一个事物的特殊属性，我们就一定能够认出这个事物呢？欧布里德给出的答案是否定的，请看“赫拉克特拉”的悖论。

赫拉克特拉

赫拉克特拉认识她的弟弟奥勒斯特，但她不认识回来的人是她的弟弟奥勒斯特。

这个诡辩讲得似乎不明不白，其实跟《列子·说符》中“杨布扑狗”的故事一模一样。杨朱的弟弟杨布白天出门时穿了一件白衣，天下雨了，杨布回来的时候换成了黑色外衣，结果进门时，家里的狗认不出他了，居然对他汪汪叫。杨布很生气，就拿棍子打狗。这时杨朱发话说：“别打了，若是咱家的狗出门时是白狗，回家时成了黑狗，你能认出来吗？”

我们将自己熟悉的事物的特殊属性作为提示符号，一旦看到这些符号，就认为看到了这个事物。比如，如果父亲是个 190 厘米的大高个，下雨天穿着雨衣走到家门口，人们会想当然地凭身高判断，这人就是自己的父亲。但这种判断，仅仅是出于生活习惯而已，极有可能出错。

在这个世界上，我们到底能认识什么？这是一个严肃的问题！

斯提尔波

维护女儿的尊严

斯提尔波（Stilpo）是麦加拉学派的代表人物之一，他是麦加拉公民，欧几里得的追随者，生活于公元前4世纪。据说他有一妻一妾，还有一个生活放荡的女儿。

有人当面对斯提尔波说他女儿生活不检点，是他的耻辱。斯提尔波回答说："事实上，应该说我是她的荣耀。"

女神不是神

在雅典娜神像面前，斯提尔波问旁边的人说："这不是宙斯的女儿雅典娜吗？这是一位女神，对吗？”别人说是。于是斯提尔波又问道：“但它的确不是来自宙斯，而是来自雕刻匠之手，是吗？”别人也说是。斯提尔波得出结论说：“那么，这就不是神。”

因此，人们控告了他，斯提尔波被法庭传唤，他在法庭上辩解说：“雅典娜只是女神，但女神不是神。”斯提尔波有类似的辩论，比如，聪明的苏格拉底与文雅的苏格拉底不是同一个人。“女神不是神”与公孙龙“白马非马”的论证如出一辙，出于同样的逻辑。

抢不走的财产

托勒密国王十分欣赏斯提尔波，当麦加拉沦陷之时，托勒密特意发布命令，要求士兵保护好斯提尔波的财产。如果斯提尔波的财产有任何损失，只要他列出清单，就如数奉还。

但是，斯提尔波一条也没有列。他说，真正属于他的财产是学问和辩才，而这是任何人也无法夺走的。

遭遇犬儒

有一次，斯提尔波向犬儒克拉底提了一个问题，克拉底并没有给出回答，而是直接侮辱斯提尔波。斯提尔波说道：“不该说的你全说了，唯独该说的你却没说。”

在一个寒冷的冬天，他看到克拉底在风中颤抖，于是就说：“克拉底呀，你该换一套装束了。”这是个双关语，不仅提醒克拉底更换衣服，也是在暗讽他应该改变心智。对此，克拉底耿耿于怀，还专门写了讽刺诗来回击斯提尔波。

据说有一次他跟克拉底辩论，中途忽然停下来去买鱼。克拉底喊道：“喂，你不能将辩论丢下啊！”斯提尔波回答说：“我没有丢下辩论，我只是丢下你而已；辩论可以保留，但鱼很快就会卖光。”

安提斯泰尼

犬儒的鼻祖

安提斯泰尼（Antisthenes）生活于公元前446年到前366年，他是雅典人，但血统并不纯正，因为他的母亲是色雷斯人。他对雅典人以出身自傲颇为反感，他曾经说，雅典人自诩力量来源于大地，但蜗牛和蝗虫也来自大地，并且未必比雅典人差。

他非常推崇苏格拉底，为了聆听苏格拉底讲学，他带着自己的学生追随苏格拉底，每天步行五里路去雅典。据说苏格拉底死后，是他运用计谋将控告苏格拉底的人流放或处死的。他从苏格拉底身上学到了一种刚毅的精神，丝毫不追求肉体的享乐。他总是说："我宁愿发疯，也不愿意追求感官的愉悦。"

与昔勒尼学派追求感官享受相反，犬儒学派属于苦行的禁欲主义者。犬儒主义即 cynicism，而 cynical 是“愤世嫉俗”的意思，虽然愤世嫉俗，但并不避世，而是往人群中钻，随时对文明人的一切习俗和惯例进行无情的讽刺。

苏格拉底以牛虻自喻，说是要蛰醒雅典；而犬儒主义者以“狗”自喻，总是狺狺狂吠，不断地警醒世人。此外，狗生活俭朴，也与犬儒主义者的理念相契合。据说，安提斯泰尼经常在一个叫 Cynosarges（意为“白猎犬”）的运动场附近与人交谈，因此有人以地名命名了这个学派。并且，安提斯泰尼还有一个绰号，叫“纯种猎狗”。

指驴为马

有人问他学习哲学给自己带来了什么好处，安提斯泰尼回答说：“与自己谈话交流的能力。”

他常常建议雅典人投票决定“驴就是马”，当大家认为这荒谬不可理喻的时候，他就反问说：“你们

不也总是投票选举毫无经验的人去当将军吗？”

有一次，他故意拽过斗篷的破烂部分给人看，苏格拉底碰巧在场，对他说：“透过衣服上的洞，我看到了你那颗好名之心。”

安提斯泰尼主张，德性是一种行为，不需要太多的饶舌或学识，这种理念极大地影响了后来的犬儒主义者。他们堪称行为艺术的先驱，用行动表达自己的思想，而不是用空谈代替自己的行动。

第欧根尼

铸假币

第欧根尼约生活在公元前404年至公元前323年，他是锡诺帕（Sinope）人。他的父亲负责管理城邦的货币铸造，第欧根尼负责监督制造。据说技工们说服他去了德尔菲神庙，求到的神谕是“改变货币”，于是他就回去铸造假币。结果事情败露，被逐出城邦。

货币是流通物，英语叫currency，词根为current，即流水。只有花掉的钱才是真正属于自己的钱，因为钱只有花掉了，才实现了“流动”的本性。泰勒斯说，水是世界的本原，一切从水中来，一切又复归于水。货币也像世界的本原一样，可以同一切事物相互转化。这世间除了货币是流动的，人们的思想观念和社会中的礼仪习俗也是流动性的货币。比如，有人类学家提出，礼仪就是情感的货币。第欧根尼得到的神谕，可能是要他去改变人们的观念和社会的礼俗，但第欧根尼只做了字面的解释。

卖自己

大概此后不久，第欧根尼被抓捕，被当作奴隶在市场上出售。卖主问他会什么，他回答说："统治人。"还特意叮嘱卖主要留意买家，看是否有人想给自己买个主人回去。一个叫塞尼亚德的人把他买下，让他做孩子的家庭教师。第欧根尼对塞尼亚德说："你必须服从我，虽然我是奴隶；就像医生或舵手也可能是奴隶，但人们必须服从他们。"

拜师

第欧根尼想拜安提斯泰尼为老师，但安提斯泰尼并不乐意收学生，对前来拜访的人态度恶劣，当然也拒绝了第欧根尼。第欧根尼很有耐心地继续纠缠，安提斯泰尼就拿出拐杖敲他，第欧根尼没有逃跑，反而把头迎了上去说：“打吧，只要您讲的话值得听，任您的拐杖有多硬，也不能把我赶走。”

于是，第欧根尼成了安提斯泰尼的学生。

天下无贼

第欧根尼认为，万物都属于神，因此，偷盗这样的事情根本不存在。所谓偷盗，不过是把原本属于神的东西，从一个位置移动到另一个位置而已。有一次，他看到神庙管理人员抓到一个偷碗的人，评论说：“大盗领走了小盗。”有人问他，为何人们宁愿把钱施舍给乞丐，却不愿意给哲学家，第欧根尼回答说：“那是因为他们觉得自己有朝一日或许会沦落为乞丐，却绝无成为哲学家的可能。”

分享与独占

在第欧根尼看来，哲学家是神的朋友，而朋友之间应该财富共享。他说，向朋友伸出的手，应该是张开的，而不应该五指合拢。

有一次，他正在吃无花果的时候，遇上了柏拉图。就张开手掌对柏拉图说："分享给你！"而柏拉图却全部拿走吃了。第欧根尼批评柏拉图说："我告诉你的是'分享'，你理解的却是'独占'。"第欧根尼声称，他能够以勇气对抗命运，以本性对抗习俗，以理性对抗激情。别人问他的自我评价是什么，他回答说："发疯的苏格拉底。"柏拉图也是苏格拉底的学生，但他不疯，他是坚守着习俗的文明人，而第欧根尼却发誓要对抗习俗。他曾经大白天提溜个灯笼，满大街嚷嚷着说要找"人"。因为在他看来，生活在习俗中的人，只能叫恶棍或无赖。柏拉图对待物质利益（无花果）的态度，代表了文明人的态度——必须占有，才能享用。他们已经无法理解什么叫"分享"了。

幸福与缺乏

还有一次，他捎信给柏拉图要葡萄酒喝，结果柏拉图送他满满一坛子。第欧根尼再次批评柏拉图说："有谁能将二加二的结果，算成是二十呢？"因为，第欧根尼对待物质财富的态度，就是以需要为基础，多余的身外之物将是其生命的负累。欲望、需求，叫want，同时又是"缺乏"的意思。需求越多，说明缺乏越多；满足欲求的过程，也是痛苦追逐的过程。正因为缺乏是欲求的基础，所以，痛苦是幸福的基础。

在第欧根尼看来，真正幸福的秘诀不在于欲望得到满足的程度，而在于一个人从欲望的捆绑中获得解脱的程度。幸福不在于刺激和激情的平复，而在于心灵的和平宁静。外在需求越少的人，欲望越小，也越容易获得满足和心灵的宁静。因此，第欧根尼的房子就是一个木桶，床铺就是可以折叠的斗篷。一次，他看到一个小孩子在河边用手捧着水喝，索性把饭碗也扔了。他说："一个孩子在生活俭朴方面已经超过了我。"

憎恶奢华

崇尚极简生活的第欧根尼当然厌恶奢华，他到一个朋友家里，看到室内装饰得金碧辉煌，就一口痰吐到了朋友的脸上。然后，一边给他擦拭，一边解释说："什么地方都太干净了，唯有这里适合吐痰。"有一次，他看到一个人让自己的奴仆给自己系鞋带，就诅咒那人说："你的福分还没有达到极致啊！你最好能让他帮你擦鼻涕，如果你的胳膊、腿都废掉的话。"

第欧根尼来到柏拉图家，见到地上铺着地毯，就故意用脚上的泥把地毯弄脏，一边踩，一边说："柏拉图，我践踏了你的虚荣。"柏拉图回答说："践踏我的虚荣的东西，不过是另一种虚荣而已。"

禁欲主义的生活

第欧根尼在塞尼亚德家做了家庭教师，他教导孩子们在日常饮食上做到粗茶淡饭。他常让他们蓄短发、不修边幅，不穿紧身内衣，赤脚，安静，在路上也不四处张望。他还带他们外出打猎。孩子们也很尊敬第欧根尼本人，并在父母面前为他说了许多好话。

第欧根尼自己更是身体力行，他从各方面训练自己，夏天常常在滚烫的沙子上打滚，冬天则拥抱那些覆满雪花的雕像。他常光着脚在雪地上行走，甚至试着吃生肉，结果却无法消化。

有人曾对他说："你现在已是老人，应当安度余生。"他回答道："什么？长跑比赛接近了终点，你居然要我停下脚步？我应该加速冲刺才对啊！"

文明与疯癫的距离

第欧根尼还说，大多数人距离疯狂仅有一根手指厚的距离。因为如果一个人走路时伸出中指，人们就会认为他发疯了；但如果他伸出的是食指，就不会被那样认为。他说，极有价值的东西往往被用来同一文不值的东西交换，反之亦然。因此，一座雕像可以卖到三千德拉克马，而一筐面粉却只值两个奥波勒斯。

对学问的讥讽

有人通过诡辩论证自己长有角，第欧根尼摸着那人的额头说：“哦，我没有看见。” 同样，当人宣称根本不存在运动时，他便站起来四处走动。还有人谈论天文现象，第欧根尼问道：“你从天上走到这里要花多长时间？”

柏拉图曾将人定义为双足且无羽毛的动物，并因此得到赞扬；第欧根尼就将一只公鸡的羽毛拔光，然后把它拎到学校，说这就是柏拉图所说的“人”。逼得柏拉图不得不在定义上添加一个修正：宽平的指甲。

对习俗的讥讽

第欧根尼的奴隶逃走了，人们建议他快去追。第欧根尼说：“奴隶离了主人可以生存，主人离了奴隶却无法生存，这也太荒谬了吧！”

有人问他来自何处，他说：“我来自地球。”这是在嘲讽那些以出生地而自傲的人。有人嘲笑他遭到了母邦的流放，说道：“第欧根尼，锡诺帕人判你流放。”第欧根尼回答说：“我判他们永远待在锡诺帕。”

他时常谴责那些向神祷告的人，因为那些人所祈求的事物，并非真正对自己好的事物。

他在麦加拉看到羊身上裹着皮衣，而孩童们赤身裸体，便说：“与其做麦加拉人的儿子，还不如做他们的羊。”

第欧根尼看到有人向妓女祈求，就说：“这么渴望宽衣解带，何苦还要穿着衣服呢。”见到有女人乘着轿子出行，他说：“里面的鸟配不上这个笼子。”他看到有妇女吊死在橄榄树上，就说：“但愿每棵树上都能结出这样的果实。”一个女人掉到河里快淹死了，他却置之不理，并且说："对于最坏的东西，不可能有更坏的事情发生。"德尔菲神庙前有一座阿佛洛狄忒的雕像，第欧根尼破坏公物，在底座上写了一句话："出于希腊人的淫荡。"

第欧根尼在集市上手淫，有人因此而谴责他，第欧根尼回答说："肚子涨了，揉揉可以缓解痛苦，这地方也一样。"

有一次演讲结束，第欧根尼当着听众的面蹲下方便。

对世人的嘲讽

他见到年轻人打扮得油头粉面，就说："如果你是想取悦男人，那你就是个傻子；如果你是想取悦女人，那你就是个骗子。"

有年轻人抱怨说，自己并不适合学习哲学。第欧根尼说："那还活着做什么呢？如果你根本不在乎什么才是好的生活。"

有人听了他的演讲，想要一本他的著作。第欧根尼说：“你这个傻瓜，真实的无花果放在眼前，你不去吃，却要选择画出来的无花果；实践中的美德你视而不见，却要研究书上记录的东西。”

有人向他吹嘘自己的幸运，说自己成了亚历山大大帝的座上宾，可以同亚历山大一起吃饭。第欧根尼说：“这不是幸运，而是厄运，因为你不能在自己饿的时候吃饭，反而要在亚历山大觉得合适的时候，才能进餐。”

有人嘲讽他总是在肮脏的地方出没，第欧根尼回答说：“太阳也会照向厕所，但并没有被玷污。”

有人告诉他，世人大都在嘲笑他，第欧根尼回答说：“说不准驴子也在嘲笑他们，但他们不在乎；他们嘲笑我，我也不在乎。”

第欧根尼看到一个愚笨的摔跤手在学习医术，就对他说：“你学习这门手艺，是要报复那些曾经击败过你的人吗？”

第欧根尼看到一个妓女的儿子向人群投掷石子，就说：“小心，别砸着你老爹啦！”

他看到有人拿石子投向了十字架,就说:“打得好,你会实现自己的目标的。”

有一次,他见到一个箭法很差的人总是射不中靶子,索性就坐在了靶子下面,并且说那是最安全的地方。

像狗一样生活

柏拉图说第欧根尼是一条狗,他回答说:“没错,我一次次地回到了那些出卖了我的人那里。”他还曾说:“我就是犬儒第欧根尼,我对喂养我的人示好,对拒绝施舍的人吠叫,对恶棍就要咬上一口。”

有人见他在市场上捡东西吃,就围着他观看,还纷纷议论说:“这就是一条狗。”第欧根尼抬起头来说道:“你们才是狗!只有人吃饭的时候,狗围着看;哪有狗吃饭,人却围着看的呢?”有人把一根骨头丢给第欧根尼,并且嘲笑他是一条狗。他就学着狗的样子,翘起一条腿,撒了那人一身尿。

与亚历山大大帝的交锋

亚历山大大帝见到第欧根尼说："我是亚历山大大帝。"

第欧根尼回答说："我是犬儒第欧根尼。"

"你怕我吗？"亚历山大问道。

"你是好人还是坏人？"

"好人。"亚历山大回答说。

"我为什么要怕一个好人呢？"

随后第欧根尼问亚历山大有什么计划，亚历山大回答说要征服希腊。第欧根尼继续追问，然后是什么计划，亚历山大回答说要征服小亚细亚、征服整个世界。第欧根尼穷追不舍，问他再下一步的计划是什么。

"接下来，我就可以放松了，好好享受一下人生。"

"你搞得太麻烦了，看我现在正躺着晒太阳，不就是在享受人生吗？"

亚历山大说："你有什么要求，只管提吧，我都愿意满足你。"

"站一边去，别挡着我的太阳。"

亚历山大的随从对第欧根尼的无礼回答感到愤怒，要求处罚他。但亚历山大并没有生气，而是喟然长叹说：“如果我不是亚历山大，我希望自己是第欧根尼。”

竖琴及其他

“那些空谈美德却不去实践的人，就像是一把竖琴，把美妙的声音传给了别人，自己却是块毫无知觉的木头。”

“我不知道神是否存在，但我知道神应该存在。”

“脸红是美德的颜色。”

“对待上司要像对待火一样，不要靠太近，免得被烤伤；也不要离太远，免得被冻僵。”

“为了自我保全，人既需要朋友，也需要敌人，前者勉励他，后者磨砺他。”

“谈论美德，听众零落；喧嚷起舞，观者如堵。”

“需求最少的人，是最满足的人。”

“世上最美好的事物就是言论自由。”

第欧根尼之死

据说第欧根尼活到了 90 多岁，关于他的死因，说法不一。有人说是吃了生章鱼后腹痛而死；有人说是他给狗分章鱼肉，被狗咬断了脚腱而死；有人说是他活得不耐烦了，闭气自杀。闭气自杀应该是不可能的，但自杀是可能的。犬儒学派有自杀的传统，他们并非悲观厌世，只是觉得活够了，就坦然地结束了自己的生命。

虽然第欧根尼一生对雅典人极尽讽刺之能事，但雅典人却十分敬重第欧根尼。在他死后，为他树立青铜雕像，上面刻下了这样的铭文：“时光可以使青铜褪色，但你的荣耀，第欧根尼，却是永恒的时光所无法摧毁的。只有你，向凡人指出了自足的训诫和生活的简易之道。”

尼采曾经骂过很多哲学家，却没有骂过第欧根尼，

事实上，他在多处化用第欧根尼的言行。犬儒的冷嘲热讽让文明人心生忧伤,因为他刺痛了文明人的心灵，让世人不得不反思传统习俗的合理性。尼采甚至认为，能否刺痛世人，就是真哲学与假哲学的区别。假哲学是让人“睡眠”的和谐的说教，真哲学是让人惊醒的刺耳的呐喊。就像一个美女，一定曾让很多追求者心生忧伤，而那些“睡眠”的说教者，绝不会让任何人忧伤。尼采揶揄说，在这种哲学的墓志铭中应该加上这样一句话：“她未曾使人忧伤！”

克拉底

弃家财如粪土

克拉底是犬儒学派的第三位举世闻名的代表人物，他生活于约公元前 365 年至公元前 285 年。有人说他是第欧根尼的学生，但并不确定。他出身名门，家财万贯。有一次在观看悲剧演出的时候，他看到赫拉克勒斯的儿子忒勒福斯（Telephus）——密西亚的国王——挎着一个篮子，一副悲惨的模样，他就决定投身到犬儒学派之中。

公元前 337 年，马其顿国王腓力二世在其主持的科林斯会议上宣布私有财产不可侵犯，严禁重新分配土地、取消债务或是解放奴隶。但是，雅典的克拉底却视钱财如粪土。他变卖家产，积累了 200 塔伦特，然后分发给了自己的同胞。他解放了自己的奴隶，有人甚至说，他把钱都丢进了大海，还喊着说：“沉下去吧，你这罪恶的贪婪；我宁愿溺死的是你，而不是我。”也有人说，他把一笔钱托付给了银行家，条件是：如果儿子将来成为普通人，就把钱给他；如果儿子成为哲学家，就把钱分给别人，因为哲学家是自足的。

他认为财富不过是虚荣心的猎物。真正的财富是智慧、独立、真理、直言、自由，而且他认为他从安提斯泰尼和第欧根尼那里继承来的财富要比波斯帝国的财富还要多。

据说亚历山大大帝曾在他家里住过，还问他是否想重建自己的家乡，但克拉底说：“没必要了，即便重新建设，说不定会被另一个亚历山大毁了。”

袋子与皮拉岛

克拉底的一条腿有点瘸，而且驼背，他就像乞丐一样在大地上四处游走，随身携带着一个装杂物或零食的袋子，希腊语叫pera，这个袋子几乎是犬儒的全部家当，也是犬儒的精神象征。犬儒遗世独立，拒绝做欲望的奴隶。克拉底说："禁食能够扑灭欲火，如果无效，可以上吊自杀。"他们敬重大力神赫拉克勒斯，认为他身负重任、攻坚克难、不尚浮华。

第欧根尼写过一部名为《共和国》的著作，书中提倡使用骨币而不用贵金属；提倡妇女为公社所有，而并非某一男子的私产；男女穿同样的服饰，裸体参加体育锻炼。书中近似财产共有、男女平等、取消家庭的思想成为后世无数"理想国"的模板。

克拉底也写诗描述过自己心目中的"理想国"，诗作以"Pera"命名。他描述了一个叫Pera（可译为"皮拉"）的岛国，皮拉岛风光秀丽、物产丰富，没有贫穷，也没有私有财产。"没有一个愚人、寄生虫、贪婪者和性欲的奴隶……人们不会相互残杀，不会为了金钱和荣誉而大动干戈。"

克拉底有一个名叫芝诺（Zeno of Citium）的学生，他来自塞浦路斯的季蒂昂，克拉底与他经常在大厅的走廊中活动，走廊叫stoas，因此，芝诺成了作为禁欲主义代名词的“斯多葛学派”（stoics）的创始人。可以说，犬儒主义与斯多葛学派是一脉相承的。

希帕其娅

非克拉底不嫁

希帕其娅（Hipparchia）生于公元前 350 年，她爱上了克拉底的学说和生活方式，任何追求者都无法让她回头，无论他们有着怎样的家产、身世和容貌。对她而言，克拉底就是一切。她甚至威胁父母，如果不将她嫁给克拉底，她就自杀。应她父母之请，克拉底使出浑身解数劝说这女孩，最终也未能将她说服。于是克拉底站了起来，在她面前脱掉衣服，说道："这就是新郎和他所拥有的全部家当，你要考虑清楚，除非你接受他所追求的，否则你无法成为他的伴侣。"

面对这个又瘸又驼的男人，希帕其娅并没有退却，毅然选择了他，穿上同样的衣服，和丈夫一起幕天席地、四处行乞。有人以第一人称写诗赞扬她："我从不在衣服上别饰针，也不乐意脚上穿鞋，头上抹香水。一根拐杖，双脚赤露，不在意蔽体的外套有多皱，睡在僵硬的地上而不需要床，这就是我的选择。”

据拉丁语作家阿普列乌斯 · 卢修斯（Apuleius Lucius）记载，希帕其娅在光天化日之下与丈夫克拉底在公共场所交媾。他们生有两个儿子和一个女儿。据第欧根尼 · 拉尔修的记载，他们带领儿子去妓院，让孩子知道自己是如何被创造出来的。他们允许自己的女儿试婚。

羞辱德奥多罗

德奥多罗是一个臭名昭著的无神论者，第欧根尼认为他是最无耻的人。比如，当斯提尔波对着雅典娜的雕像论证“女神不是神”的时候，德奥多罗居然反问：“你是从哪个部位分辨出了女神和神的区别呢？”在马其顿国王吕西玛库的宴会上，希帕其娅曾经通过诡辩羞辱德奥多罗。

希帕其娅说，既然德奥多罗做什么都不会是错的，那么，他打自己也不会是错的；他打自己和别人帮他打自己没有区别，所以，希帕其娅殴打德奥多罗也是没错的。说着，就要动手厮打德奥多罗。但德奥多罗是个无耻的家伙，他没有反驳，而是企图脱掉希帕其娅的斗篷。

柏拉图

梦中的天鹅

柏拉图（Plato）生活于公元前427年至公元前347年，他是雅典公民，父亲是阿里斯通，母亲是佩里克提俄涅（Perictione）。柏拉图还有两个哥哥和一个妹妹，后来继承学园的人就是他妹妹的亲生儿子斯彪西波。柏拉图的父亲去世后，他母亲改嫁了，又给柏拉图生了一个同母异父的弟弟叫安提丰。

在雅典流传着一个故事，说阿里斯通曾经试图强暴佩里克提俄涅，但由于她正处花季，身强力壮，阿里斯通没能得逞；停止强暴后，阿波罗出现在他的幻觉中，正因如此，他就没有继续骚扰佩里克提俄涅，直到她生下孩子。

这个传说与耶稣降生的传说极为类似，就是为了说明，阿里斯通其实不是柏拉图的父亲，柏拉图是太阳神阿波罗的儿子，就像耶稣不是凡人木匠约瑟夫的儿子，而是上帝的儿子一样。还有传言说，柏拉图小的时候，曾有蜜蜂停留在他嘴上，因为他的口才犹如蜂蜜一般流淌。Plato 是“宽阔”的意思，因为柏拉图肩膀和额头宽阔，故而以 Plato 为名。有人记载，成年的柏拉图还曾经在运动会上赢得过摔跤冠军。

还有人宣称，苏格拉底曾在梦中看见一只天鹅站在自己的膝盖上，而后突然展开双翅，发出一声悦耳的鸣叫后飞向了天空，第二天，就有人带着柏拉图来拜他为师。于是，他就把柏拉图说成是梦中的天鹅。

博采众家

年轻的柏拉图曾经想要以悲剧写作为职业，但当他听了苏格拉底的谈话之后，就把自己的作品投入了火堆中，决定跟随苏格拉底学习，那时，他刚满 20 岁。苏格拉底死后，他追随过赫拉克利特派哲学家克拉底鲁和通晓巴门尼德哲学的赫尔漠格涅斯。约在28岁时，他和苏格拉底的某些其他门徒一起投奔了麦加拉的欧几里得。再后来，他又去意大利拜见毕达哥拉斯学派的菲洛拉俄斯和欧律托斯。

我们从柏拉图的文字中，的确可以读出上述哲学家的影响，第欧根尼·拉尔修评论说："他把赫拉克利特、毕达哥拉斯和苏格拉底的学说糅合在一起。就关于可感事物的学说而言，他与赫拉克利特一致；就关于可知事物的学说而言，他吸收了毕达哥拉斯的理论；在政治哲学方面，他则继承了苏格拉底的教导。"

哲学王的理想

柏拉图在70岁时所写的《第七封信》中写道："直到最后我得出结论，所有现存的城邦无一例外都治理得不好，它们的法律制度除非有惊人的计划并伴随好的运气，不然是难以医治的。因此我认为，只有正确的哲学才能让我们有能力分辨对社会和个人来说什么是正义的东西。除非真正的哲学家获得政治权力，或者是由于某种奇迹，政治家是真正的哲学家，不然人类很难过上好的生活。这就是我初次造访意大利和西西里时所持有的信念。”

游说老戴奥尼索斯

戴奥尼索斯是西西里岛的叙拉古王国的僭主，统治叙拉古长达 39 年之久。他曾征服西西里和意大利南部，使叙拉古成为希腊本土以西最强大的城邦，是希腊世界人口最多的城市，可与后来希腊化时期的亚历山大里亚相媲美。他所创立的帝国尽管保留了古老政治体制的形式，实际上却是一个军事独裁的君主国家。

戴奥尼索斯的一个大臣狄翁（Dion）小柏拉图 20 岁，他曾是柏拉图的学生，服膺柏拉图的思想。在狄翁的引荐下，柏拉图见到了戴奥尼索斯，并像周游列国的孔夫子一样游说他，可能是想要实现心中“哲学王”的政治理想。

他和戴奥尼索斯会面，并提出劝告，如果施政仅仅是为了统治者个人的利益，这并不是最好的政治，除非统治者本人在道德上是出类拔萃的。此言触怒了这个僭主，他斥责柏拉图："你讲起话来就像一个老糊涂。"柏拉图也反唇相讥："你讲起话来就像一个暴君。"戴奥尼索斯大发雷霆，只是由于狄翁等人的规劝才没有立即处死柏拉图，但事后仍然唆使当时在叙拉古的斯巴达使节将柏拉图当作奴隶出卖。幸亏中途得到朋友的救赎，柏拉图得以返还雅典。

游说小戴奥尼索斯

公元前 367 年，暴君戴奥尼索斯卧病在床，要求医生给他一剂安眠药——一种可以缓和神经且有助睡眠的药物。医生加大剂量，于是喝过之后，暴君再也没有醒来。国王的儿子小戴奥尼索斯登基继位。狄翁又想到了柏拉图，看到年轻国王从失去父亲的悲痛情绪中平复，狄翁就劝说他邀请雅典的智者再次到西西里岛来。

柏拉图应邀而至，并且是由国王的马车将他一路从海港接进了王宫。在同国王谈话时，柏拉图尽力让他的思想提升到更高贵的事物上面，而不是美食美酒和狐朋狗友。国王和他的一些伙伴决定要做出一番改变。他们想要学习科学，比如几何学。这些年轻人对这些新的学问非常热衷，以至于在王宫内的很多房间里都能够看到成群的人在铺着沙土的大理石地板上书写欧几里得算式。

国王对教育和学习的乐趣并没有持续多久。狄翁成了国王的眼中钉，并被驱逐出西西里。柏拉图待了一段时间，但国王对他越来越怠慢，最后，还暗示他离开。就在柏拉图离开之前，他与小戴奥尼索斯有一次共饮，国王说道：

“柏拉图先生，我想，如果你回到雅典，就会在朋友面前把我所有的过错都抖出来，并把我的性格批得千疮百孔。”

“陛下，”柏拉图回答说，“我想我们会有很多话题谈论，而不是你。”

不久柏拉图就返回了希腊。

开办学园

公元前 387 年，柏拉图从西西里返回雅典以后，便在朋友们的资助下在雅典城外西北角一个名叫阿卡德摩（Academus）的地方建立学园。雅典近郊的这个地方原来是纪念阿提卡英雄的，柏拉图的学园就是以此命名。这是欧洲历史上第一所综合性的学校，用以传授知识，进行学术研究，提供政治咨询，培养学者和政治人才。

柏拉图的著作都是以对话形式展开的，而对话的主角几乎都是苏格拉底。这就导致人们很难将苏格拉底的思想与柏拉图的思想区分开来。据说，当苏格拉底听到柏拉图朗读的《吕西斯篇》时，不禁大喊："以赫拉克勒斯的名义起誓，这个青年人正在告诉我的都是一些什么样的谎言呀！"很明显，柏拉图在对话中借苏格拉底之口说了很多苏格拉底从来没有说过的话。

柏拉图的学园建立以后园址长期未变，直到公元前 86 年罗马的统帅苏拉围攻雅典时才被迫迁入雅典城内，以后一直存在到公元 529 年。这一年，东罗马皇帝查士丁尼出于维护基督教神学的需要，下令封闭雅典所有传授异教哲学的学校，柏拉图的学园前后持续存在达 900 年之久。以后西方各国的主要学术研究院都沿袭它的名称 Academy。

据普鲁塔克记载，柏拉图曾经派遣很多自己的学生出去参与各城邦的立法与政治活动。柏拉图死后，亚历山大皇帝还向学园第三任领袖塞诺克拉底请教治国之术。

柏拉图晚年在希腊世界享有崇高的荣誉。公元前 347 年，他已 80 岁高龄，在他人的婚礼宴会上无疾而逝，葬于他耗费了大半生才华的学园，所有的学生都参加了他的葬礼。

金属喻

在柏拉图的《理想国》中，对“正义”的认知使哲学王的权力合法化，他们向民众撒谎，并散播论证社会秩序合理性的神话。在苏格拉底看来，因为统治者知道什么对人民来说是真实和有益的，所以他们有权说谎。苏格拉底说：“统治者……为了城邦的利益而对敌人或民众使用欺骗手段是合宜的。”当然，苏格拉底又说，其他人都无权撒谎。

重要的神话体系中，都有一个神话故事是用来让人们接受他们在社会中的位置的。当然，这种神话中的任何一个都服务于减少社会不满情绪和论证统治者权力的合理性这一目的。在关于金属的神话中，苏格拉底告诉民众，人是由金、银、铜、铁四种金属混制而成的。那些适合做领导的人主要是由金子组成的，也因而最为珍贵。负责护卫的士兵主要是银子组成，而农民和工人则是由铜和铁制成的。

这种关于金属的神话也为维持世袭社会等级秩序找到了正当的理由。苏格拉底说，金质父母生金质子女，铜质父母生铜质子女。他认为，理想的状态是将同质的子女放在一起抚养。当然，一些金质父母会生出铜质子女，而一些铜质父母的子女会是金质的。发生这种情况的时候，这些不像他们父母的孩子应当被放到适当的社会阶层中去。

洞穴喻

柏拉图让我们想象一些人住在一个巨大的洞穴中，从小就被锁链困住了颈项和腿脚而动弹不得。因为他们甚至没法回头，所以只能看到他们面前的东西。在他们背后是一块高地，在这块高地上有另外一些人，他们扛着人造的东西来回走动。在这些走动的人后面是一团火，再后面是洞穴的出口。那些被锁住的人只能往他们前方洞穴尽头的洞壁方向看，既看不见彼此，也看不见那些走动的人及其后面的火。囚徒们唯一能看见的是他们前面洞壁上的影子，因为他们没有意识到其他任何东西的存在，这些囚徒就将影子视为唯一的实在。

假设有一个囚徒碰巧走出了洞穴，阳光刺激得他眼睛发痛，要过一段时间他的眼睛才能适应洞穴外的世界。他将首先认出一些影子，觉得它们很熟悉。然后，他将看到人们与各种东西在水中的倒影，这将代表他在知识上的一个巨大进步。最后，他会发现真实的世界是五彩斑斓的，而不是洞穴中所看到的黑乎乎的模糊的一片。

他将回想起，对于那个能把来来往往的影子看得最清、把这些影子的前后顺序记得最准的人，他们曾如何交口称赞。这个被释放的囚徒还会认为这种称赞是值得拥有的吗？他还会羡慕那些在洞穴中得到赞誉的人吗？事实上他一点也不羡慕，相反，他只会觉得这些人可悲、可怜。

接下来呢，这个见识过光明的囚徒是否要返回原来的洞穴？如果他回去，会因为变得不适应洞穴中的黑暗，反而手足无措，因此会被洞穴中的愚昧人嘲笑，说他跑出去只是弄瞎了自己的眼睛。这又是哲学家的悲哀。

理念说

木匠在造我们使用的床或桌子时，心里总是想着那张床或桌子的“理念”，而“理念”自身却不是任何工匠所能制造的。但总有一种万能的工匠，他不但能制造一切人造物，而且能制造一切植物和动物。如果你拿一面镜子到处去照，便能照出太阳、天空和大地上的一切以及你自己。但用镜子照出的不过是影像而已，画家所描绘出来的一切也是影像。

如此一来，这里已经有三种床：一种是天然存在的作为“理念”的床，它是神创造的；一种是木匠造的床，它是“理念”的模仿品；再一种是画家画的床，是对模仿品的模仿。以床为例子进行类推，可以将整个世界分成三部分：理念的世界（真实的世界），现实的世界（对理念的模仿），影像的世界（虚幻的世界）。

有人为讽刺柏拉图的思想，讲了一个故事，说一个学生在学园中学习了很长时间，回到家里，父亲做了一只鸡来犒劳他。在就餐时，父亲问孩子从柏拉图那里学到了什么。孩子回答说：“桌子上的这只鸡是虚假的鸡，真实的鸡是作为理念存在的。”这位父亲听了之后对儿子说：“好吧，这只虚假的鸡归我了，那只作为理念存在的真实的鸡，就留给你吃吧！”

爱情观

人开始爱一个人美的形体（肉体），从这个美的形体认识了美的道理（逻各斯），进一步认识到这个形体的美和另一个形体的美是一致的，从而可以在一切美的形体中看到它们共同的“理念”。到了这一步就不会否认一切形体的美是相同的，从而认识到了那形而上的“理念”才是真实的美。从形体美开始，进而认识到心灵的美、法律的美、制度的美、知识的美，最终达到至善。

在柏拉图这里，以色欲为基础的爱情仅仅是人们开启形而上学追求的导火索，人应该通过爱一个人而学会爱所有的人，进而爱美德、正义和真理。现实中的很多人会把爱情看作虚幻，犹如人生的调味剂，不

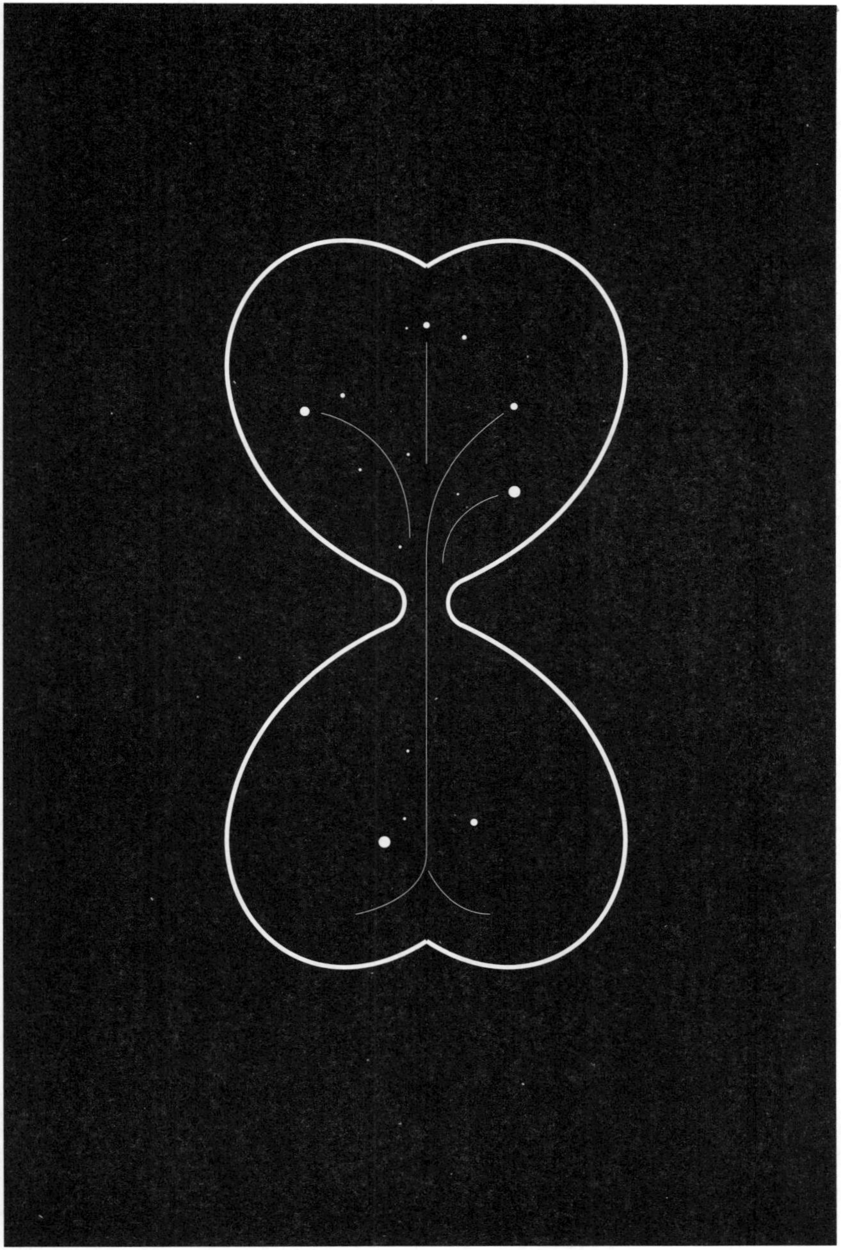

能当饭吃。这些人的爱情像烟花一样缥缈，不切实际，对于他们而言，只有当烟花跌落回地面时，他们才认其为“真实的生活”。

如果柏拉图见了他们，可能会这样说：“水是用来灭火的，但一杯水无法熄灭火山；光明是用来驱赶黑暗的，但一支蜡烛不能照亮全世界；爱情是可以超越世俗的，但短暂的激情不足以支撑漫长的人生。既然爱了，就不要像烟花一样返回地面，而要像火箭一样摆脱地球的引力和沉重的肉身——有了高度，才能俯瞰大地；开了眼界，才能超越世俗。”

三种善

柏拉图认为世上有三种善。

第一种善，我们乐意拥有它，只是拥有它本身，而不是其后果。比如欢乐和无害的娱乐，它们并不会带来什么后果，不过快乐而已。

第二种善，我们之所以爱它，既是为了它本身，又为了它的后果。比如明白事理，视力好，身体健康。我们欢迎这些东西，是为了同时拥有这两个方面。

第三种善，我们爱它并不是为了它本身，而是为了报酬和其他种种随之而来的利益。例如体育锻炼是为了强身健体，害病求医催生了医术。总体来说，赚钱之术都属这一类。说起来这些事可算是苦差事，但是有利可得。

正义的起源

格劳孔认为，正义是一件苦事。人们拼着命去干，图的是它的名和利。至于正义本身，人们是害怕的，是想尽量回避的。

人们说，做不正义的事是利，遭受不正义是害。遭受不正义所得的害超过做不正义之事所得的利。所以人们在彼此交往中既尝到过做不正义之事的甜头，又尝到过遭受不正义的苦头。两种味道都尝过之后，那些不能专尝甜头而不吃苦头的人，觉得大家最好建立契约：既不要得不正义之惠，也不要吃不正义之亏。打这时候起，他们中间才开始定法律立契约。他们称守法践约为合法的、正义的。这就是正义的本质与起源。

正义的本质就是最好与最坏的折中——所谓最好，就是干了坏事而不受罚；所谓最坏，就是受了罪而没法报复。人们说，正义是两者之折中，它之所以为大家所接受和赞成，不是因为它本身就是真正的善，而是因为这些人没有力量去做不正义之事，任何一个真正有力量作恶的人绝不会愿意和别人订什么契约，答应既不害人也不受害——除非他疯了。

古各斯的魔戒

格劳孔认为，人不为己，天诛地灭！人都是在法律的强迫之下，才走到正义这条路上来的。为了论证，他讲述了一个名叫《古各斯的魔戒》的故事：

吕底亚人古各斯的祖先，据说是一个牧羊人，在当时吕底亚的统治者手下当差，有一天他碰巧捡到一只金戒指，并发现这只戒指能够使他隐身。只要戒指的宝石朝里一转，别人就看不见他，再朝外一转，又看得见他，百试百灵。于是他就想方设法谋到一个职位，当上了国王的大臣。到了国王身边，他又勾引了王后，跟她同谋，杀掉了国王，夺取了王位。

照这样来看，假定有两只这样的戒指，正义的人和不正义的人各戴一只，在这种情况下，可以想象，没有一个人能坚定不移地继续做正义的事，也不会有一个人能克制住不拿别人的财物。如果他能在市场里不用害怕，要什么就随便拿什么，能随意穿墙越户，能随意调戏妇女，能随意杀人劫狱，总之能像全能的神一样，随心所欲行动的话，到这时候，两个人的行为就会一模一样。因此我们可以说，这是一个有力的证据，证明没有人把正义当成对自己有利的事而心甘情愿去实行，做正义之事是勉强的。在任何场合之下，一个人只要能干坏事，他总会去干的。大家一目了然，从不正义那里比从正义那里，人能得到更多的利益。

真君子 VS 假好人

按照格劳孔的说法，如果谁有了权而不为非作歹，不夺人钱财，那他就要被人当成天下第一号的傻瓜，虽然当着他的面人家还是称赞他——因为人们怕吃亏，老是这么互相欺骗着。

首先，我们假设不正义之人掌握专门的技术，例如会掌舵或治病救人，在他的技术范围之内，他能辨别什么能做，什么不能做，并斟酌损益。即使偶尔出了差错，他也能补救。他会把坏事干得滴水不漏，谁也不能发觉。如果他被人抓住，那他就是一个蹩脚的货色。不正义的最高境界就是嘴上仁义道德，肚子里男盗女娼。所以我们还要给坏事做绝的人最正义的好名声；假使他露出了破绽，也有补救的能力。如果他因干了坏事遭到谴责，他能鼓起如簧之舌，说服大家。如果需要动武，他有的是勇气和实力，也有的是财势和朋党。

然后，让我们按照理论树立一个正义者的形象：朴素正直，胸怀洒落，犹如光风霁月。他不是看上去像个好人，我们必须把“看上去”去掉。因为，如果大家把他看作正义的人，他就因此有名有利。在这种情况下，我们就搞不清楚他究竟是为正义而正义，还是为名利而正义了。所以我们必须排除他身上的一切表象，只剩下正义本身，来跟前面说过的那个假好人对立起来。让他不做坏事而有大逆不道之名，这样正义本身才可以受到考验。虽然国人皆曰可杀，他仍正义凛然，鞠躬殉道，死而后已；他甘冒天下之大不韪，坚持正义，终生不渝。

格劳孔说，如此对照的话，是真君子活得幸福，还是假好人活得幸福呢？

“貌似”远胜“真是”

格劳孔的兄弟阿德曼托斯接着说，要做一个正义的人，除非我只是徒有正义之名，否则就是自找苦吃。反之，如果我并不正义，却已经挣得正义者之名，就能有天大的福气！既然智者们告诉我，“貌似”远胜“真是”，而且是幸福的关键，我何不全力以赴追求假象？有人说，干坏事而不被发觉很不容易。啊！普天之下，又有哪一件伟大的事情是容易的？无论如何，想要幸福只此一途。

为了一切保密，我们拉帮派、搞团伙；有辩论大师教我们讲话的艺术，向议会法庭演说，硬逼软求，这样，我们可以尽得好处而不受惩罚。有人说，对于诸神，既不能骗，又不能逼。怎么不能？假定没有神，或者有神而神不关心人间的事情，那么做了坏事被神发觉也无所谓。假定有神，神又确实关心我们，那我们所知道的关于神的一切，也都是从故事和诗人们描述的神谱里来的。它们也同时告诉我们，祭祀、祷告、奉献祭品，就可以把收买诸神。

人类城邦的起源

苏格拉底认为，之所以要建立一个城邦，是因为我们每一个人不能单靠自己达到自足，我们需要许多东西。由于需要许多东西，我们邀集许多人住在一起，作为伙伴和助手。这个公共住宅区，我们都将它称作城邦。那么一个人分一点东西给别的人，或者从别的人那里拿来一点东西，每个人都觉得这样有进有出对他自己有好处。

首先且最重要的是粮食，有了它才能生存。第二是住房，第三是衣服，以及其他，等等。如果一个农夫不管别人，只为他自己准备粮食——花四分之一的时间，生产自己的一份粮食，把其余四分之三的时间，一份花在造房子上，一份花在做衣服上，一份花在做鞋子上，免得同人家交换，各自为我，只顾自己的需要，这显然会导致生产效率低下。这时候，劳动分工就显得非常必要。每个人从事一种技艺，从而有了木匠、铁匠、鞋匠等职业，当然，随着城邦的扩大，也有了专门从事战争的战士，即城邦的护卫者。

战争中的斗士应该需要更多样化的锻炼。他们有必要像终宵不眠的警犬，视觉和听觉都要极端敏锐；他们在战斗的生活中，能够忍饥挨饿，无论烈日骄阳还是狂风暴雨，都能安之若素。

统治者有权撒谎

虚假对于神明毫无用处，但作为一种药物，对凡人还是有用的。国家的统治者，为了国家的利益，有理由用它来应付敌人，甚至应付公民。其余的人一概不准和它发生任何关系。如果一般人对统治者说谎，我们以为这就像一个病人对医生说谎，一个运动员不把身体的真实情况告诉教练，甚至罪过更大。

所以，统治者要对宣传系统严加管控，比如荷马的史诗，就要有选择地讲给孩子们听。下面的事情就不能宣传：（一）其他诸神已入睡乡，宙斯却因性欲炽烈，仍然辗转反侧，瞥见赫拉浓妆艳抹，两情缱绻，竟迫不及待露天交合。宙斯还对妻子说，此次约会胜似初次幽会，因为背着他们的父母；（二）赫淮斯托斯的妻子阿佛洛狄忒与战神阿瑞斯在河里边偷情，赫淮斯托斯抓了个现行，用铁链把他俩绑在了一起；（三）海神波塞冬的儿子提修斯和主神宙斯的儿子佩里索斯掳掠妇女；（四）德尔菲的阿波罗神庙的神谕不灵验。凡此种种，都不能随意向青年人宣扬。

驱逐模仿一切的诗人

荷马或某些悲剧诗人通过模仿来讲述英雄受苦的故事，英雄们长时间地悲叹或吟唱，捶打自己的胸膛，这时即使是最优秀的人物也会喜欢，会同情地热切地听着，甚至听得入了迷。在我们应当让这些情感干枯而死时，诗歌却给它们浇水施肥；在我们应当统治它们，以便我们可以生活得更美好、更幸福而不是更坏、更可悲时，诗歌却让它们确立起了对我们的统治。

像画家一样，诗人的创作真实性是很低的，因为和画家一样，诗人的创作是和心灵的低贱部分打交道。因此我们完全有理由拒绝让诗人治理良好的城邦。因为他的作用在于激励、培育和加强心灵的低贱部分，并毁坏理性部分，就像在一个城邦里把政治权力交给坏人，让他们去危害好人一样。

鞋匠总是鞋匠，并不在做鞋匠以外，还做舵手；农夫总是农夫，并不在做农夫以外，还做法官；兵士总是兵士，并不在做兵士以外，还做商人，如此类推。那么，假定有人靠他的一点聪明，能够模仿一切，扮什么像什么，光临我们的城邦，朗诵诗篇，大显身手，那么就会以为我们会对他顶礼膜拜，称他是神圣的、了不起的，把他视为大受欢迎的人物。与他的愿望相反，我们会对他说，我们不能让这种人到我们城邦里来；法律不准许这样，这里没有他的地位。我们将在他头上涂以香油，饰以羊毛冠带，送他到别的城邦去。

护卫者不应有私有财产

优秀的护卫者（护国着）的生活方式：

第一，除了绝对的必需品以外，任何人不得有任何私产。第二，任何人不应该有私人的房屋或仓库。至于他们的食粮则应由其他公民供应，作为能征善战、智勇双全的护卫者的职务报酬。按照需要，食粮每年定量分配，既不让多余，亦不使短缺。他们必须同住同吃，像士兵在战场上一样。

至于金银，我们一定要告诉他们，他们已经从神明那里得到了金银，藏于心灵深处，他们就不需要人世间的金银了。他们不应该让心灵的宝藏同世俗的金银混杂在一起而受到玷污，因为世俗的金银是罪恶之源，心灵深处的金银是纯洁无瑕的至宝。

他们要是在任何时候获得一些土地、房屋或金钱，他们就要去搞农业、做买卖，就不再能搞政治、做护卫者了。他们就从人民的盟友蜕变为人民的敌人和暴君了。他们恨人民，人民恨他们；他们就会算计人民，人民就要图谋打倒他们；他们终身生活在恐惧之中，会惧怕人民超过惧怕国外的敌人。结果就会是，他们和国家一起走上灭亡之路，同归于尽。

男女裸体参加操练

在男性和女性之间，如果发现男性或女性更加适宜于某一种职业，我们就可以把某一种职业分配给他们。但是，我们发现两性之间，唯一的区别不过是生理上的区别，阴性受精生子，阳性放精生子。我们不能据此就得出结论，说男女之间应有我们所讲那种职业的区别；我们相信，我们的护卫者和他们的妻子应该从事同样的职业。

没有任何一项管理国家的工作，因为女人在干而专属于女性，或者因为男人在干而专属于男性。不同的天赋才能同样分布于男女两性。实际上，各种职务，不论男女都可以参加，而总体上，女性看起来似乎比男性弱一些罢了。

女性护卫者必须裸体操练，因为她们以美德做衣服。她们必须同男人一起参加战争，以及履行其他护卫者的义务，这是她们唯一的职责。让身体赤裸裸地呈现，总比遮遮掩掩的要好，此外，眼睛看来可笑的事物，在理性看来是最善的，因此也就变得不可笑了。

妇孺公有

因为护卫者一切公有，一身之外别无长物，所以他们之间不会发生纠纷。因为人们之间的纠纷，都是自己的财产、儿女与亲属的私有财产造成的。

我们的护卫者不应该有私人的房屋、土地以及其他私人财产。他们从别的公民那里得到每日的工资，作为他们服务的报酬，大家一起消费。真正的护卫者就要这个样子。这样能确保他们成为更名副其实的护卫者，防止他们把国家弄得四分五裂，把公有的东西说成"这是我的"，各人把他所能从公家弄到手的东西拖到自己家里去，把妇女儿童看作私产，各家有各家的悲欢苦乐。

作为护卫者，这些女人应该归这些男人共有，任何人都不得与任何人组成一夫一妻的小家庭。同样地，儿童也都公有，父母不知道谁是自己的子女，子女也不知道谁是自己的父母。对大多数人的行动来讲，情欲的必然比几何学的必然有更大的强制力与说服力。最好的男人与最好的女人应尽可能结合在一起,反之，最坏的与最坏的要尽量少结合在一起。女人应该从 20 岁到 40 岁为国家抚养儿女，男人应当从过了跑步速度最快的年龄到 55 岁生儿育女。

在母亲们有奶的时候，引导母亲们到托儿所喂奶，但竭力不让她们认清自己的孩子。如果母亲的奶不够，人们要另外找奶妈。护卫者要注意不让母亲们喂奶的时间太长，把给孩子守夜以及其他的麻烦事情交给奶妈和保姆去干。如果要保证最高质量的后代的话，最好者的下一代必须被培养成才，最坏者的下一代则不予养育。除了治理者外，别人不应该知道这些事情的进行过程，否则，护卫者难免互相争吵，难以团结。

哲学家是什么人？

一般人关于美的东西以及其他东西的平常看法，游移于绝对存在和绝对不存在之间。如果有什么东西显得既是有，又是无，那它就处于完全的有和完全的无之间，与之对应的能力就既不是知识又不是无知，而是处于这两者之间的一种能力。

意见所谈论的内容似有若无，就像下面这条谜语：在什么情况下，一个不是男人的男人看了又没有看见一只停在不是树枝的树枝之上的不是鸟的鸟，用一块不是石头的石头，砸了又没有砸到？谜底：一个独眼的太监用一块浮石去砸一只芦苇上的蝙蝠，但没有砸到。

那些只看到许许多多美的东西，许许多多正义的东西，许许多多其他的东西的人，即便有人指导，他们也始终不能看到美和正义本身。哲学家是那些专心致志于每样东西的存在本身的人，我们称他们为“爱智慧者”而不称他们为“爱意见者”。

哲学家中的最优秀者对于世人无用，这话是对的；但是同时也要说清楚，最优秀哲学家的无用，其责任不在哲学本身，而在别人不用哲学家。真正合乎自然的事理应当是这样：一个人病了，不管他是穷人还是富人，应该是他上医生的家门去找医生；任何需要管治的人应该是他们自己登门去请有能力管治他们的人来。

航船喻

柏拉图的“航船喻”十分有名。假设有一队船或一只船，船上发生这样的事情：有一个船长，他身高力大超过船上所有船员，但是耳朵有点聋，眼睛不怎么好使，他的航海知识也不太高明。船上水手们都争吵着要替代他做船长，都说自己有权掌舵，虽然他们从没学过航海术，也说不出自己在何时跟谁学过航海术。而且，他们还断言，航海术是根本无法教的，谁要是说可以教，他们就准备把谁碎尸万段。

同时，他们围住船长强求他，甚至不择手段地骗他把船舵交给自己。有时他们失败了，别人取得船长的同意代为指挥，他们就杀死那人或把那人逐出船去，然后用麻醉药或酒之类的东西把高贵的船长困住。有时他们成功了，夺取了船只的领导权，于是尽出船上库存，吃喝玩乐，照自己希望的这么航行着；不仅如此，凡是曾经参与阴谋，狡猾地帮助过他们从船长手里夺取权力的人，不论是出过主意的还是出过力的，都被授以航海家、领航、船老大等等荣誉称号，对不同伙的人，他们就骂人家废物。

其实，真正的航海家必须注意年时、季节、天空、星辰、风云以及一切与航海有关的事情，这样才能成为船只的真正当权者。并且，不管别人赞成不赞成，这样的人是必定会成为航海家的。

问题是，在发生过这种变故的船上，一个真正的航海家会被这些篡了权的水手怎样看待呢？他们不会把他叫作唠叨鬼、占星迷或大废物吗？

哲学家的命运

构成哲学家天赋的那些品质如果受到不良的教育或不良环境的影响，就会成为某种背离哲学研究的原因，跟所谓的美观、富裕以及所有这类生活福利一样。对城邦和个人做大恶的人出自这一类，造大福于城邦和个人的人——如果碰巧有潮流带着他朝这方向走的话——也来自这一类；反之，天赋平庸的人无论对城邦还是对个人都做不出什么大事来。那些最配得上哲学的人就这样离弃了哲学，使她孤独凄凉，他们自己也因而过着不合适的、不真实的生活；与此同时那些配不上的追求者看到哲学没有亲人保护，乘虚而入，玷污了她，并使她蒙受了她的反对者加给她的那些恶名。

剩下来配得上研究哲学的人就只有其中微乎其微的一部分了：他们或是出身高贵又受过良好教育的人，因处于流放之中而没有受到腐蚀，依然在真正地从事哲学；或是生于狭小城邦的伟大灵魂，他不屑于关注这个小国的事务；还有少数人或许由于天赋异禀，脱离了他所藐视的其他技艺，改学了哲学。他们尝到了拥有哲学的甜头和幸福,并充分地看到了群众的疯狂，知道在当前的城邦事务中可以说没有什么是健康的，也没有一个人可以做正义战士的盟友援助他们，使他们免于毁灭。

这极少数的真哲学家就像一个人落入了野兽群中一样，既不愿意参与作恶，又不能单枪匹马地对抗所有野兽，因此，大概只好在能够对城邦或朋友有所帮助之前就对己对人都无贡献地早死了。基于所有这些缘故，哲学家都保持沉默，只关注自己的事情。他们就像在暴风卷起尘土或雨雪时避于一堵墙下的人一样，看别人干尽不法之事，但只求自己能终生不沾上不正义和罪恶，最后怀着善良的愿望和美好的期待而逝世，也就心满意足了。

现行的政治制度之所以可恨，正是因为其中没有一种是适合哲学本性的。哲学的本性也正是由于这个缘故而堕落变质的。正如种子被播种在异乡土地上，结果通常是被当地水土克制而失去本性，哲学的生长也如此，在不合适的制度下保不住自己的本性，而败坏变质了。哲学如果能找到如它本身一样最善的政治制度，那时就可以看得很明白，哲学确实是神物，而其他的一切，无论天赋还是学习和工作，都不过是人事。

四种政体

柏拉图区分了四种政治体制，第一种被叫作斯巴达和克里特政体，受到广泛赞扬。第二种被叫作寡头政治，是少数人的统治，有很多害处。第三种被叫作民主政治，是接着寡头政治之后产生的，又是与之相反的。最后一种，乃是与前述这三种都不同的僭主政治，是城邦的最后的祸害。

不要以为政治制度是从木头里或石头里产生出来的。政治制度是从城邦公民的习惯里产生出来的；习惯的倾向决定其他一切的方向。政治制度的变动全都是由领导阶层的不和而起的。如果他们团结一致，哪怕只有很少部分的一致，政治制度变动也是不可能的。

统治者内部两种集团将选择两个不同的方向：铜铁集团趋向私利，兼并土地房屋、聚敛金银财宝；而金银集团则由于其自身心灵里拥有真正的财富而趋向美德和传统秩序。他们相互斗争，然后取得某种妥协，于是分配土地、房屋，据为私有，把原先的朋友和供养人变成边民和奴隶。护卫者本来是为保卫后一类人的自由而诞生的，他们终身专门从事战争并捍卫后一类人，现在却变成奴役和压迫后者的人了。

斯巴达政体的优越性

要保障任何国家的永久福利，就需要从几个方面来划分最高权力。柏拉图说："如果我们无视恰当的比例而对任何事物过多地赋予，比如说把过多的风帆给予一艘船，把过多的营养给予一个身体，把过多的权威给予一个灵魂，其结果就必然是翻船、肥胖和灵魂的专横乃至犯罪。"

关于斯巴达的政体，《法律篇》中说："必须有某位神用他对未来的预见支配你们，要你们同时设立两位国王而不是一位，从而使他们的权力拥有更加合乎比例的限度。甚至在那以后，有某人的理智在神的助佑下，注意到你们的统治者仍旧会有狂热之举，因此就设法限制王族的专横，让 38 位长老在处理政务时发出与国王同等的声音。第三位神启者注意到你们的政体仍旧充满阳刚之气，因此就引入一个礼仪官的职位，由抽签决定人选，作为一种约束。"因此，斯巴达的政体，符合柏拉图所设想的稳定的政体的样貌，是一个混合的政体。

立法的原则

柏拉图认为，使所有成员幸福快乐地生活，以正确的方式赋予他们光荣与耻辱，显然是一个社会义不容辞的职责。这种正确的方式就是把灵魂之善放在首要的、最荣耀的位置上——而灵魂的节制总是被假定为必不可少的——把身体的利益和善放在第二位，把城邦之善，我们称之为财富，放在第三位。任何立法者若是把财富放在最荣耀的位置上，或者把较高类别的事物放在较低的位置上，因此违反了这些限度，那么这种行为一定是对宗教和政治的冒犯。

波斯人衰败的原因

通过对波斯人的共同体的考察，柏拉图发现他们还在不断退化。波斯人当前统治的病根在于过分的服从性与过分的王权。其原因在于普通民众的自由太少，君主的权力太大，从而使他们的民族情感和公共精神终结。由于它们的消失，权贵们关心的不再是他们臣民的共同利益，而是他们自身的地位。只要认为对自己有一点儿好处，他们就会把国家的城市和民众投入烈火，使之灰飞烟灭，于是人们野蛮地相互仇视，深怀敌意。另一方面，当需要民众组成军队保护自己时，他们在民众中找不到忠诚者，也没有人愿意在战场上为他们冒险，在理论上他们的士兵成千上万，但实际上人数再多也不起作用。因此他们就招募雇佣兵和外国人来打仗，指望这些人能救自己的命，就好像自己没有军队似的。

在波斯，没有一个人被教育如何发号施令，而在雅典没有一个人学会如何服从。对想要成为立法者的人来说，历史的教训是每个健全的政府，必须依据“统治权的划分”，把“平民”的成分跟“某种个人权威”结合起来，或者如柏拉图所说，必须把“君主政体”与“自由”联结起来。在某个地方必须有权威的席位，但是权威不应该堕落成为专制；必须有个人的自由，但又不是无政府的自由。

荣誉政体

与柏拉图心中理想的斯巴达政治相对应的稍微逊色的政体被称为“荣誉政体”。在荣誉政体中，掌握国家权力的不是真正的智者，而是单纯且勇敢的人。这是一些不适于和平年代而更适于战争时代的人，他们崇尚战略战术，大部分时间都在从事战争。

这种统治者爱好财富，这和寡头制度下的统治者相像。他们内心贪得无厌，有收藏金银的密室，住宅四面有围墙；他们有真正的私室，供他们在里边挥霍财富、取悦妇女以及宠幸其他人。他们一方面爱钱，另一方面又不被许可公开捞钱，所以他们花钱也是很吝啬的，但是他们很高兴花别人的钱以满足自己的欲望。

这种人年轻时也未必嗜财如命，但是随着年龄的增长，就会愈来愈爱财。这是因为随着年龄的增长，他们的天性开始生出爱财之心，由于失去了最善的保障，向善之心也就不纯了。他们爱掌权、爱荣誉，但不是想靠能说会道以及诸如此类的长处，而是想靠战功和自己的军人素质达到这个目标。

寡头政治

寡头政治是一种根据财产决定统治权的制度。政治权力在富人手里，不在穷人手里。私人手里的财产，能破坏荣誉政体。这些人想方设法挥霍浪费，违法乱纪，无恶不作。男人如此，女人们也跟在后面效尤。一个国家里尊重了钱财，尊重了有钱财的人，善德与善人便不受尊重了。

终于，好胜的爱荣誉的人变成了爱钱财的人了。他们歌颂富人，让富人掌权，而鄙视穷人。这时他们便通过一项法律来确定寡头政治的标准，规定一个最低限度的财产数目。寡头制程度越高的地方，这个数目越大，寡头制程度低的地方数目就小些。法律宣布，凡财产总数达不到规定标准的人，谁也不得当选。而这项法律的通过是他们用武力实现的，或者用恐吓的方式建立起自己的政府之后实现的。

这样的城邦必然不是一个而是两个，一个是富人的国家，一个是穷人的国家，住在一个城里，总是在谋划如何对付对方。在这种制度下很可能无法进行战争，这是它的另一个毛病。它的少数统治者要打仗，非武装人民群众不可。但是，他们害怕人民甚于害怕敌人。如果不武装人民群众，而是亲自作战，他们会发现自己的确是孤家寡人，统辖的人真是少得可怜。此外，他们不但贪财，还很吝啬。

寡头政治向民主政治的过渡

统治者既然知道自己的政治地位是靠财富得来的，他们就不愿意用法律来禁止年轻人中出现的挥霍浪费祖产的现象；他们借钱给这些浪荡子，要他们用财产抵押，或者收买他们的产业，而使自己变得越来越富有，影响力和声誉也越加壮大。

一方面丝毫不自制，一方面又崇拜金钱，铺张浪费，寡头社会里这种鼓励懒散和放荡的结果往往不断地把一些世家子弟变成为无产的贫民。他们有的负债累累，有的失去了公民资格，有的两者兼有，他们武装起来，像带刺的雄蜂，同吞并了他们产业的贵族及其他富贵者住在一个城里，他们之间互相仇恨、互相妒忌，也急切地希望革命。

那些专讲赚钱的人，终日孜孜为利，对这些穷汉熟视无睹，只顾把自己金钱的毒饵继续抛出去，寻找受骗的对象，放高利贷，仿佛父母生育子女一样，使得城邦里的雄蜂和乞丐像繁殖一般，日益增多。在寡头制的国家里，统治者使人民处于水深火热之中，他们自己养尊处优。他们的后辈变得娇惯放纵，四体不勤，无所用心，苦乐两个方面都经不起考验，成了十足的懒汉。

统治者和被统治者平时关系尚且如此。一旦他们走到一起，或一起参加宗教庆典，或在同一战场对敌厮杀，彼此观察，那时穷人就一点儿也不会被富人瞧不起了。相反，会出现这样一种情况，即战场上一个瘦而结实的并且被晒得黝黑的穷人就站立在一个养得白白胖胖的富人旁边，看到后者那气喘吁吁、一副无可奈何的样子，这时这个穷人会想：正是由于穷人胆小，这些有钱人才保住了自己的财富。

就像一个不健康的身体，只要遇到一点儿外邪就会生病，有的时候甚至没有外邪，也会病倒，国家也是这样，只要稍有机会，这一政党从寡头国家引进盟友，那一政党从民主国家引进盟友，这个国家也就病了，内战便也就此爆发了。有时没有外人插手，党争也会发生。

如果贫民得到胜利，把敌党的一些人处死，一些人流放国外，其余的公民都有同等的公民权及做官的机会——官职通常抽签决定，一个民主制度，就这样产生了。

民主政治

寡头政治所认为的善以及它所赖以建立的基础是财富，它失败的原因在于过分贪求财富，为了赚钱发财，其他一切不管。民主国家的最大优点在于自由，也因为这个原因，富于自由精神的人们最喜欢去采取民主政治的城邦安家落户。

在民主政治下，每个人都有自己的一套过日子的计划，爱怎么过就怎么过。如果有人告诉他，有些快乐来自高贵的好的欲望，应该得到鼓励与满足，有些快乐来自下贱的坏的欲望，应该加以控制与压抑，对此他会置若罔闻，不愿把堡垒大门向真理打开。他会一面摇头一面说，所有快乐一律平等，应当受到同等的尊重。

事实上他整日沉迷于各种各样的快乐之中。今天是饮酒、玩弄女人、歌唱，明天又喝清水，严格按照规定饮食；前一天还热衷剧烈的体育锻炼，第二天就游手好闲，不务正业；然后一段时间里，又研究起哲学。他的生活没有秩序，没有节制。他自以为他的生活方式是快乐的、自由的、幸福的，并且要把它坚持到底。这种人是集各种习性于一身的多元化的人，与那种民主制城邦所具有的多面性、复杂性一样。

这是政治制度中最美的一面。各色各样的人，有如锦绣衣裳，五彩缤纷，看上去确实很美。而一般群众也是因为这个缘故而断定它是最美的，就像女人、小孩只要一见色彩鲜艳的东西就觉得是美的一样。

在这种国家，如果你有资格掌权，你也完全可以不去掌权；如果你不愿意服从命令，你也完全可以不服从，没有什么可以勉强你。别人在作战，你可以不上战场；别人要和平，如果你不喜欢，你也可以要求战争；如果有什么法令阻止你得到行政的或审判的职位，只要机缘凑巧，你也一样可以得到它们。

民主制度以轻薄浮躁的态度践踏所有这些理想，完全不问一个人原来是干什么的，品行如何，只要他转身从政时声称自己对人民一片好心，就能得到尊敬和荣誉。这是一种众人乐意接受的无政府状态的花哨的管理形式。在这种制度下，平等被不加区别地给予一切人，不管他们是不是平等。

从极端自由到极端奴役

僭主政治或许只能从民主政治发展而来。柏拉图认为，极端的可怕的奴役产生于极端的自由。

民主国家有三类人。第一类是“雄蜂”。有一班懒惰而挥霍之徒，其中强悍者为首，较弱者附从。柏拉图把他们比作雄蜂，把为首的比作有刺的雄蜂，把附从的比作无刺的雄蜂。在寡头社会里这部分人是被藐视的，不掌权的，因此缺少锻炼，缺少力量。在民主社会里这部分人是处于主宰地位的，很少例外。其中最强悍的部分，演说的、办事的都是他们。其余的坐在讲坛后面，熙熙攘攘、嘁嘁喳喳地抢着讲话，不让人家开口。因此在民主国家，一切（除了少数例外）都掌握在他们手里。

第二类是追求财富的人，其中天性最有秩序、最为节俭的人大都成了最大的富翁。他们那里是供应雄蜂蜜汁的最丰富最方便的地方。穷人身上榨不出油水。所谓富人者，乃雄蜂之供养者也。

第三类是平民。他们自食其力，不参加政治活动，没有多少财产。在民主社会中占大多数。要是将他们集合起来，力量是最大的。他们的那些头头，劫掠富人，把其中最大的一份据为己有，把残羹剩饭分给一般平民。

那些被利益损害的人，不得不在大会上讲话或采取其他可能的行动来保卫自己的利益。于是他们受到反对派的控告，被诬以反对平民，被说成是寡头派，虽然事实上他们根本没有任何变革的意图。

然后，他们终于看见平民试图伤害他们（并非有意，而是由于误会，由于听信了坏头目散布的恶意中伤的谣言），于是他们就只好真的变成寡头派了（也并非自愿这样，而是被雄蜂刺蜇过之后的结果）。

接着便是两派互相检举，告上法庭，互相审判。在这种斗争中平民总要推出一个人来带头，做他们的保护人，同时他们培植他，提高他的威望。僭主政治只能从“保护”这个根上产生。一个人如果尝了哪怕一小块混合在其他祭品中的人肉，他便不可避免地要变成一只狼。人民领袖的所作所为，亦是如此。他控制着轻信的民众，不可抑制地要使人流血；他诬告别人，使人在法庭受审，谋害人命，罪恶地舔尝同胞的血液；或将人流放域外，或判人死刑；或取消债款，或分人土地。最后，这种人或被敌人杀掉，或由人变成了豺狼，成了一个僭主。这就是领导一个派别反对富人的那种领袖人物。

一切僭主在这个阶段，只要提出要人民同意他建立一支警卫队，来保卫自己这个人民的保卫者的要求，人民就会答应他，毫无戒心，只为他的安全担心。这个人在早期对任何人都是满面堆笑，逢人问好，不以君主自居，于公于私他都有求必应，豁免穷人的债务，分配土地给平民和自己的随从，到处给人以和蔼可亲的印象。

当他已经和被流放国外的政敌达成了某种谅解，而一些不妥协的政敌也已经被他消灭了时，他便不再有内顾之忧了。这时他总是首先挑起一场战争，好让人民需要一个领袖。而且，人民既因负担军费而贫困，整日为谋生而东奔西走，便不大可能有工夫去造他的反了。

如果他怀疑有人思想自由，不愿服从他的统治，他便会寻找借口，把他们送到敌人手里，借刀杀人。那些过去帮他取得权力而现在正在和他共掌大权的人当中有一些人不赞成他的这些做法，因而公开对他提意见，并相互议论，而这种人碰巧还是些最勇敢的人。作为一个僭主要保持统治权力，他必须清除所有这种人，不管他们是否有用，也不管是敌是友，一个都不会留。

他必须目光敏锐，能看出谁最勇敢，谁最有气量，谁最为智慧，谁最富有；为了他自己的好运，不管主观愿望如何，他都必须和他们为敌到底，直到把他们铲除干净为止。只是这种清除和医生对人体进行的清洗相反。医生清除最坏的，保留最好的，而僭主做出的去留决定正好相反。

他或者是死，或者同那些伙伴——大都是些没有价值的人，全都是憎恨他的人——生活在一起，在这两者之间他必须做有利的抉择。他的这些所作所为越是不得人心，他就越是要不断扩充他的卫队，越是要把这个卫队作为他绝对可靠的工具。

僭主敢于采取暴力对付他的父亲——人民，他们如果不让步，他就要打他们。这时人民很快就要看清他们养育了一只什么样的野兽了。他已经足够强大，他们已经没有办法把他赶出去了。人民发现自己像俗话所说的那样跳出油锅又入火炕；不受自由人的奴役了，反受起奴隶的奴役来了；本想争取完全的自由，却不料落入了最严酷、最痛苦的奴役之中。

僭主政治

柏拉图继续论述。

当一个人或因天性或因习惯，或二者兼有，已经变成醉汉、色鬼和疯子时，他就成了一个十足的僭主暴君了。到告贷无门、抵押无物时，他心灵中孵出的欲望之雏必然会不断地发出嗷嗷待哺的强烈叫声。他会做小偷、强盗、扒手，剥人衣服，抢劫神庙，拐骗儿童；如果生就一张油嘴，他们便流为告密人、伪证人或受贿者，乃至为了享乐而殴打自己的父母。

僭主的天性是永远体会不到自由和真正的友谊的滋味的。最恶的人让我们一言以蔽之，他们是醒着时能够干出睡梦中的那种事的人。这恰恰是一个天生的僭主取得绝对权力时所发生的事情。他掌握这个权力时间越长，暴君的性质就越强。在美德方面，僭主专政的国家和我们最初描述的王政国家对比起来正好相反：一个最善，一个最恶。

没有一个城邦比僭主统治的城邦更不幸的，也没有一个城邦比王者统治的城邦更幸福的。就像僭主自身灵魂中最高贵的部分处于屈辱和不幸的奴隶地位一样，在僭主统治的城邦，高贵的、有气节的、优秀的人物被压制、被奴役，而没有原则、没有底线的阿谀之徒却炙手可热。

真正的僭主实在是一种依赖巴结恶棍维护权力的最卑劣的奴隶。他的欲望永远无法满足。如果你善于从整体上观察他的心灵，透过众多的欲望你就可以看到他真正的贫穷。他一天到晚活得提心吊胆；如果国家状况可以反映其统治者的境况的话，那么他像他的国家一样充满了动荡不安和苦痛。

塞诺克拉底

刚毅木讷

塞诺克拉底（Xenocrates）生活于公元前396年至公元前314年，是卡尔西顿本地人，他很早就成了柏拉图的学生，还曾伴随柏拉图前往西西里。塞诺克拉底生性迟钝，柏拉图拿他和亚里士多德比较时说：“一个需要马刺，另一个需要笼头。”还说：“我训练的学生一个如驴，一个如马。”塞诺克拉底一天到晚愁眉苦脸，柏拉图还曾开玩笑对他说：“你需要给慈惠女神献祭。”

虽然塞诺克拉底理解新理念不够快、反应不够迅捷、行动举止不够优雅，但他工作勤奋、心地善良、道德高尚、公而忘私，这些品质实实在在地赢得了雅典人的尊重。据说只要他去往城里，所经之地一切嘈杂市民和雇工都会给他让路。

柏拉图的外甥斯彪西波是柏拉图之后的第二任学园首领，但他并无出众的才华。斯彪西波后来两腿瘫痪，就写信邀请塞诺克拉底主持学园。在投票选举的过程中，塞诺克拉底胜过了两个竞争对手，于公元前339年成为学园的第三任首领，主持时间长达25年。

坐怀不乱

有一次，妓女佛瑞涅想要诱惑他，装成好像是在被人追赶的样子，到他的小屋子里避难。他出于好心收留了她，由于房里只有一张床，他允许她一起睡。最后，经过多次徒劳的胡搅蛮缠，她只得离去，还告诉那些向她打听此事的人说，她离开的简直就不是一个男人，而是一尊雕像。

不过，有些人却说，是他的一些学生让拉伊斯（曾与斯提尔波厮混的妓女）与他睡在一起。但他的克制力非常强，以至于被割伤和灼伤过多次。他的信誉度非常高，所以，虽然在法庭上证人不起誓是不合法的，但雅典人只允许他这样做。

临危受命

有一次，亚历山大送给他一大笔钱，他只收下三千阿提卡德拉克马，而把其余部分都退了回去，还说亚历山大更需要钱，因为他有百姓需要养活。

还有一次，一只麻雀在老鹰的追赶下撞进他的胸怀，他抚摸了它然后将其放走了，并声称，不应当置恳求庇护者于不顾。

此外，他曾作为使节去拜见斯巴达王安蒂佩特，打算为在拉米亚科斯战争中被俘的雅典战俘辩护，安蒂佩特邀请他一起进餐，他对国王吟诵了如下诗句：

噢，喀耳刻！如果是个正直之人，
在救出同伴并亲自见到他们之前，
怎么会有心思品尝酒肉呢？

喀耳刻是个海岛上的女巫，曾经在奥德修斯归家的途中邀请船员吃饭，她却在食物中放入了药物，使吃过的人变成猪。塞诺克拉底此处引用的神话十分得体。安蒂佩特非常欣赏他的睿智，立刻释放了那些俘虏。

在当时的希腊世界，斯巴达已经成了事实上的盟主，在雅典反抗斯巴达的斗争失败后，塞诺克拉底临危受命，去斯巴达进行谈判，并成功达成和议。当时的雅典元帅是福基翁，他因此要将雅典的公民权赐予塞诺克拉底，但他拒绝接受。因为和议的达成是以修改宪法为代价的，修改后的宪法剥夺了成千上万的雅典穷人的公民权。塞诺克拉底说："我不愿意成为我竭力要阻止却未能阻止的新宪法之下的公民。"

塞诺克拉底生活在雅典，但并没有公民权，需要负担沉重的税赋。在他交不起税的时候，他被罚为奴隶，是当时的一些演说家营救了他，把他买了下来，并且释放了他。

练习沉默

戴奥尼索斯曾经威胁柏拉图说："你早晚会丢掉自己的脑袋！"当时在场的塞诺克拉底说："只要我的脑袋尚在，那就绝无可能！"

有一次，安蒂佩特在雅典遇上了塞诺克拉底并向他行礼，但塞诺克拉底并没有回礼，而是平静地继续演讲，直到演讲结束。

他没有一点傲慢之心，每天都会多次独自思考。据说，他每天都会分出一小时的时间留给沉默。

他于 82 岁去世，死因是晚上跌倒在一些器皿之上。

亚里士多德

逍遥派

亚里士多德生于公元前 384 年，是柏拉图最正宗的门徒。从 17 岁起，他就被父亲送到当时著名的柏拉图的学园学习，并在雅典学园待了近 20 年的时间。“亚里士多德”在古希腊语中的原意是“最好的目的”。他口齿不是太利索；据说他腿脚干瘦，眼睛细小，但在衣着、指环和发式方面比较讲究。

亚里士多德思维敏捷，时常同老师柏拉图辩难。比如，柏拉图认为，灵魂可以与肉身分离独立存在，但亚里士多德却认为，灵魂的属性是和生物的自然质料分不开的。因此，柏拉图说：“亚里士多德踢开了我，就像驴子一脚踢开了生养它的母亲一样。”但亚里士多德的回答是：“我爱我师，但我更爱真理。”

公元前335年，亚里士多德在雅典办了一所叫吕克昂的学校，并且它的名声很快就超过了老师柏拉图的学园。在那里，他和学生们一边漫步于走廊和花园，一边讨论着哲学问题。正因如此，其学园的哲学流派被称为“逍遥学派”（Peripatetic），即散步的学派。

帝王师

公元前343年，马其顿国王腓力二世邀请亚里士多德给儿子亚历山大做家庭教师，亚里士多德成为皇家学院的首领。其实，与亚历山大同时受教的还有两位未来的帝王，托勒密和卡桑德。

亚里士多德是个种族中心主义者，他毫不掩饰地支持亚历山大去征服包括波斯在内的东方世界。他还告诉亚历山大：“要做希腊人的首领和蛮族的暴君，像照顾亲朋好友一样照顾希腊人，像对待禽兽和草木一样对待蛮族人。”

但亚历山大对待异族的态度很明显与其老师有别，

只要异族认可亚历山大为王，他们的职位仍可保留。另外，亚历山大征服到哪里，就把希腊文化带到哪里，他是文化传播和交流的推手。

论美貌及其他

亚里士多德说，美貌是比所有书信都更有用的推荐书。有人提问，为什么我们愿意花费很多时间和美貌之人待在一起，他回答说："只有瞎子才会问这样的问题！"他在《政治学》中断言，不同类型的身体同样是健全的。拿鼻子来说，如果我们没有特意区分的话，与最美的直鼻梁相比，向内弯曲的鼻子和鹰钩鼻子同样也很漂亮。

他说，教育的根基苦涩，但其果实香甜。有人问他受教育与不受教育有什么区别，他回答说："犹如活人同死人的区别。" 对于学生怎样才能取得进步的问题，他的回答是："追赶在前边的人，绝不等那些落在后边的人。"他宣称教育是幸福命运中的装饰物，不幸命运中的避难所。教育孩子的教师比仅仅生育他们的父母更值得尊敬，因为后者只提供生命，前者则提供良善的生活。

有一次，有人谴责他给卑劣之人提供救济，他说我救济的是人，而不是他的品性。

他经常强调，雅典人虽然发明了小麦种植技术和法律，但他们只使用小麦种植技术，却不使用法律。

人是政治动物

政治（politics）源自城邦（polis），亚里士多德在《政治学》中说："我们确认自然生成的城邦先于个人，就因为个人只是城邦的组成部分，每一个隔离的个人都不能自给自足地去生活，必须共同集合于城邦这个整体之中才能满足每个人的需要。凡隔离而且生活在城邦之外的人——或是为世俗所鄙弃而无法获得人类社会集体的便利，或因高傲自满而鄙弃世俗的集体的人——他如果不是一只野兽，那就是一位神祇。人类生来就有合群的性情，所以能不约而同地趋近于这样高级的（政治）组合。”

荀子在《王制》篇中说，人类“力不若牛，走不若马，而牛马为用，何也？曰：人能群，彼不能群也。人何以能群？曰：分。分何以能行？曰：义。故义以分则和，和则一，一则多力，多力则强，强则胜物，故宫室可得而居也”。

悲剧的净化作用

柏拉图对于诗歌和艺术是持敌对态度的，他千方百计把艺术从“理想国”中驱逐出去。在他看来，神话传说中的神通常并不道德，会败坏青年；艺术是对现实的模仿，并不具备真实性。至于悲剧，就更糟糕了，因为“诗人想要满足的正是世人的哀怜癖……我们如果拿旁人的灾祸来滋养自己的哀怜癖，等到亲临灾祸时，这种哀怜癖就无法控制了”。

亚里士多德的观点与柏拉图针锋相对，他认为悲剧是“借引起怜悯与恐惧来使这种情感得到净化”。首先，每一种艺术都有特定的功能，特殊的目的就对应特殊的乐调。军乐激昂慷慨，哀乐沉痛凄恻，而悲剧的功能在于激发怜悯与恐惧。其次，恐惧与怜悯是一种痛苦的情绪，不应该郁积于胸，宣泄出来才有利于健康。

因此，亚里士多德认为，悲剧不但不会养成哀怜癖，反而能够净化哀怜癖。艺术不但对人无害，反而于人有利。净化的结果，当然是人的心理恢复常态。

四因说

对于任何事物，我们都可以问四个问题，即：1. 它是什么？ 2. 它是什么做成的？ 3. 它是被什么造成的？ 4. 它是出于什么目的而被做的？对于这些问题的四种回答，代表亚里士多德归纳的四种原因，虽然如今人们使用原因这个词主要是指先于一个结果的事件，但在亚里士多德那里，它是指一种解释。

以一尊雕塑为例，它的四个原因可能是：1. 它是一座雕像；2. 由大理石做成；3. 由一个雕刻家制作；4. 是为了装饰。人类技术制作出的事物和自然产生的事物，无不拥有四因。

在自然界中，变化也将涉及同样的四个要素。亚里士多德的“四因”因此就是：1. 形式因，它规定了一个事物是什么；2. 质料因，一个事物是由什么构成的；3. 动力因，一个事物是被什么造成的；4. 目的因，它是为了达成什么“目的”而构成的。

人是会说话的动物

人是唯一具有语言的动物。声音可以表达苦乐，其他动物也有声音，因为动物的本性就是感觉苦乐并相互表达苦乐，而人类的语言则能表达利和弊以及诸如公正或不公正等内容；和其他动物比较起来，人的独特之处就在于，他具有善与恶，公正与不公正以及诸如此类的感觉；家庭和城邦乃是这类生物的结合体。

奴隶是有生命的工具

亚里士多德探讨过奴隶的意义。

就如那种具有明确适用范围的技术，工人要完成他们的工作，就必须有自己的特殊工具，家庭管理亦是如此。工具有多种，有些有生命，有些无生命；在航海中，船舵无生命，而瞭望者则是一个活着的工具；因为在各种技术中，帮手只是一种工具，所以，财产是维持生命的工具。在家庭中，奴隶就是一种有生命的财产。

财富由这类大量工具组成；帮手本身就是使用工具的工具，如果所有工具都能够完成自己的工作，服从并预见到他人的意志，就像代达罗斯的雕像和赫淮斯托斯的三足宝座，如诗人所说的那样，它们能自动参加众神的集会；倘若织梭能自动织布，琴拨能自动拨弦，那么工匠就不需要帮手了，主人也就不需要奴隶了。

城邦先于个人

从本节开始，如不加说明，均是介绍亚里士多德的思考。

城邦虽然产生于个人和家庭之后，但在本质上先于家庭和个人。因为整体必然优先于部分，例如，如果整个身体被毁伤，那么脚或手也就不复存在了，脱离了身体的手足同石制的手足无异。一切事物均从其功能与能力而得名，事物一旦不再具有自身特有的性质，我们就不能说它仍然是同一事物，除非是同音异义的事物。

城邦作为自然的产物，并且先于个人，就在于当个人被隔离开时他就不再是自足的，就像部分之于整体一样。不能在社会中生存的东西或因为自足而不需要的东西，就不是城邦的一个部分，它要么是禽兽，要么是个神，人类天生就注入了社会本能，最先缔造城邦的人乃是给人们最大恩泽的人。

为政的准绳是公正

人一旦趋于完善就是最优良的动物，而一旦脱离了法律和公正就会堕落成最恶劣的动物。不公正被武装起来就会造成更大的危险。人一出生便装备有武器，这武器就是智能和德性，人们为达到最邪恶的目的便有可能使用它们。所以，一旦毫无德性，就会成为最邪恶残暴的动物，就会充满无尽的淫欲和贪婪。公正是为政的准绳，因为实施公正可以确定是非曲直，而这就是一个政治共同体秩序的基础。

统治与服从关系无所不在

统治者和被统治者有多种，被统治者越优秀，统治便也越优秀，如统治人就要比管理禽兽更高级，因为做事者越优秀，所做之事便也会很完美。在一部分人统治、一部分人被统治的地方，就存在着这样的规律。

在一切形成组合体的事物和一切由部分构成的整体事物中，无论它们是连续的还是分离的，其间显然都存在着统治元素和被统治元素的区别。这种特性源于整个自然，在有生命的事物中都存在这种特性；甚至在无生命的事物中也存在着某种发挥主导作用的元素，例如在一支乐曲中。

很显然，灵魂统治肉体，心灵和理智的因素统治情欲的部分，这是自然而有益的。相反，灵魂与肉体、心灵与情欲之间若是平起平坐或者低劣者居上则总是有害的。动物和人之间的关系也是如此：因为在人的管理与驯养下,豢养的动物比野生动物更为温顺驯良，这样它们也便得以维持生存。此外，雄性更高贵，而雌性则低贱一些，一者统治，一者被统治，这一原则可以适用于所有人类。

天生适合做奴隶的人

凡自己缺乏理智，仅能感应别人理智的人，天生就是奴隶。而较低级的动物甚至不能理解别人的理性，它们只服从自己的本能。使用奴隶与使用家畜的确没有太大的区别，因为两者都是用身体提供生活必需品。

相反的情况也常常发生，有些奴隶具有自由人的灵魂，有些人则徒有自由人的身体。毋庸置疑，如果人们体形上的差别有如神像和人像那样大，那么大家就应当承认，低贱者应当成为高贵者的奴隶。如果能接受身体上的差别这一事实，那么同样的差别存在于灵魂之中又有什么不合理的呢？只不过身体的俊美可以为人所见，而灵魂的俊美无法被看见罢了。很显然，有些人天生即是自由的，有些人天生就是奴隶，对于后者来说，被奴役不仅有益而且公正。

奴隶制合法性的争论

奴役这个词有两重解读，既有因法规也有因自然而产生的奴役。法规乃是一种约定，根据这种法规，人们认为在战争中被夺取的东西应当为胜利者所有。但有许多法官谴责这种权利，就仿佛谴责一个提出违宪要求的诉讼人一样，他们憎恶这种观念，即如果一个人具有强权，并且更为横蛮残暴，另一个人便会成为他的奴隶和附庸。争论的根源在于，一部分人把公正等同于善良意志，而另一部分人则认为公正就是强权。

五种生活方式

在动物世界中，有些动物群居，有些则独居，它们各以最适合它们摄食的方式生存着，有些是肉食动物，有些是素食动物，有些是杂食动物，自然根据它们选择食物的便利度来决定它们的习性。然而，同样的习性也并非呈现出同一表现方式。所以，肉食动物或素食动物的生活方式，在它们同类之间也是各不相同的。同理，人类的生活方式相互间也不一样。

最懒惰的是牧民，他们过着游手好闲的生活，从所驯养的动物得到其生活资料，而不必含辛茹苦。为了寻找牧场，他们的羊群不得不到处游荡，而他们也不得不跟随羊群，就仿佛耕耘着一块活动的农田。另一些人则以狩猎为生，这也有一些不同的种类。比如，有些人是强盗，有些人居住在湖泊之旁，或沼泽、江河、大海之畔，他们在这些有鱼的地方以捕鱼为业，还有一些人则以捕鸟或野兽为生。而绝大多数人则是以耕作土地以收获果实来获得生活资料。在那些产品出于自身，其食物并不靠交换与零售贸易而获取的人中，最普通的维持生计的方式就是这些：畜牧、农耕、掠夺、捕鱼与狩猎。

战争源于狩猎

植物的存在就是为了动物的降生，其他一些动物又是为了人类而生存，驯养动物是为了便于人类使用和为人们提供食品。野生动物，虽非全部，但其绝大部分都成了人们的美味，为人们提供衣物以及各类器具而存在。如若自然不造残缺不全之物，不做徒劳无益之事，那么它必然是为着人类而创造了所有动物。

从某种观点来说，战争技术乃是一门关于获取的自然技术，狩猎也包括在内。也可以说，战争技术是一门这样的技术，即我们应当用它来捕获野兽，并捉拿那些天生就应当由他人来管理而不愿臣服的人，这样的战争自然而公正。

美好生活所需要的财产是没有限度的，正如梭伦在他的诗句中所说的："谁也无法为人们的财富确立一个范围。"这类真正的财富就供应一家人的良好生活而言，实际上不该是无限度的。家主和政治家应该各自熟悉获得财产的这种自然技术，而我们也可由此认识到这种技术（如狩猎之于家庭，战争之于邦国）存在于现世的理由。

贩卖商品不合乎自然

财物是同一财物，但应用的方式有别，其一就是按照每一种财物的本分正当地使用，另一则是不正当地使用。例如鞋子就既可用来穿，也可用来交换物品，两者都是鞋的用途。用鞋从需要鞋的人那里交换金钱或食物的人，的确也是使用了鞋子，但这并非鞋固有的用途。因为鞋做出来并非为了交换，对于其他所有物品也同样如此。所有物品都可以用来交换，最初这是一种自然的交易方式，是由于人们所拥有的物品有些太少，有些又太多。

很显然，零售贸易并非致富术的自然部分；如若是，那人们在生活充裕时就应当终止交换。对于第一共同体（即家庭）这种技术显然无用，社会共同体形成后它就变得有用起来。因为家庭成员起初共同拥有一切，分家后，各分支便分别有了许多物品，而且不同的分支又分有不同的物品，这样他们便不得不用一些物品来交换他们所需要的东西，这种以物易物的交换至今在野蛮民族中仍然存在，他们除了相互交换生活必需品外，不交换任何别的东西。

货币的产生

当一国的居民对另一国的居民依赖性渐大，且当他们引进所需，输出多余之物时，人们便必然开始使用钱币。由于各种生活必需品难以携带，人们在相互交往时便一致使用某种本身有用并易于达到生活目的的东西，例如铁、银以及这一类的金属。开始这类东西的价值是通过度量其大小、重量来判断的，但随着时间的流逝，人们在金属上打上印记以减少每次交易都须称量带来的不便，同时又能很快算出其价码。

由于致富术起源于钱币的使用，所以人们通常认为致富术主要作用于钱币，这样就使得人们必须考虑如何用产生金钱的技术去聚敛钱币。的确，有许多人认为财富不过是一定数量的钱币而已，因为致富术和零售贸易与钱币有着密切关系。另一些人则认为钱币只不过是一种赝品，并非自然之物，只是约定俗成使然。一旦使用者用某种替代物替换了它，它就毫无价值了，而且它并不能作为生活必需品。的确，那些富有钱币的人常常有乏食之忧，这又如何能算是财富呢？一个人拥有大量的财富却因饥饿而死，就像寓言中的米达斯那样，他贪婪的祈祷使得面前的一切物品都变成了黄金。

高利贷最不合乎自然

有两种致富方法，一种为家务管理的一个部分，另一种是零售贸易。前者是必须的、体面的，而由交换构成的；后者则应受到指责，因为它是不自然的，而且它采用的是一种从他人手中获利的方式。

最为可恶的是高利贷，人们这样讨厌它是极有道理的，它是用金钱本身来牟取暴利，而不是通过金钱的自然目的来获利。金钱本来是用来交换的，而不是用来增加利息的。“利息”这一词意味着以钱生钱，它可以被用来指钱的繁殖，因为子钱类似于母钱。这就是在所有致富的方式中高利贷何以最违背自然的原因。

万人敬拜的“洗脚盆”

在大多数共和制城邦，市民们轮番为治，在这里市民在本性上是平等的，没有差异。然而，一旦有人统治人，而另外的人被人统治，人们便会竭力使得外表、语言以及受敬重的方式有所不同。

埃及人阿马雪斯庶民出身，后来被立为王。他有一只金质的洗脚盆，后来被熔铸为一尊神像，埃及人对其虔诚膜拜，相当于“洗脚盆”受到万人敬仰。阿马雪斯有感于此，喟然叹息说：“朕本贱器，一旦登王位而成偶像，遂受万民崇拜。”

城邦追求整齐划一就是在追求毁灭

苏格拉底推论的前提,即整个城邦愈一致便愈好。但是，一个城邦一旦完全达到了这种程度的整齐划一便不再是一个城邦了，这是很显然的。因为城邦的本性就是多样化，若以倾向于整齐划一为度，那么，家庭将变得比城邦更加一致，而个人又要变得比家庭更加一致。因为作为“一”来说，家庭比城邦为甚，个人比家庭为甚。所以，即使我们能够达到这种一致性也不应当这样去做，因为这正是使城邦毁灭的原因。

其次，城邦不仅是由多个人组合而成的，而且是由不同种类的人组合而成的。种类相同就不可能产生一个城邦。城邦与军事联盟不同，军事联盟的作用就在于数量而不论它在属类上有什么不同，因为他们的目的就在于相互保护,这就像天平一样,哪边的分量重,就会压向哪边。

公产制不可行

一件事物为愈多的人所共有，则人们对它的关心便愈少。任何人主要考虑的是他自己，对公共利益几乎很少顾及，如果顾及那也仅仅只是在其与个人利益相关时。除了其他一些考虑外，人们一旦期望某事情由他人来经手，那么他便会更多地倾向于忽视这一事情。正如在家庭中的情况一样，侍从成群常常不如少数奴仆服务更得力。

再有，人们一旦感觉某一事物为他自己所有，他就会得到无穷的快乐，因为自爱出自天性，而并非一种徒劳地强加在人们身上的情感，尽管自私应当受到责难。但自私并非真正的自爱，而是一种过度的情感，就像守财奴对金钱的喜爱一样。所有人，或者说，几乎所有人，都喜爱金钱以及其他这一类东西。而且，为朋友、宾客或同伴效力和做好事会令人感到莫大的喜悦，而这只有在财产私有时人们才会如此。而城邦的过度一致会失去这些优势。

此外，另两种德性在这样的城邦中也显然会消失，其一是克制对妇女的情欲，因克制而回避他人之妻乃是一种受人尊敬的行为；其二是在财产方面的慷慨德性。一旦人们共同拥有一切财富，人们就不会再树立起慷慨的榜样或做出慷慨的行为，因为慷慨就是利用财产去做事。

经常听到有人在谴责现在城邦中所存在的罪恶，如违反契约的诉讼、作伪证的罪行以及向富人谄媚这一类恶行，据说所有这些都是由财产私有引起的。然而，这些恶行，并不是由于缺乏公产制度，而是由于邪恶。那些财产尚未区分而且参加共同管理的人比执管私产的人之间的纠纷实际上只会更多——但当今绝大多数人都生活在私产制度之中，在公产中生活的人却为数很少，于是我们因为少见那一部分的罪恶，就将罪恶完全归于私产制度了。

共妻制不可行

如果每个市民都有上千个儿子，而且没有谁是他个人的儿子，任何人都同等地是任何人的儿子，那么所有人都会同样地得不到关心。同一个孩子将是我的儿子，是某某人的儿子，是成千个人的儿子，或者是全体市民的儿子，甚至他对此也并不能肯定。两千人或一万人各在两千分之一或万分之一的意义上说这个孩子是“我的”，或者依照现在各城邦的习惯各称自己的孩子为“我的”，这两种制度，究竟何者为佳呢？

人们宁愿是某一个人的嫡堂兄弟，而不乐于成为（柏拉图式）那样的儿子。

而且也没有什么东西能阻止兄弟子女和父母之间相互认识，因为子女天生和父母相像，他们必然能够找到他们间存在关系的迹象。有些地理学家认为这是事实：他们说，在上利比亚的某部，女人为公共所有，然而，人们还是按照容貌相似与否，为孩子指认父亲。

事实上，妇孺共享还有一个弊端，就是忽略了婴儿成长中“亲子关系”的重要性，对于形成健康的心理和人格来说，“亲子关系”具有不可逆转、不可替代的作用。柏拉图的考虑显然缺少这种心理学的基本常识。

均产制不可行

在平均资产的地方，财产数目要么过大，要么太小，这样所有资产者要么生活奢侈，要么生活贫困。所以，立法者显然不仅应以平均资产为目标，还应令其资产数额适中。而且，即使他规定所有人都均等地享有这一适中的数额，他也并不能达到这一目的；需要平均的并非财富，而是人类的欲望，如果法律不对人们提供足够的教育，这是根本不可能的。在城邦中不仅应实行财产均等，而且还应当实现教育均等。

但如果这种教育容易让人们变得贪婪，或者野心勃勃，或二者兼而有之，那么即使人们受到的是同样的教育，那也并无任何好处。市民争端的产生，不仅与财产不均有关，而且与荣誉的不均有关，虽然这些争端来自相反的途径。因为大众争吵的是财产不均，而更高层人士所憎恶的则是荣誉的平等，正如诗人所说的："贤愚共享荣誉。"

三类犯罪及其对策

有些犯罪是生活所迫，或可通过平均财产来寻求对策，以便阻止人们因饥寒交迫而为盗。但财产缺乏并不是犯罪的唯一原因，如人们在温饱之余，或为情欲所困扰，就寻欢作乐以自解烦恼，这样便又触犯了刑法。不仅会为了解除其情欲的烦恼而入于刑网，那些情欲可得满足，名利无不顺遂的人，还是会有漫无涯际的欲望，去追求无穷的权威，于是他终究由于肆意纵乐而犯罪了。

有什么方法能消除这种混乱失调呢？第一，使财产和所有物适中；第二，培养节制的习惯；第三，世间欢娱无不依赖于他人，唯有哲学的沉思能够让人自足于己、与世无争。事实上，最大的犯罪并非由生活困顿引起，而是由于过度。人们并不会为了不受寒冷之苦而做僭主。所以，伟大的荣耀不会加于捕获窃贼的人，而会授予杀死僭主的勇士。

财产 VS 身份

寡头派的偏见在“资产”，他们认为优于资产者就一切都应优先；平民派的偏见在“自由身份”，他们认为一事相等则万事也都相等。

如果财产是人们结合成共同体的目的，那么人们理应按财产的状况在共同体中享有相应的地位。所以，寡头政体的拥护者的主张似乎是有力的。要是出 1 米那的人与出剩下的全部 99 米那的人平均享有这 100 米那，事情就无公正可言了。

但是一个城邦共同体不能仅仅以生存为目的，而更应谋求优良的生活。城邦共同体不是为了联合抵御一切不公正的行为，也不是为了彼此间的贸易往来有利于城邦的经济而建立的，不然的话，所有彼此间订有商贸条约的城邦的公民，都算是属于同一城邦的了。

凡定有良法而有志于实行善政的城邦就得操心全邦人民生活中的一切善德和恶行。所以，不为徒有虚名，而是真正无愧为一“城邦”者，必须以促进善德为目的。不然的话，一个政治团体就无异于一个军事同盟，其间唯一的差别就只在空间上，“城邦”内的居民住在同一空间，而“同盟”内的人民则居住在互相隔离的两个地区。

城邦的目的是优良生活

一个城邦并不是指空间上的共同体，也不单单为了防止不公正的侵害行为或保证双方的贸易往来；不过只要城邦存在，就必然离不开这些方面，但是即使具备了全部这些方面的条件，也不能说立刻就构成了一个城邦。

城邦是若干家庭和种族结合成的保障优良生活的共同体，以完美的、自足的生活为目标。毋庸置疑，倘若人们不居住在同一个地方并相互通婚，就无法形成一个城邦共同体。因而在各城邦中都有婚姻结合、宗族关系、公共祭祀和各种消遣活动，它们是共同生活的表征。这些都是友爱的结果，因为友爱是人们选择共同生活的初衷。城邦的目的是建立更优良的生活，而人们做这些事情都是为了这一目的。

人治 VS 法治

认为君主制较为有利的人觉得，法律只是一些普遍的规定，对于诸般物象往往并不切合实际，因而墨守成规在任何技艺中都是愚昧的。而且在埃及，医师在按成规开处方的第四天就可以酌情改变处方，当然如果早于这个时间他就要冒一定的风险。根据同样的理由，显然可见墨守成规的政体不会是最优良的政体。

不过，统治者总是要遵循一些普遍的规则，而且不受激情支配的统治者总的说来比易于感情用事的统治者要强。而法律绝不会听任激情支配，但一切人的灵魂或心灵难免会受到激情的影响。

此外，多数事物较之于少数事物更加不易腐败，恰如大量的水比少量的水更加不易腐坏。单单一个人必定容易被愤怒或其他这类激情左右，以致破坏了自己的判断力。但是很难设想，所有的人会在同一时间发怒并且犯错误。那么，是一个人做统治者不易腐败，还是由人数众多的善良的公民集体来做统治者更加不易腐败？答案是显而易见的。

有人会说，人一多就可能分成各种党派，但一个人就不可能有党派之争了。对此大致可以这样答复：假设这些人的灵魂或心灵同单独的那一人一样贤明，如果我们把由众多善良的公民组成的集体来统治的政体确定为贵族政体，把由单独一人来统治的政体确定为君主政体或王政，那么，对于各城邦来说，贵族政体就要比君主政体更为可取。

即使有人坚信王政对于各城邦是最优良的治理方式，那么王室的子嗣应处在什么样的位置呢？王位是不是该由王族后裔来继承呢？可是倘若他们正好才德平平，就会危及城邦社稷。

崇尚法治的人可以说是唯独崇尚神和理智的统治者，而崇尚人治的人则在政治中掺入了几分兽性；因为欲望就带有兽性，而生命激情自会扭曲统治者甚至包括最优秀之人的心灵。法律即是摒绝了欲望的理智。要使事物合乎公平正义，须有毫无偏私的权衡，法律恰恰是这样一个中道的权衡。

一人之治还有一个困难，即他实际上不能独理万机，他还得任命若干官员，帮助他处理各项政务。然而，与其后来由这个人挑选并任命共治的官员，为什么不在当初就把这些官员和这个君王一起安排好呢?

法律确实不能完备无遗，不能写定一切细节，这些可留待人们去审议。主张法治的人并不想抹杀人们的智力，他们认为这种审议与其寄托一人，毋宁交给众人。说用双目看、用双耳听、用双手和双足行动的一个人竟然优于拥有众多的耳目和手足的众人，那也未免太过荒唐。事实上，今天的统治者们想方设法使自己拥有众多的耳目和手足，他们让自己的亲朋好友或拥护其统治的人与其共治邦国。

对柏拉图“善”的理念的批判

如果关于人的定义既适用于“人自身”又适用于一个具体的人，“某物自身”是否真有什么含义就很可疑。因为，就“人自身”和一个具体的人都作为一个人而言，它们没有什么区别。如若这样，“善自身”与具体的善事物，就它们都是善的而言，也就没有什么区别。“善自身”也并不因其永恒就更善，因为长时间的白并不比一天的白更白。

就算有某种善是述说着所有良善事物的，或者是一种分离的绝对存在，它也显然是人无法实行和获得的善。而我们现在研究的是人可以实行和获得的善。总而言之，对一个吹笛手、一个木匠或任何一个匠师，也就是对任何一个有某种活动或实践的人来说，他们的善或出色就在于那种活动的完善。同样，如果人有一种活动，他的善也就在于这种活动的完善。

人的善就是灵魂的合德性的实现活动，如果有不止一种德性，就是合乎那种最好、最完善的德性的实现活动。不过，还要加上“在一生中”这个限定语。一只燕子或一个好天气造不成春天，一天或短时间的善也不能使一个人享得福祉。

德性是对自身的报偿

合于德性的活动就包含着德性。一种东西你可能拥有而不产生任何结果，就如一个人睡着了或因为其他某种原因而不去运用他的能力时一样。因此，在奥林匹克运动会上桂冠不是给予最漂亮、最强壮的人，而是给予那些参加竞技的人。同样，在生命中获得高尚与善的是那些做得好的人。而且，他们的生命自身就令人愉悦，因为快乐是灵魂的习惯。当一个人喜欢某事物时，那事物就会给予他快乐。例如，一匹马给爱马者快乐，一出戏剧给予爱剧者快乐。同样，公正的行为给予爱公正者快乐，合德性的行为给予爱德性者快乐。

不以高尚（高贵）的行为为快乐的人也就不是好人。一个人若不喜欢公正地做事情就没有人称他是公正的人；一个人若不喜欢慷慨的事情就没有人称他慷慨，其他德性亦可类推。如若这样，合德性的活动自身就必定令人愉悦。

习惯最重要

德性在我们身上的养成既不是出于自然，也不反乎于自然。

首先，自然赋予我们接受德性的能力，而这种能力通过习惯而完善。

其次，自然馈赠我们的所有能力都是先以潜能形式为我们所获得、所了解，然后才表现在我们的活动中的。我们的感觉就是这样，我们不是通过反复看、反复听而获得视觉和听觉的。相反，我们是先有了感觉而后才用感觉，而不是先用感觉而后才有感觉的。但是德性却不同：我们先运用它们而后才获得它们。这就像技艺一样，我们通过造房子而成为建筑师，通过弹奏竖琴而成为竖琴手。同样，我们通过做公正的事成为公正的人，通过节制成为节制的人，通过做事勇敢成为勇敢的人。这一点也为城邦的经验所见证。立法者通过塑造公民的习惯而使他们变好。这是所有立法者心中的目标。

第三，德性因何原因和手段而养成，也因何原因和手段而毁丧。这也正如技艺一样，好琴师与坏琴师都因操琴而显出优劣，建筑师及其他匠人也是如此。优秀的建筑师出于好的建造活动，蹩脚的建筑师则出于坏的建造活动。若非如此，就不需要有人教授这些技艺了，每个人也就天生是一个或好或坏的匠人了。

简言之，一个人的实现活动怎样，他的品质也就怎样。所以，我们应当重视实现活动的性质。从小养成什么样的习惯绝不是小事。正相反，它非常重要，甚至可以说，它最重要。

德性与苦乐相关

首先，快乐使得我们去做卑贱的事，痛苦使得我们逃避做高尚（高贵）的事。所以柏拉图说，重要的是从小培养起对该快乐的事物的快乐感情和对该痛苦的事物的痛苦感情，正确的教育就是这样。

其次，如果德性同实践与感情有关，而每种感情和实践又都伴随着快乐与痛苦，有一点可以作为证明，即快乐和痛苦被用作惩罚的手段。因为惩罚是一种治疗，而治疗就是要借助疾病的相反物来起作用。

战胜快乐比赫拉克利特所说战胜怒气更难，而技艺与德性却总是同比较难的事务联系在一起的。因为事情越难，其成功就越卓越。由于这种原因，德性与政治学也就必然地与快乐和痛苦相关。因此，对快乐与痛苦运用得好就使一个人成为好人，运用得不好就使一个人成为坏人。

何谓选择?

选择显然是出于意愿的，但两者并不等同，出于意愿的意义要更广些。首先，儿童和低等动物能够出于意愿地行动，但不能够选择。其次，突发的行为可以说是出于意愿的，但不能说是出于选择的。

选择不同于欲望。首先，选择不像欲望和怒气那样，为无逻各斯的动物所共有。其次，不能自制者的行为是出于欲望的，而不是出于选择的。与此相反，自制者的行为则是出于选择的，而不是出于欲望的。第三，欲望和选择相反，欲望却不与欲望相反。第四，欲望是针对令人愉悦的或痛苦的事物的，选择则不是。

选择不同于希望。首先，选择绝不是针对不可能的东西的。如果有人说，他能对不可能的东西进行选择，他一定是在说傻话。希望则可以是针对不可能的东西的，例如不死。其次，希望可以是针对自己力所不能及的东西的，例如希望某个演员或运动员在竞赛中获胜，但没有人能选择这样的事情。人们只选择通过自己的活动可以得到的东西。第三，希望更多的是针对目的的，而选择则更多的是针对手段的。

德性以“能够”为基础

德性是在我们能力之内的，恶也是一样。因为，当我们在自己能力范围内行动时，不行动也在我们的能力范围之内，反之亦然。所以，如果做某件事是高

选择&欲望

尚（高贵）的，不去做是卑贱的，做或不做这些，关系到一个人是善还是恶，且都在我们的能力范围之内，那么，我们可以说做一个好人还是坏人就是在我们能力范围之内的事情。

如果我们不能把我们行为的动机说成是在我们能力范围之外的，那么就是在我们能力范围之内的，就是出于我们的意愿的。这一点在私人的和立法者们自己的活动中都可以得到见证。没有人会鼓励我们做任何我们能力之外的、并非出于我们意愿的事情。因为，要说服我们不觉得热、不觉得疼或不觉得饿等是没有用的，我们还是同样能感觉到它们。

一个人的品质就决定于他怎样运用他的能力。

反驳“无人自愿作恶”

首先，说一个做事不公正或行为放荡的人并不希望成为不公正的人或放荡的人是不合逻辑的。如果一个人明明知道，却有着会使他变得不公正的行为，那么就必须说他是主动选择变得不公正的。但是这并不意味着，只要他希望，他就能够做出改变并且变得公正。这就好比，一个病人不可能希望病好就病好。当然，他可能是自愿地、由于生活不节制或者不听从医生的话而得的病。也许他曾经是可以不得病的，一旦他丢掉了这个机会，他就再不能那样了。这就好比，你把石头扔出去了就不能再收回来，但是你能够不把它扔出去，因为行为的始因在你自身之内。同样，不公正的人或放纵的人一开始是能够不变成那样的，所以他们是主动变得不公正的或放纵的。但是在他们已经变得不公正或放纵之后，他们就确定是不公正的或放纵的了。

不仅灵魂的恶，而且身体的恶也有时出于主观选择，因而受到谴责。虽然没有人会谴责一个人生得丑陋，但是却谴责一个人由于不当心或缺乏锻炼而造成丑陋。对于身体的孱弱和发展障碍也是这样。没有人会谴责一个生来失明或由于得病、意外而失明的人，相反，我们怜悯他。但是我们会谴责一个因不节制或放纵而失明的人。所以在身体的恶之中，受到谴责的是由我们自己的原因造成的恶，而不是我们不能对之负责任的那些恶。

勇敢与鲁莽

如果一个人面对地震和海啸都毫无惧色，我们就会说他迟钝或不正常。（在面对真正可怕的事物时）过度有信心的人是鲁莽的。但是，鲁莽的人也常常被看作自夸的人和只是在装作勇敢的人。大多数鲁莽的人内心是怯懦的：他们在没有危险的场合表现得信心十足，可是不能真正经受危险。鲁莽的人在危险来到之前冲在前面，但当危险到来时却退到后面；勇敢的人则在行动之前平静，在行动时精神振奋。

怯懦的人同时也表现得信心不足。不过他的品质主要表现在对于所出现的痛苦的过度恐惧上。所以，怯懦的人是那种事事都怕的、沮丧的人。以死来逃避贫困、爱或其他任何痛苦的事物，不是一个勇敢的人，毋宁说是一个怯懦的人的所为。因为在面对困难时，逃避是更软弱的行为。而一个人这样做不是因为这样面对死是高尚（高贵）的，而是因为这样可以不必面对可怕的事物。

败家子好过吝啬鬼

挥霍者还是比吝啬的人好得多。他的毛病容易随着年龄的增长或由于生活的贫困而得到纠正。他能够学会适度。因为，既然他给予而不索取，他就有慷慨的品性，尽管他在这两方面都做得不适当和不正确。如若他通过训练或别的途径学会做得适度，他就会是一个慷慨的人，就会把财物给予适当的人，并且不索取不适当的财物。这就是我们认为这样的人并不是坏人的原因。在给予上过度而又什么都不索取的人是一个愚笨的人，而不是一个坏人或无耻的人。这种挥霍的人远远强过吝啬鬼。

羞耻是不算德性的德性

羞耻不能算是一种德性。因为，它似乎是一种感情而不是一种品质。它一般被定义为对耻辱的恐惧，但实际上，它类似于对危险的恐惧。因为，人们在感到耻辱时就脸红，在感到恐惧时就脸色苍白。这种感情并不适合所有年纪的人，而仅仅适合于年轻人。我们认为，年轻人应当表现出羞耻的感情，因为他们由于听凭感情左右而常常犯错误，感到羞耻可以帮助他们少犯错误。

羞耻是坏人的特点，是有能力做可耻的事情的人所特有的。如果一个人在做了坏事之后会感到羞耻，我们就说他是有德性的，这是荒唐的。因为，那个引起羞耻的行为必定也是出于意愿的行为，而一个有德性的人是不会出于意愿地做坏事情的。

支持“作恶出于无知”

一个人在某种意义上可以说像一个睡着的人、一个疯子或醉汉那样地既有知识又没有知识。那些受感情支配的人也是这样。怒气、欲望和某些其他感情可以使身体变形，甚至使人疯狂。所以我们必定会说，不能自制者如果有知识，也只是像睡着的人、疯子或醉汉那样地有知识。

能背诵知识的词句也不说明就具有知识，毕竟醉汉也可以吟咏恩培多克勒的诗句。一个初学者可以把各种名言收集起来，却一点儿也不懂。知识需要成为自身的一个部分，而这需要时间。所以，应当把不能自制者所说的话当作演员所背的台词来看待。

苏格拉底所努力说明的问题仍然是对的。因为，当一个人不能自制时，呈现给他的知识不是真实的知识，而只是感觉的知识。

公正是一切德性的总括

公正最为完全，因为它是交往行为上的总体的德性。它是完全的，因为具有公正德性的人不仅能对他自身运用其德性，而且还能对邻人运用其德性。许多人能够对自己运用德性，但是对邻人的行为却没有运用德性。

有人说：“公职能表明一个人的品质。”因为，在担任公职时，一个人必定要同其他人打交道，必定要做共同体的一员。正是由于公正是与他人的德性相关的行为，才有人说唯有公正才是“对于他人的善”。因为，公正所促进的是另一个人的利益，不论那个人是一个治理者还是一个合伙者。

既然最坏的人是不仅自己的行为恶，而且对朋友的行为也恶的人，最好的人就是不仅自己的行为有德性，而且对他人的行为也有德性的人。因为对他人的行为有德性是很难的。所以，守法的公正不是德性的一部分，而是德性的总体。与它相反的，既不是不公正，也不是恶的一部分，而是恶的总体。

不存在对自身的不公正

公正与不公正涉及的必定不止一个人。假如一个人能对他自己不公正，就等于说我们能够同时在某物上拿掉并加上同一个东西，而这是不可能的。假如一个人能够对他自己不公正，就等于说他愿意受不公正的对待了。一个人如果没有做不公正的事就没有行不公正，而一个人不可能与他的妻子通奸，也不可能抢劫他自己的家舍，不可能偷窃他自己的财产。

愤怒并非一无是处

与欲望方面的不能自制相比，怒气上的不能自制不那么让人憎恶。怒气在某种程度上似乎是听从逻各斯的，不过没有听对，就像急性子的仆人没有听完吩咐就急匆匆地跑出门，结果把事情做错了。它又像一只家犬，一听到敲门声就狂吠，也不看清楚来的是敌是友。

怒气也是这样。由于本性热烈而急躁，它总是还没有听清命令，就冲上去报复。当逻各斯与表象告诉我们受到了某种侮辱时，怒气就好像一边在推理说应当同侮辱者战斗，一边就爆发出来。与此对照，欲望则一听到感觉说某某事物是令人愉悦的，就立即去享受。所以说怒气在某种意义上听从逻各斯，欲望则不是。所以屈服于欲望比屈从于怒气更耻辱。

一个人越工于心计就越不公正，而发怒的人都不是工于心计的。怒气也不是心计，而是清澈见底的。

自制不是固执

首先，自制的人不动摇是要抵抗感情与欲望的影响，他有时其实是愿意听劝说的。固执的人不动摇则是在抵抗逻各斯，因为他们有欲望并常常受快乐的诱惑。

其次，固执的人有固执己见的、无知的和粗俗的三种。固执己见的人之所以固执是因为快乐与痛苦。

如果他未被说服，他就认为是胜利了，就感到高兴；如果他被说服并改变了想法——就像法令在公民大会上被改变那样，他就感到痛苦。所以，他们更像不能自制者，而不是像自制者。

友爱的重要性

友爱是生活最必需的东西之一。

因为，即使享有所有其他的善，也没有人愿意过没有朋友的生活。实际上，富人、治理者和有能力的人看起来最需要朋友。因为，有好东西给朋友是最多见也是最受称赞的善举，倘若没有朋友可以给予，纵有财产又有何益处？

财产越多，危险就越大。而当人陷入贫困和不幸时，只有朋友才会出手相援。而且，青年人需要朋友帮助少犯错误；老年人需要朋友关照生活和帮助做他力所不能及的事情；中年人也需要朋友帮助他们行为高尚。因为“当两人结伴时”——无论在思考上还是做事情上都比一个人强。

友爱还是把城邦联系起来的纽带。立法者们也重视友爱胜过公正。因为城邦的团结就类似于友爱，他们欲加强之；纷争就相当于敌人，他们欲消除之。而且，若人们都是朋友，便不会需要公正；而若他们仅剩公正，就还需要友爱。人们都认为，真正的公正就包含着友善。友爱不仅是必要的，而且是高尚的。

施惠者更爱受惠者的原因

首先，施惠者处于债权人的地位。债务人希望债权人不存在，债权人则希望债务人存在。所以，施惠者希望受惠者存在并从后者那里得到回报，受惠者则不关心回报施惠者这件事。这种观点是从坏的一面看问题，但人基本上就是这样。因为，多数人都很健忘，总想多得好处而不是给别人好处。

其次，匠人的情形恰巧是这样。每个匠人都钟爱他的活动所创造的产品，而不是被那产品——若它有生命的话——所爱。这在诗人身上最为明显：他们过度地钟爱他们的作品，把它们当成自己的孩子来爱。施惠者的情形差不多就是这种样子。那个接受他的恩惠的人就是他的活动的产品，所以他钟爱那个受惠者，而那个受惠者却并不爱他这个制作者。其原因在于，我们是通过实现活动（生活与实践）而存在的，而产品在某种意义上也就是在实现活动中的制作者自身。

最后，每个人都更珍惜他经自己劳动而获得的成果。例如，那些自己辛苦赚钱的人比那些通过继承遗产而得到一笔钱的人更加珍惜钱。接受似乎不包含辛苦，而给予却要付出辛苦。正因为这点，母亲们更爱她们的孩子，因为生育的辛苦要更大些。

幸福与沉思同在

神被我们看作是幸福的。但是，我们可以把哪种行为归于它们呢？公正的行为？可说众神也互相交易、借贷等等岂不荒唐？慷慨的行为？那么是对谁慷慨呢？而且，设想它们真的有货币等东西就太可笑了。它们的节制的行为又是什么样呢？称赞神没有坏的欲望岂不是多此一举？如果我们一条一条地看，就可以看到用哪一种行为来分析神都失之琐细、不值一提。

神的实现活动，那最为优越的福祉，就是沉思。因此，人与神的沉思最为近似的那种活动，也就是最幸福的。低等动物不能享有幸福，因为它们完全没有这种实现活动。神的生活全部是幸福的。人的生活因他的与神相似的那部分实现活动而享有幸福。动物则完全不能够有幸福，因为它不能沉思。所以，幸福与沉思同在。越能够沉思的存在就越是幸福，不是因偶性，而是因沉思本身的性质，因为沉思本身就是荣耀的。

季蒂昂的芝诺

一罐扁豆汤

芝诺于公元前333年生于塞浦路斯的季蒂昂，他又高又瘦，皮肤黝黑，小腿粗壮，但身上肌肉松弛，体弱多病。有人还说，芝诺长着歪脖子。

他从腓尼基运紫袍进行贩卖，因为船只在海上失事而亏了本，于是他登岸去了雅典，并在一家书店坐下，那时他刚好30岁。当他读到色诺芬的《回忆录》时，非常激动，询问在哪儿可以找到苏格拉底那样的人。这时候，碰巧犬儒克拉底从那里经过。书商说："跟着这个人就行！"

从那天起，芝诺就成了克拉底的学生，他极其热爱哲学，但却无法接受犬儒恬不知耻的生活方式。克拉底发现了这一点，就想让他改了这个毛病。于是就给了他一罐扁豆汤，让他端着穿过市场。当他看见芝诺因害羞而将那罐子遮掩起来时，他就用棍子打碎了那罐子。扁豆汤顺着芝诺的腿往下流，他仓皇而逃，克拉底就说道："亲爱的腓尼基人，你为何要逃呢？你并未遭遇任何可怕的事情。"

信言不美

芝诺喜欢安静，一旦到了宴会或歌舞场所，他总是趁大家不注意就溜走了。出于同样的原因，他不喜欢靠人太近，而是喜欢坐在座席的末端，随时准备脱身而去。事实上，他也不愿意同两三个以上的人待在一起。他偶尔会向旁观者索要钱财，这样，人们因为不愿意付钱，就会离他远点儿。

芝诺并不推崇修辞，他说，那些尽力避免语法错误的人的华美辞藻，就如同亚历山大钱币，虽然外表打造得如硬币一样美丽，但并不因此就更好；而那些与之相反的言辞，则如同阿提卡德拉克马钱币，虽然打制粗糙，做工简单，但往往比那些精雕细琢的钱币更有价值。

学习不是挑刺

一个人说他在许多方面都不赞同安提斯泰尼的观点，于是芝诺向他举出了安提斯泰尼关于索福克勒斯的一些论说，并问那人，他是否认为其中还是有着某些有价值的东西。那人回答说不知道。芝诺就说道："你专挑并记住了安提斯泰尼所说的不好的东西，却完全不管他所说的好的东西，对此你不感到羞愧吗？"

倾听的重要性

他对一个喋喋不休、满口胡言的人说道："我们之所以有两只耳朵、一张嘴，那是为了可以听得多，说得少。"有一次，一个年轻人在那里滔滔不绝，芝诺就说道："你的耳朵已经掉下来变成舌头了。"他认为，那些能够很好地倾听他人讲话并从中受益的人要比凡事都靠自己去理解的人更优秀；后者只是动用了理解力，而前者不仅有理解力，还有行动力。

一次，他在宴会上始终沉默不语，有人就责问他原因，于是他就让那责难他的人向国王报告，说宴会上有一个保持沉默的人。他常引用一个故事，说有人教学生吹笛子，当一位学生拼命想把笛子吹得很响时，那人给了他的学生一巴掌，并说，吹得好不在于声响大，但声响大有赖于吹得好。

买诡辩

一次，一位辩证法家向他展示被称为"割草术"的七种论辩形式，他就问那人他该为此付多少钱，那人告诉他要一百，他付了那人两百。他是如此地热爱知识！

抛弃门户之见

有一次克拉底抓住他的斗篷将他从斯提尔波那里拽回来，他说道：“克拉底啊，拽哲学家的方式是抓住耳朵，说服他，然后将他带走。如果你强迫我，我的身体虽同你在一起,但我的心却还在斯提尔波那里。”

没有门户之见的芝诺，广泛学习各派学说，成了后来在罗马共和国长期占统治地位的“斯多葛学派”的创始人。

芝诺之死

据说，芝诺死时 72 岁，他主持他的学园长达半个世纪之久。他是这样死的：他正要离开学园时给绊倒了，折了一个脚趾，他一面用拳头砸着地面，一面引用《尼俄伯》中的诗句：“我来了，我来了，你为什么呼唤我？”然后他就停止了呼吸，死在那个地方。人们在他的墓碑上刻下了这样的诗文：

这里躺着芝诺，季蒂昂的骄傲，他攀上了奥林匹斯山的顶峰。从未被邪念移动的他，既没有将松柏覆盖的皮立翁山叠在奥萨山上，也没有去仿效赫拉克勒斯不朽的伟业，但他借着美德、节制与谦逊，发现了一条通往至高天国之路。

哲学像鸡蛋

斯多葛学派将哲学比作动物：逻辑学犹如骨骼与肌腱，伦理学犹如身体的血肉，而自然哲学犹如灵魂。他们又将哲学比作鸡蛋：逻辑学是外壳，伦理学是中间的蛋白，而自然哲学是最里面的蛋黄。他们也将哲学比作丰产的土地：逻辑学是环绕四周的篱笆，伦理学是果实，而自然哲学是土壤或果树。他们还将哲学比作一座城市，它被城墙很好地围绕起来，并根据逻各斯加以治理。

快乐不是目标

一些人说，对于动物而言，生活的首要目标是获得快乐。斯多葛主义者说，快乐如果被感觉到的话，也只是副产品，因为只有自然本身为动物找到了适合它生存的东西后，快乐才会随后出现；与动物繁殖和植物繁茂的条件相比，快乐是事后的。

他们还说，当自然最初安排动物和植物没有欲望和感知时，并未对它们进行区分，一些发生在我们身上的东西也发生在植物身上。当欲望被添加到动物身上后，它们就可以根据欲望去得到那些适合它们生存的东西，接受欲望的统治就是接受自然的统治。

当根据更为完满的原则，理性被赋予理性动物后，所谓根据自然而生活就正当地变成根据理性而生活，因为理性成了欲望的匠师。

智者无情

他们还说，智慧的人是漠不动心的，因为智慧的人不会陷入那些激荡的情绪之中；但“漠不动心”这个词用在恶人身上，指的完全是另外一回事，即说他们是冷酷无情的。他们说，所有良善的人都是严厉的，因为他们自己既与快乐无染，也不容别人快乐。“严厉”这个词也用在另外的地方，比如，当酒不是拿来喝而是用作疗剂的时候，也被说成是“严厉”的。

智慧的人不矫揉造作，因为无论是在声音上还是在表情上，他们都去掉了所有的伪装。他们摆脱了俗事的纠缠，他们避免做任何违背义务的事情。他们饮酒，但从不喝醉。智慧的人也不会陷入痛苦中，因为痛苦乃灵魂的非理性收缩。智慧的人就像神！

皮浪

漠不动心

古希腊怀疑主义以皮浪（Pyrrho，公元前360—前270年）为标志性人物，因此又被后人称作皮浪主义（Pyrrhonism）。皮浪辩才无碍，既能够做长篇演说，又能够机智地应对任何诘问。伊壁鸠鲁对皮浪十分敬重，始终关注皮浪的情况。

第欧根尼·拉尔修记载："他的生活方式与其学说相一致，他从不逃避任何事物，不做任何预见，而是直面一切危险，无论是撞车、摔跤、被狗咬还是其他，总之，他从不让感官武断地断定什么……他经常不声不响地离开家庭，和萍水相逢的人结伴四处游荡。有一次阿那克萨库跌入泥坑，他径直走过而没有去拉他一把。别人都谴责他，而阿那克萨库本人却赞赏他的冷漠和无动于衷。”

皮浪曾经乘船出海，遇到了风暴，和他同船的人都惊慌失措，他却若无其事，指着船上一头正在吃食的小猪，对他们说，这就是智慧之人所应具备的宁静状态。

还有一次，一条恶狗扑向他，把他给吓着了，有人为此批评他，他回答说，要完全摆脱人的弱点并非易事，但是人们应该竭尽全力与现实抗争。如果可能的话，用行为抗争；不可能的话，则用言辞。我认为皮浪的回答是诚实的，只是不知道和尚在恶狗扑来时能否做到“不动心”。

给猪洗澡

皮浪与他的做助产婆的姐姐生活在一起，他经常带一些家禽，有时也会带上猪崽，到集市上去卖。有时候他在家里擦拭家具，把屋子收拾得干干净净，从无丝毫的牢骚。他将自己的漠不动心贯彻到了这般田地：据说他曾经认认真真地给一头猪洗澡。

这让我禁不住想起《庄子·应帝王》篇中讲到的列御寇的故事，列子“三年不出，为其妻爨，食豕如食人，于事无与亲”。列子达到了返璞归真的状态，在家帮妻子烧火做饭，伺候猪就像伺候人一样，没有分别。

像皮浪那样，在家擦桌子或是给猪洗澡，也不觉着丢人掉价，不做判断、漠不动心，其中的一个重要原因在于，只要做判断就会犯错误，而“悬置判断”，就可以“心如止水”。

不要做判断

怀疑论的一个首要原则就是坚守“呈现”（appearance），拒绝“判断”（judgement），因为呈现是感性的、具体的，而判断则是理性的、普遍的。一旦将呈现上升为判断，就会犯“独断论”的错误，而怀疑的目的就是要破除独断论。比如，怀疑论者会承认：当我在喝蜂蜜的时候，蜂蜜尝起来的确是甜的。但怀疑论者的认识到此为止，不会进一步形成一个判断：蜂蜜是甜的。

怀疑论不能消灭感觉，但却致力于消灭妄想，即因前思后想而产生的各种观念。比如，小孩子在打针前后都会哭，然而，疼痛的“呈现”仅仅存在于打针的时候。所以，小孩子的痛哭是建立在妄想的基础之上的。怀疑论者致力于消除人类给自己制造的不必要的精神困扰，从而实现心灵的宁静。

阿格里帕的“三难困境”

阿格里帕（Agrippa）是怀疑派的后学，他以“三难困境”的怀疑论闻名于世。

任何一个命题，如果要成立，自然需要有证据支撑。比如，想说“明天要下雨”，你需要提供理由，例如“我听了天气预报”，可是“为什么天气预报值得信赖”？你需要不断地为论点提供新的论据，如此下去，会导

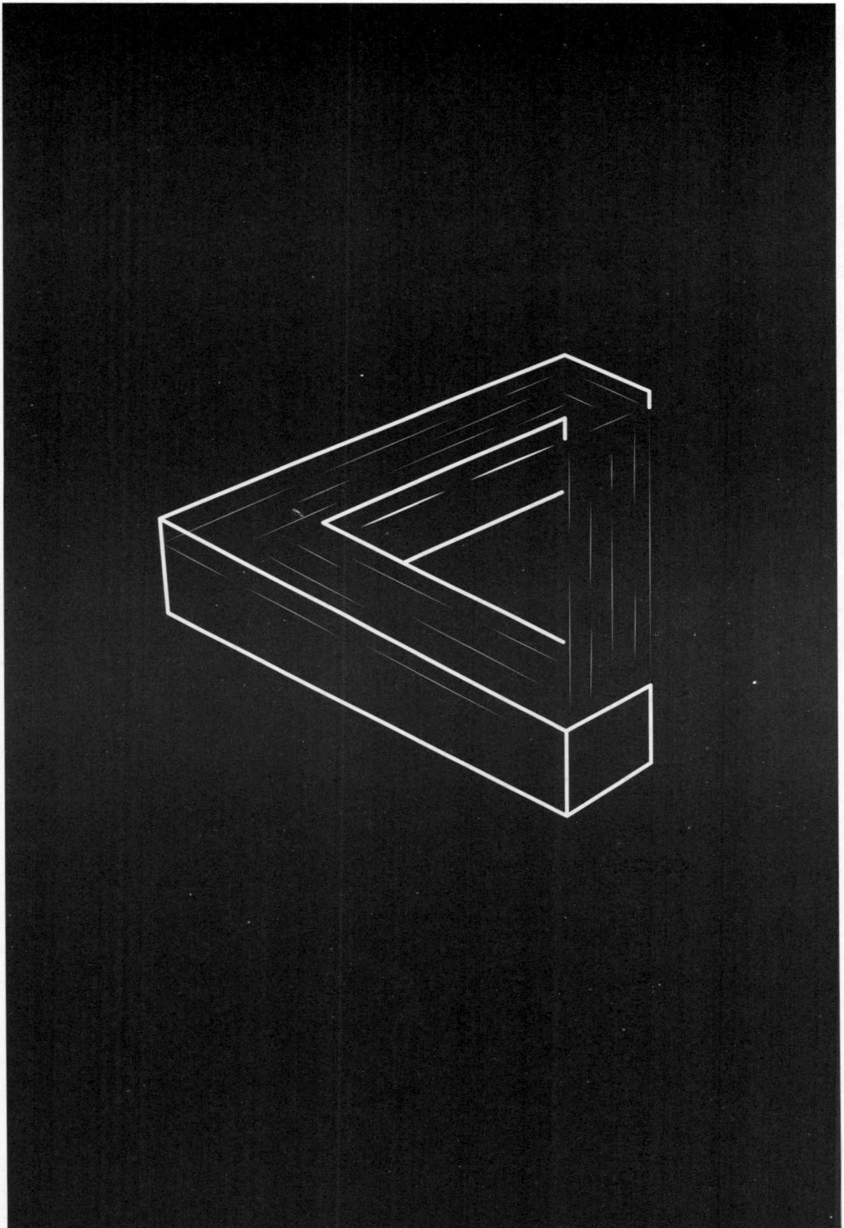

致无穷无尽的倒退。结果，人们连一句真正有根据的话都说不出来。

为了避免无穷倒退，可以选择“独断论”，即当退到一定地步的时候，拒绝继续为论点提供证据，而认为这就是自明的公理。比如，世界是物质的，可是物质是从哪里来的？回答：物质是上帝创造的。那么，上帝是谁创造的？回答：上帝是最终的原因。如果承认上帝还有创造者，那就重新陷入了无穷倒退。

当然，如果既不想陷入无穷倒退，又不想陷入独断论，还有第三条路可走，那就是循环论证。比如，为什么我是一个诚实的人？因为我从不说谎；反过来，为什么我从不说谎？因为我是一个诚实的人。再举一例，为什么皮肤会排泄污物？因为皮肤上有毛孔；反过来，为什么皮肤上会有毛孔？因为皮肤要排泄污物。循环论证完全没有说服力，如果循环论证成立的话，人们就可以信口开河了。

伊壁鸠鲁

生平大略

伊壁鸠鲁（公元前341年—前270年）是伊壁鸠鲁学派的创始人，而伊壁鸠鲁主义则是“快乐主义”“享乐主义”的代名词。关于他的评价呈现出两种对立的论述：有人说他与妓女往来甚密，纵欲无度到呕吐，甚至还帮自己的哥哥拉皮条；有人说他粗茶淡饭、简朴节制、淡泊宁静、不尚浮华。

他曾经问老师，赫西俄德诗作中的“混沌”（chaos）代表着什么，如何解释？结果老师不知所以然，他非常失望，转而学习哲学。伊壁鸠鲁去世时72岁，据说是死于肾结石。他病了整整14天，临死前在大浴盆中洗了个热水澡，要了一杯酒一饮而尽，还告诫自己的学生，不要忘了他的学说和教导。

欲望分类

在各种欲望中，有些是自然而必要的，有些是自然而非必要的，有些既不是自然的，也不是必要的，而是出于虚幻的。

伊壁鸠鲁认为，自然而必要的欲望是那些能解除痛苦的欲望，如渴了就想喝水；自然而非必要的欲望，指的是那些仅能让快乐多样化，但却不能解除痛苦的欲望，如吃各种美味佳肴；而头戴冠冕，为自己竖立雕像，就属于既不自然又不必要的欲望。

对这些的真切认识，将会让我们所有的选择和规避，都指向身体的无痛苦和灵魂的无纷扰，因为这就是幸福生活的目的。

死亡哲学

伊壁鸠鲁认为，如果一个人说他害怕死亡，不是因为死在目前使他痛苦，而是因为要在将来死而感到痛苦，那么他就是个傻瓜。事物在现在不引起痛苦，却在期待中产生了无根据的痛苦，这是荒谬的。

我们活着时，死亡尚未来临；死亡来临时，我们已经不在了。因而死亡对于生者和死者都没有干系。对于生者来说，它是不存在的，而死者根本就是不死的。

有智慧的人并不厌恶生存，也不畏惧死亡。他并不认为生是一件恶事，也不把死看作灾难。正像人们选择事物，并不单单是选数量多的，而是选最精美的一样，有智慧的人并不寻求享受最长的时间，而是寻求享受最快乐的时间。

苦乐人生

根据伊壁鸠鲁的观点，我们所有行动的目的都是免除痛苦和恐惧。一旦达到了目的，灵魂的骚扰也就平息了。动物不必去探寻所短缺的东西，也不必寻求与实现灵魂之善和身体之善不相干的事物。当我们缺少快乐和感到痛苦时，就会感到需要快乐。当我们不痛苦时，就不感到需要快乐。因而我们认为快乐是幸福生活的起点和终点。

所有的快乐由于天然与我们相连，所以是善的，但并不是所有快乐都值得抉择。正如所有的痛苦都是恶，但并不是所有痛苦都要避免一样。

凡是自然的东西都是最容易获得的，只有无价值的事物才难以获得。缺乏而引起的痛苦一旦消失，所获快乐亦如平常，例如素淡饮食可以与珍馐佳肴产生同样的快乐。面包和水，当它们被放入饥饿的人的口中时，就能带来最大可能的快乐。习惯于素朴的、简单的饮食就可以保障维持健康所需要的一切，能使一个人满足于生活必需品而不挑剔。

明智是一切品德的基础

伊壁鸠鲁称，当我们说快乐是终极的目标时，并不是指放荡的快乐和肉体之乐，就像某些由于无知、

偏见蓄意曲解我们意见的人所认为的那样，我们认为快乐就是身体的无痛苦和灵魂的不受干扰。构成快乐生活的不是无休止的狂欢、美色、鱼肉以及餐桌上的其他佳肴， 而是清晰地推理、理性地选择、排除那些有碍灵魂宁静的观念。所有这些的起点及最大的善即明智，因此明智甚至比哲学更为珍贵，其他德性都是由此产生出来的。

智者的不幸胜过愚昧者的幸运，简而言之，在行为中被判定是美好的东西不应看作是偶然性的帮助造成的。